제2판

MODERN LIFE & FINANCE

현대생활과 금융

MODERN LIFE & FINANCE

김석진

도서출판 청람

들어가며

현대사회에는 국경이 무색할 정도로 지식과 정보와 자본이 나라를 넘나든다. 그동안 지식과 정보와 자본을 추구해 온 결과 지식이 넘쳐나고 정보도 넘쳐나고 자본도 넘쳐난다. 넘쳐나는 이 지식과 정보와 자본을 어떻게 관리해야 하나? 매우 어려운 문제이다.

현대사회의 높은 교육수준과 인터넷으로 대변되는 즉시적 교류로 거의 모두가 똑똑하다. 바보는 찾기 힘들다. 그런데 지혜로운 사람을 보기는 쉽지 않다. 모두가 상대는 물론 스스로도 어리석다고 한다. 이상한 일이다. 그렇다면 똑똑한 것이 지혜로운 것은 아니고 오히려 똑똑한데 어리석다는 말이 아닌가?

어떤 사람이 지혜로운 사람이고 어떤 행동과 사고가 지혜로운 것인가는 그다지 어렵지 않다. 그것을 알기 때문에 어리석음을 인식하는 것이 아닌가? 그리고 동서고금을 통해 지혜로운 행동이나 사고가 비밀이 아니라 수많은 현인들을 통해서 공개되어 있다. 그럼에도 불구하고 왜, 무엇 때문에 대부분의 사람들이 지혜롭지 못하고 어리석을까?

지식과 정보가 많아 똑똑할 수는 있어도 지혜롭기는 어려운 모양이다. 돈을 추구하고 돈이 축적되고 돈이 많아져 소비를 많이 할 수는 있어도 행복하기는 어려운가 보다. 돈이 없으면 분명 불편하고 나아가 불행할 수도 있는데 돈이 많다고 해서 행복이 비례적으로 증대하기보다는 오히려 불행해질 수 있어 보인다.

주식투자도 마찬가지이다. 현대 자본주의하에서 주식투자는 보편화되어 있다. 주식투자의 비결도 숨겨진 비밀이 아니다. 워런 버핏(Warren Buffett)을 비롯하여 전설적인 투자자들의 성공적인 주식투자방법이 모두 공개되어 있다. 그런데 대부분의 개인투자자들은 똑똑하기 짝이 없는데 주식투자에서 성공적이지 못하다. 왜 그럴까?

이 책을 쓰게 된 동기가 여기에 있다. 지식과 정보에 현혹되어 지혜롭지 못하듯이 노동으로 힘들게 번 돈을 현명하지 못한 주식투자로 잃는 일을 막는 데 조금이라도 도움을 주고 싶었다. 전문가로 포장된 비전문가가 하는 달콤한 말에 현혹되어 주식투자를 해서는 안 된다. 정말로 돈을 버는 비결이라면 본인이 돈을 벌지 남한테 왜 알려주겠는가? 모두가 돈을 벌려고 눈이 벌건 이 자본주의하에서 말이다.

지혜가 현란하지 않듯이 금융투자의 비결도 현란한 것이 아니다. 투자론 교과서가 있음에도 불구하고 투자론 교과서를 보고 투자하는 사람은 별로 많지 않다. 교과서가 고등수학 등을 포함해 너무 어려워서일까? **이 책은 수식을 쓰지 않고 알기 쉽게 금융과 금융투자의 기본, 원리 및 정석을 알리고자** 하였다.

아는 만큼 보인다. **바로 알고 바로 투자해야** 한다. 어설픈 금융시장 개방으로 국부유출이 심각하다. 기본이 중요하다. 일류 프로일수록 기본에 충실하다. **막가는 위험을 피하고 장기적으로 생존하며 성공적인 금융투자를 하기 위해선 기본에 충실해야 한다.**

이 책의 구성과 개략적 내용은 다음과 같다.

제1장 투자의 기초에서는 먼저 투자의 개념, 투자와 투기, 투자대상 및 투자과정을 살펴본다. 그리고 금리의 구성요인과 시간의 돈가치에 대해 알아보고 가치평가의 원리를 논의한다. 제2장 주식분석에서는 시장지표의 개념과 기본적 분석과 기술적 분석에 대해 고찰하고 재무제표를 소개한다. 나아가 회계적 이익의 문제점을 알아보고 배당평가모형과 수익배수모형에 대해 논의한다. 또한 재무비율분석을 살펴보고 주식투자의 격언을 소개하고 기업분석을 위한 기업탐방 매뉴얼을 첨부하였다.

제3장 경제와 주가에서는 경제의 개념과 경기지표에 대해 알아보고 경기순환, 경제변수 및 환율과 주가가 어떤 연관성이 있는지를 논의한다. 제4장 채권분석에서는 채권투자의 수익과 위험에 대해 살펴보고 채권가격과 수익률의 관계를 비롯하여 채권가격변동의 다섯 가지 법칙을 소개한다. 나아가 듀레이션의 개념과 채권의 면역전략을 알아보고 이자율의 기간구조와 수익률곡선타기전략에 대해 고찰한다.

제5장 포트폴리오에서는 어떻게 수익률과 위험을 측정하는지 살펴보고 분산효과와 위험의 돈가치에 대해 논의한다. 그리고 투자회사와 뮤추얼펀드를 소개하고 어떻게 투자성과를 평가하는가에 대해 고찰한다. 제6장 효율적 시장에서는 효율성의 개념에 대해 고찰하고 효율적 자본시장의 의미를 알아본다. 시장효율성의 세 가지 유형을 고찰하고 투자심리에 따른 행동금융에 대해 논의한다.

제7장 파생상품에서는 파생상품이 무엇인지 소개하고 파생상품의 성장배경과 기능에 대해 알아본다. 그리고 헤징과 차익거래에 대해 작동원리를 논의한다. 나아가 파생상품의 특성을 지닌 주식연계증권과 주식워런트증권을 설명한다. 제8장 금융의 기본에서는 금융시스템이 어떻게 구성되어 있으며 금융의 역할이 무엇인지 살펴본다. 직

접금융과 간접금융의 차이를 설명하고 여러 형태의 금융시장을 고찰한다. 아울러 금융규제의 의미에 대해 고찰하고 금융상품의 종류와 분류를 알아보고 다양한 형태의 금융회사를 소개하고 금융세제를 살펴본다.

제9장 기업금융에서는 기업의 재무관리란 무엇인지, 재무관리자는 어떤 일을 하는지를 설명한다. 그리고 투자안의 사업성 분석기법과 자본예산결정을 위한 현금흐름 추정 시 고려사항을 논의한다. 이어 다양한 자금조달방법을 살펴보고 자본구조결정과 배당정책의 원리를 논술한다. 다음으로 기업의 단기적 유동자산과 유동부채를 일컫는 운전자본의 관리에 대해 기술한다. 또한 주주 자본주의와 이해관계자 자본주의를 논의하고 경영자 감시를 위한 제도적 장치와 경영자 보상에 대해서 알아본다. 나아가 기업 합병 · 매수와 기업분리 및 회사재건 등 기업구조조정에 대해 고찰한다. 마지막으로 중소기업금융에 대해 논술한다.

제10장 개인금융에서는 개인금융설계와 생애주기별 금융목표에 대해서 알아보고 개인금융의 주요 수단인 펀드, 보험 및 연금의 의미와 종류에 대해 논의한다. 끝으로 제11장 대가들의 투자기법에서는 워런 버핏, 벤자민 그레이엄, 존 템플턴, 피터 린치, 조지 소로스, 존 보글, 존 네프, 랄프 웬저, 윌리엄 오닐, 렉스 싱크필드 등 전설적인 금융투자 대가들의 투자철학과 기법을 소개한다.

이 책을 내는 데 기꺼이 동의해 주신 도서출판 청람의 이수영 사장님과 관계자 여러분께 깊이 감사드린다. 아무쪼록 이 책이 금융 또는 증권투자관련 교양 교과목의 교재 혹은 전공과목의 보조교재로 쓰이기를 바란다. 아울러 일반투자교육의 교재 또는 투자교양서로서 많은 일반인들로부터 사랑을 받아 성공적인 금융투자로 개인의 부가 증대됨은 물론 나라의 부도 증대되었으면 하는 바람을 가져본다.

2013년 10월
복현동에서

제2판에서는 에피소드를 여럿 추가했다. 금융의 본질과 투자의 정석은 바뀌지 않기에 제1판에 남아있던 편집상 오류를 수정한 외에는 변동이 없다.

2019년 5월
우거에서 저자

차 례

Chapter 10 개인금융

Chapter 11 대가들의 투자기법

Chapter

01 투자의 기초

Section 01 투자란?

Section 02 투자와 투기

Section 03 투자대상

Section 04 투자과정

Section 05 금리의 구성요인

Section 06 시간의 돈가치

Section 07 이자율과 타임머신

Section 08 가치평가

Section 01 투자란?

사람들은 먹고 살기 위해 돈을 번다. 벌어들이는 돈을 소득(income)이라고 하고 먹고 살기 위해 돈을 쓰는 것을 **지출**(spending)이라고 한다. 통상 이 둘의 금액은 일치하지 않는데, 대부분의 사람들은 번 돈을 다 쓰지 않고 남겨둔다. 이를 **저축**(saving)이라고 하고 저축된 돈은 **투자**(investment)를 하게 된다.

소득과 지출

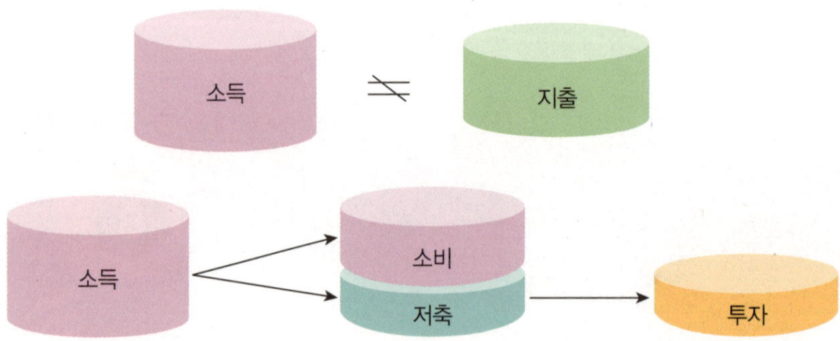

투자는 왜 하는가? 재산을 증식시키기 위해서이다. 재산은 왜 증식시키려 하는가? 내일 지구가 멸망한다면 사과나무를 심겠는가? 삼성전자 주가를 쳐다보고 있겠는가? 그렇지 않을 것이다. 재산 증식도 필요 없고 오늘 당장 어떤 형태로든 돈을 쓰려고 할 것이다.

투자를 하는 이유는 이와 같이 내가 당장 죽지 않기 때문에 살아 있는 미래에 잘 먹고 잘살기 위해서이다. 이를 위해 현재 돈 쓰고 싶은 것을 참게 된다. 다시 말해, 투자는 **더 많은 미래의 소비를 창출하기 위해 현재의 소비를 희생**하는 것을 수반한다. 이러한 희생에는 대가가 있어야 한다. 그렇지 않다면 왜 투자하겠는가? 이 대가가 **수익률**(rate of return) 또는 **이자율**(interest rate)이다. 구체적으로 이 대가를 어떻게 계량화할 것인가, 즉 수치로 나타낼 것인가? 쉽지 않은 작업이다.

저축과 투자

구분	저축	투자
목적	돈 모으기	돈 불리기
특징	위험회피, 안전수익	위험부담, 고수익추구
수익률	확정금리	실적배당
상품	예금, 저축성 보험/연금	주식, 채권, 선물, 옵션, 펀드

이 지난한 작업을 위해 먼저 현재소비와 미래소비를 대비시켜 보자. 첫째, 현재와 미래에는 시간의 차이가 있다. 시간은 공짜가 아니다. 다시 말해, **시간에 대한 보상**이 필요하다. 더 먼 미래로 갈수록 그 보상은 그만큼 더 커져야 할 것이다.

둘째, 현재는 확실한 반면 미래는 불확실하다. 투자란 불확실한 미래소비를 위해 확실한 현재소비를 포기한 것이다. 미래에 그 물건이 있기나 한지, 값이 오르지나 않는지, 더 나아가 내가 살아 있기나 한지 등 여러 불확실성이 존재한다. 즉, 투자에는 이러한 불확실성이 뒤따르므로 **위험에 대한 보상**이 있어야 한다.

투자와 이자율

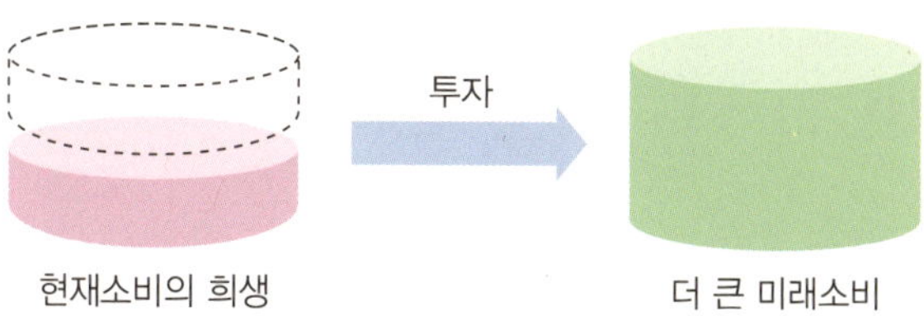

• 투자는 더 큰 미래의 소비를 생성하기 위해 현재의 소비를 희생
• 이자율은 그 희생에 대한 대가

투자에 대한 보상은 이와 같이 시간에 대한 보상과 위험에 대한 보상 두 요소로 구성된다. 그런데 시간에 대한 보상은 어디에 투자하든지 같으나 위험에 대한 보상은 투자대상에 따라 다를 수밖에 없다. 투자대상에 따라 위험의 정도가 다르기 때문이다.

국채보다는 회사채가, 회사채보다는 주식이 더 위험할 것이다. 채권이라도 위험의 정도가 다양하고 주식이라도 위험의 정도가 천차만별이다. 수익률은 높이기 싶고 위험은 줄이고 싶은 게 투자자들의 인지상정이다.

그런데 어디 그런가? 수익률이 높으면 위험도 커지고 위험을 줄이자니 수익률이 낮아진다. 그러므로 내가 위험을 얼마나 감당할 수 있는지, 어느 정도 수익에 만족해야 하는지 투자자들은 고민을 하게 된다. **투자대상의 예상수익률과 위험의 정도를 측정**하는 것은 투자의사결정을 할 때 가장 중요한 사전작업이다.

이자율이란?

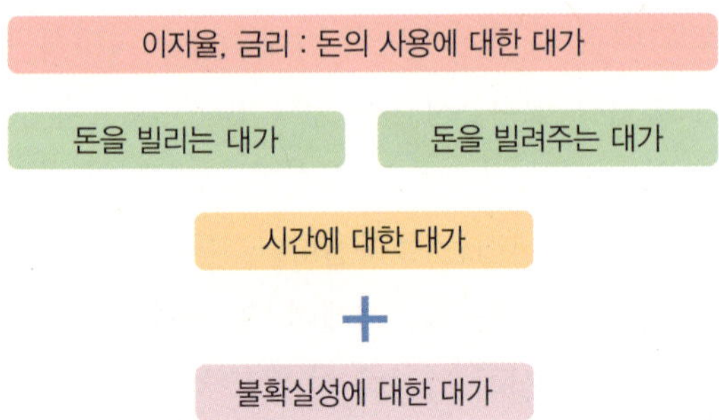

Section 02 투자와 투기

사람들은 통상 **투자**(investment)와 **투기**(speculation)를 구분하여 사용한다. 투자든 투기든 돈을 벌고자 하는 행위이다. **미래에 더 많은 재산을 갖기 위해 현재의 소비를 희생**하는 점도 마찬가지이다. 미래는 불확실하므로 위험을 수반한다. 그렇다면 이 둘은 어떻게 다를까?

투자와 투기

구분	투자	투기
목적	돈 불리기	돈 왕창 불리기
위험부담	적당한 부담	과감한 부담
투자기간	상대적으로 장기	상대적으로 단기
부작용	없음. 국부 증대 기여	비이성적 버블 생성

어떤 사람들은 투자가 **위험**(risk)에 상응하는 적절한 크기의 기대수익을 추구하는 반면, 투기는 큰 위험을 감당하는 대신 비정상적으로 큰 이익을 기대한다고 한다. 그런데 어느 정도의 수익이 적절하고 어느 정도가 비정상적인가? 이와 같은 구분은 투자는 합리적 행위인 반면, 투기는 비합리적 행위로 인식하는 것으로 비춰진다. 투기자가 정말 그렇게 생각 없이 달려들 만큼 무모할까?

어떤 사람들은 **투자기간**에 따라 투자기간이 장기이면 투자, 단기이면 투기라고 한다. 그런데 어느 정도 기간이 장기일까? 투자대상에 따라 장 · 단기 구분의 인식이 달라진다. 부동산은 1년 만에 사고팔아도 투기로 인식되나 주식은 그렇지 않다. 이와 같은 분류는 또한 장기투자는 가치투자를 지향하는 안정적 투자이고 단기투자는 시세차익만을 노리는 위험한 투자라는 가정을 깔고 있다. 정말 그러한가? 파생상품의 경우 포지션을 하루 넘기고 길게 가질수록 훨씬 위험해진다.

대체적으로 투자는 긍정적 뉘앙스를, 투기는 부정적 뉘앙스를 갖고 있다. 그런데 주식시장을 예로 들면, 장이 폭락할 때 소위 투기자가 매수해 주지 않는다면 더욱 폭락할 것이고 장이 폭등할 때 투기자가 차익실현을 위해 매도해 주지 않는다면 더욱 폭등할 것이다. 이와 같이 **투기자는 시장에 유동성을 공급하고 시장을 안정화시키는 긍정적인 경제적 역할**을 한다.

우리가 똑같은 행위에 대해 **이중잣대**를 들이대는 것은 아닌지 곱씹어 볼 일이다. 예를 들어, 땅이나 아파트를 사고파는 행위에 대해 자신이 했을 경우에는 부동산투자라고 하고 남이 할 경우에는 부동산투기라고 한다. 마치 내가 하면 사랑이고 네가 하면 스캔들인 경우와 마찬가지이다.

어떤 개인의 행동이 합리적이냐 아니냐는 옆에서 왈가왈부할 일이 아니다. 시장은 냉철하여 비합리적 행위나 실수에 대해선 경제적 손실이라는 벌을 내리기 때문이다. 시장은 남에게 피해를 주지 않는 한 개인이 각자 스스로 **자기이해**(self interest)를 추구하도록 하는 자유주의에 기초하고 있다. 잘하는 행동에 대해선 시장이 알아서 보상하고 못하는 행동에 대해선 시장에서 손해를 보게 되어 있다.

투자와 투기의 구분은 정서적으로 접근해선 안 된다. 중요한 것은 불법이냐 아니냐이다. 예컨대, 특정 부동산을 사기 위해 위장전입을 했다든가 또는 중요 정보가 공개되기 전에 몰래 내부정보를 이용하여 매매했다든가 하면 이는 정당하지 못하여 해당 법에 의거하여 처벌받아야 한다. 형사적으로도 처벌받고 민사적으로도 그렇게 취득한 이익을 반납하는 것은 물론 피해본 사람들에게 손해배상도 해야 한다.

Section 03 투자대상

투자는 **실물투자**(real investment)와 **금융투자**(financial investment)로 나뉜다. 전자는 **실물자산**(real assets)에 투자하는 것을 말하고, 후자는 **금융자산**(financial assets)에 투자하는 것을 일컫는다. 다시 말해, 투자대상은 크게 실물자산과 금융자산으로 나누어진다.

실물자산은 스스로 존재의 가치, 즉 **내재가치**(intrinsic value)를 가지는 자산이다. 예를 들면, 기계, 설비, 부동산, 골동품, 귀금속, 미술품 등이다. 실물자산의 가격은 시장에서 수요와 공급에 따라 결정된다.

반면, 돈, 주식, 채권, 예금 등은 금융자산이다. 금융자산은 스스로는 종잇조각에 불과해 내재가치가 거의 영(0)이다. 금융자산이 가치를 가지는 이유는 금융자산으로 실물자산을 획득할 수 있기 때문이다. 달리 말해, 금융자산은 **실물자산에 대한 청구권**(claims)이다. 같은 상품이라도 분류가 달라질 수 있다. 예컨대, 통용되는 우표는 금융자산이나 수집우표는 희소성에 의해 내재가치가 존재하는 실물자산이다.

따라서 실물자산은 부의 창출이 직접적인 반면, 금융자산은 간접적이다. 또한 실물자산의 수명은 물리적이나 금융자산의 수명은 인위적으로 종료된다. 실물자산은 쪼개기가 어려우나 금융자산은 쪼개기가 쉬워 소규모 개인투자가 쉬워진다.

실물자산과 금융자산

구분	실물자산	금융자산
부(富) 창출	직접적	간접적
수명	물리적	인위적 계약만료
거래	쪼개어 투자하기 어려움	분할이 쉬워 개인투자 용이

투자대상은 그 위험과 예상수익률에 따라 선택된다. MMF(money market fund)와 같은 현금성 자산은 안전한 반면 수익률도 낮다. 주식이나 부동산도 투자에 따른 위험도 크고 기대수익률도 그만큼 높다. 한국은 다른 선진국에 비해 금융자산의 비중은 반 정도밖에 안 되고 대신 부동산의 비중이 두 배 정도로 많이 차지한다. 특히, 주식투자의 비중이 매우 작다. 그 이유는 무엇일까? 한국의 투자자는 바보인가?

투자의 3요소

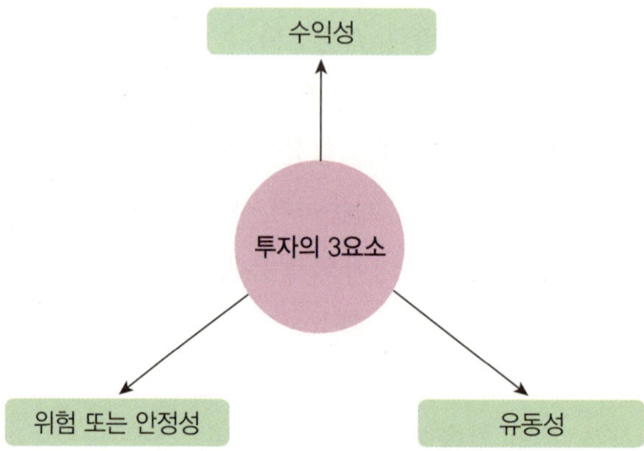

지난 수십 년간의 통계를 보면 알 수 있다. 미국의 경우 우량 회사채와 국채의 위험은 비슷하나 수익률은 회사채가 60% 가까이 더 높다. 주식(대형주)은 국채에 비해 위험은 60% 남짓 높으나 수익률은 두 배가 넘는다. 회사채 시장이 활성화되고 주식투자 비중이 높은 이유가 여기에 있다.

반면, 한국의 경우 회사채와 국채의 수익률이 비슷하다. 그렇다면 당연히 확실하게 안전한 국채를 선호하지 않겠는가? 주식은 그 위험이 국채에 비해 여섯 배 넘는데 수익률은 겨우 30여 % 더 높을 따름이다. 한국에서 회사채 시장이 활성화되지 않고 주식투자 비중이 낮은 이유를 알 수 있다.

아파트를 비롯한 부동산투자에 대한 수익률은 더 위험한 주식보다 훨씬 좋았고 회사채 수익률과 비슷했다. 회사채는 회사가 망하면 종잇조각이 되지만 부동산 가격은 지금까진 거의 내려가질 않았다. 특히, 강남은 강남불패라는 신화까지 만들어져 있다. 물론, 한국경제가 성숙단계에 들어선 만큼 미래에는 그 양상이 달라질 것이다.

자산별 위험과 수익률

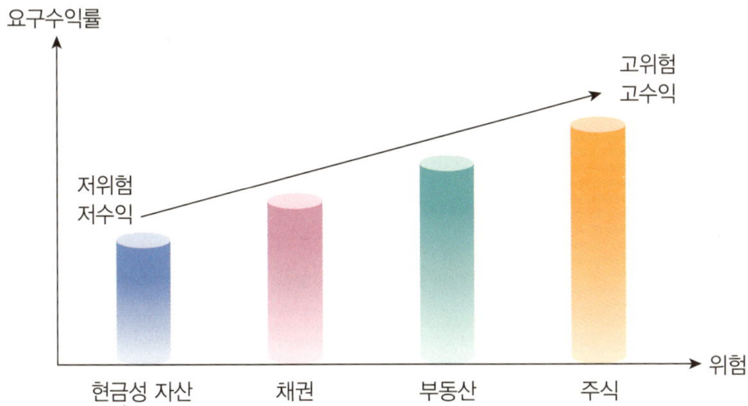

Section 04 투자과정

투자과정(investment process)은 **계획**(plan), **실행**(do), **평가**(see)의 세 단계를 거친다. 계획단계에서는 투자환경을 살펴보고, 투자자 개인의 투자에 대한 태도, 성격, 자산규모 등을 분석하고, 이를 바탕으로 투자목표와 투자전략을 설정한다. 그리고 투자대상에 대해 각각 위험의 정도와 기대수익률을 예측한다.

투자과정

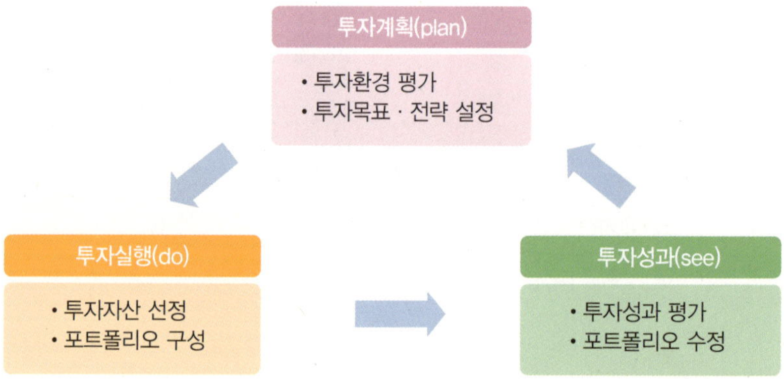

투자목표를 설정할 때는 위험을 감내할 수 있는 정도인 위험수용도(risk tolerance), 투자기간, 유동성 필요, 세금 또는 법적인 문제 등 제반 요인을 고려하게 된다. 투자전략으로는 크게 저평가되었다고 믿는 종목을 발굴하여 투자함으로써 초과수익을 추구하는 **적극적 전략**과 단순히 시장평균을 추구하는 **소극적 전략**

이 있다. 단순 매입보유, 인덱스펀드 투자, 평균투자법 등이 **소극적 전략**에 해당한다.

실행의 단계에서는 자산배분을 결정하고 실제로 종목을 선정하여 포트폴리오를 형성한다. 이를 위해서는 투자분석이 이루어져야 하는데 투자분석은 미래의 장·단기 경기를 예측하는 **경제분석**, 유망산업을 예측하는 **산업분석**, 특정 회사를 분석하는 **기업분석**의 세 단계를 가진다.

자산배분이 가장 중요한 투자성과 요인

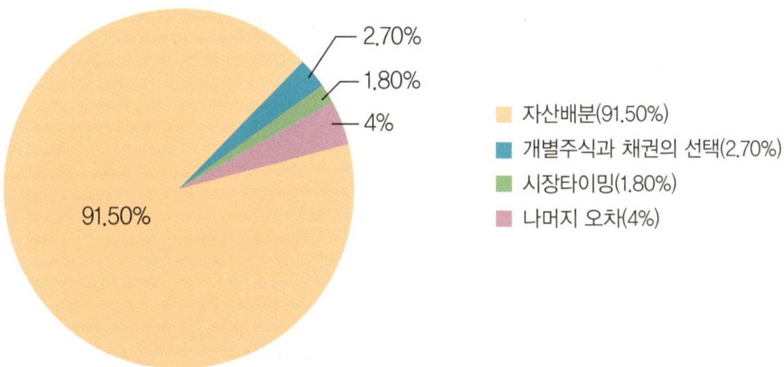

자료 : Brinson, Singer, and Beebower, 1991.

이러한 분석을 바탕으로 투자자는 크게 자산을 주식, 채권, 현금, 부동산 등에 어떤 비중으로 배분할 것인가라는 **자산배분**(asset allocation) 결정, 각 자산별로 구체적으로 어떤 특정 종목에 투자할 것인가라는 **종목선정** 결정, 끝으로 언제 사고 팔 것인지를 결정하는 **투자시점**의 포착이라는 세 가지 과제에 직면하게 된다.

투자성과에 영향을 미치는 요인으로서 자산배분이 가장 중요한 것으로 알려져 있다. 큰 흐름을 잘 보아야 한다는 말이다. 시장이 좋으면 성공의 가능성도 높고 시장이 나빠지면 투자성과도 나빠질 가능성이 농후하다. 따라서 경제가 좋아질 것으로 예상하면 주식 등의 비중을 높여 성과를 높이는 것이 바람직하고 경제가 나빠질 것으로 보이면 현금보유를 높이는 등 보수적으로 운영하는 것이 바람직하다.

평가단계에서는 성과를 측정하고 포트폴리오를 수정하고 재구성한다. 사후적으로 투자목표의 달성 여부를 평가하고 대내외 여건의 변화가 발생하여 투자성과가 기대와는 달리 진행되었으면 이를 반영하여 투자안을 수정하고 포트폴리오를 재구성한다.

투자를 이와 같이 과학적으로 하는 이유는 인생을 운에 맡기지 않고 한 번의 실수로 망치게 하지 않고 현명한 투자관리로 행복한 삶을 영위하기 위해서이다. 그러므로 투자자는 개개인의 **라이프사이클**(life cycle)을 고려할 필요가 있다.

연령별로 자산규모도 다르고, 투자성향도 다르고, 투자기간이나 자금수요도 다르다. 특히, 고령화시대를 맞이하여 은퇴 후에도 30년가량은 더 살게 될 가능성이 높다. 저금리체제가 지속될 전망이므로 단순한 은행저축만으로는 목표수익률을 달성하기 어려울 것이다.

의사결정

And time yet for a hundred indecisions,
And for hundred visions and revisions,
Before the taking of a toast and tea.

– T. S. Eliot –

한 조각 토스트와 차를 마시기 전에
백 번이나 비전을 짜고 고치고
백 번이나 이랬다 저랬다 할 시간이 아직 있다.

Section 05 금리의 구성요인

시간이 돈이라는 사실은 양(+)의 이자율(금리)이 존재하기 때문이다. 그러면 왜 이자율은 양이며 한국의 이자율이 옛날에는 높다가 지금은 낮은가? 이 물음에 대한 해답은 어떠한 요인들이 이자율의 크기를 결정하는가를 보면 구할 수 있다.

자금을 빌린 측은 빌린 자금에 대해 빌려준 측에 이자라는 보상을 하게 된다. 쉽게 말해 이자율이란 돈을 빌리는 비용이다. 보다 엄격히 이야기하면, **이자율이란 불확실한 미래의 소비를 위해 확실한 현재의 소비를 포기한 데 대한 대가**이다.

이자율의 구성요인

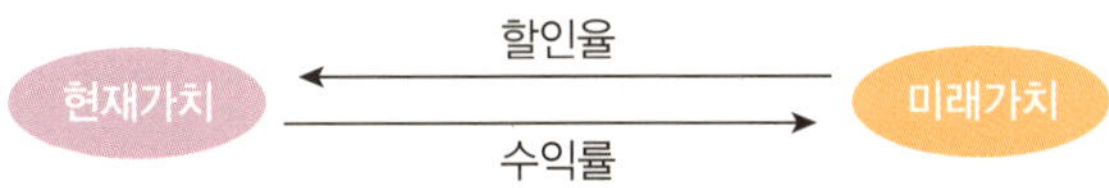

시간보상
- 소비에 대한 시간선호성
- 투자기회 – 경제성장성
- 화폐가치 하락 – 기대인플레이션

위험보상
- 위험프리미엄

따라서 이자율의 첫 번째 구성요인은 **소비에 대한 시간선호성**이다. 통상 사람들은 필요로 하는 상품을 되도록 빨리 손에 넣고자 한다. 다시 말해, 사람들은 미래의 소비보다 **현재의 소비를 선호**한다. 그러므로 현재의 소비를 희생하고 절약한 데 대하여 보상이 뒤따르게 된다. 소비의 시간선호성은 사람에 따라 사회에 따라 다를 것이다. 미래소비를 지향하는 사회일수록 자금의 공급이 많아 이자율이 낮게 형성될 것이다.

두 번째로 이자율에 영향을 미치는 요인은 **투자기회**이다. 투자기회는 **경제의 장기실질성장률**의 함수이며, 실질성장률은 노동생산성과 자본생산성의 성장률에 의해서 정해진다. 수익성이 높은 투자기회가 많을수록 자금에 대한 수요가 많아져 이자율이 높게 될 것이다. 이와 같이 사회 전체의 시간선호성과 투자기회는 자금의 수요와 공급에 영향을 미쳐 그 사회의 실질무위험이자율을 결정한다.

이자율의 세 번째 고려요인은 **기대인플레이션**이다. 가격이 오를 것으로 예상되면, 투자자들은 오를 부분만큼 추가로 보상을 요구할 것이다. 국채의 단기이자율로 대변될 수 있는 **명목무위험이자율은 실질무위험이자율에다가** 통화정책이나 자금사정 등에 영향을 받는 **기대인플레이션율을 더한 값**이 된다.

마지막으로 고려되어야 할 이자율의 구성요인은 **위험프리미엄**이다. 미래는 불확실하기 때문이다. 앞의 세 요인들이 모든 투자자산의 수익률 결정에 똑같이 영향을 주는 공통적 요인들이라면 위험프리미엄은 자산의 위험 정도에 따라 달라진다. 금융이론에 따르면, 위험프리미엄은 그 자산이 갖고 있는 **체계적 위험에 단순비례**한다.

사회가 내일의 행복을 위해 오늘을 희생하고자 할수록 경제성장동력이 떨어져 매력적인 투자기회가 적을수록, 물가가 안정적일수록, 그 결과 저축률은 올라가고 자금에 대한 수요는 떨어져 이자율은 낮게 형성된다.

위험과 기대수익률

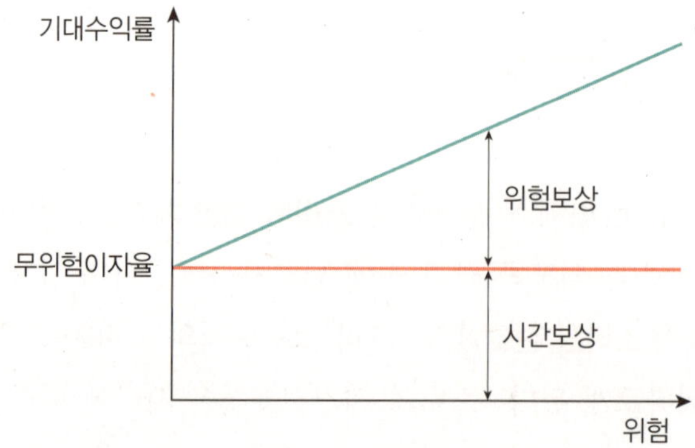

Section 06 시간의 돈가치

시간의 돈가치

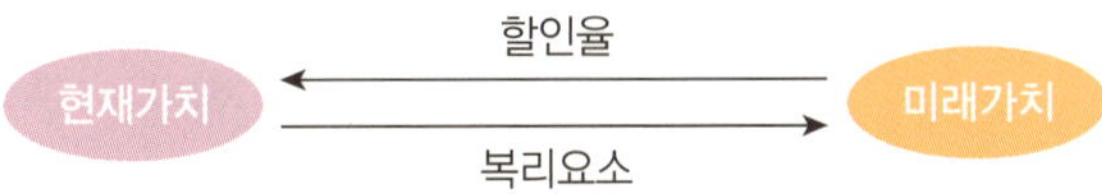

뉴욕의 맨해튼(Manhattan)은 여의도의 열몇 배가량 되는 섬으로서 뉴욕인들이 아끼는 록펠러센터, 엠파이어 스테이트 빌딩 등의 명물이 즐비하게 들어서 있다. 섬의 남단근방에 있는 월가(Wall Street)는 뉴욕증권거래소 등이 위치하고 있어 세계금융의 대명사로 불리어진다.

1624년 네덜란드는 지금의 올버니(Albany)를 중심으로 식민지개척을 시작하였는데, 초대 식민지총독인 피터 미뉴이트(Peter Minuit)는 1626년에 이 맨해튼섬을 인디언들로부터 단돈 24달러(18길더)에 사들였다. 이 거래는 인디언들이 아주 형편없는 장사를 한 것으로 회자되고 있다. 과연 인디언들이 그 당시 멍청하게 당한 것이었을까?

이 문제를 풀기 위해 몇 가지 가상이자율하에서 원래의 24달러가 오늘날에 얼마가 되는지를 알아보기로 하자. 맨해튼을 구입한 지 지금까지 393년이라는 시간이 흘렀으므로, 초기 24달러의 2019년 가치는 $24(1+이자율)^{393}$달러로 표시될 수 있다.

따라서 24달러가 이 기간 동안 연 6%의 이자율에 투자되었다면 이는 오늘날 2,116억 달러가 된다. 맨해튼의 땅값이 정확히 얼마인지는 알 수 없지만 이만한 돈이면 맨해튼을 다시 사기에 충분하다고 한다. 만일 이자율이 연 8%이면 328조 달러나 된다. 이자가 조금만 늘어나도 금액은 엄청나게 불어난다. 이자에 이자가 붙어 시간이 지날수록 이자가 기하급수적으로 늘어나기 때문이다. 이자가 말 그대로 눈덩이처럼 늘어나는 것이다.

이자가 이와 같이 복리로 늘어나지 않고 원금에 대해서만 붙는다면 이자는 별것이 아니다. 이 경우 초기 24달러의 2019년 가치는 24(1+이자율×393)달러로 표시된다. 따라서 이자율이 연 6%라면 오늘날 590달러, 연 8%라도 779달러에 불과하다.

시간의 돈가치를 산출하는 데 간편하고 유용한 72의 법칙이 있다. 이는 투자금액이 배로 불어나는데 72를 이자율로 나눈 값만큼의 연수가 걸린다는 것이다. 예를 들어, 10,000원을 이자율 연 8%에 투자하면 9년 후에 20,000원이 된다. 또한 인플레이션율이 연 6%라면 오늘의 현금 10,000원은 12년 후에는 구매력이 반으로 줄어들어 5,000원어치에 해당하는 물건을 살 수밖에 없게 된다.

이와 같이 시간의 돈가치는 우리가 보통 알고 있는 이상으로 엄청나다는 것을 알 수 있다. 보험이나 연금을 고려할 경우에도 한 번쯤 시간가치를 따져볼 일이다.

복리이자

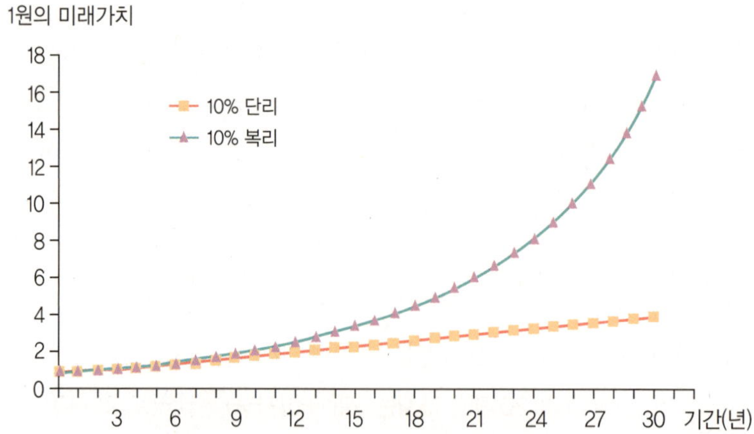

Section 07 이자율과 타임머신

영국의 소설가 웰즈(Herbert G. Wells)가 1895년 『타임머신(The Time Machine)』을 발간한 이래, 많은 작가와 영화제작자들은 시간여행을 할 수 있다면 어떠한 일들이 벌어질까에 대해 상상의 나래를 펴왔다.

과연 시간여행은 가능한 것인가? 과거에 타임머신이 존재하였을까? 미래에는 어떠할까? 물리학에서 어떻게 이야기하는지는 별도로 두고라도, 돈의 시간가치가 의미하는 바는 흥미롭다. 결론부터 말하자면, **이자율의 존재는 과거에건 현재 또는 미래에건 타임머신의 존재가능성을 배제**한다. 즉, 타임머신은 환상의 꿈에 불과하다.

만약 **시간여행이 가능하다면,** 백만 원을 연 6%의 이자율에 투자한 투자자는 타임머신으로 즉각 12년 후로 가면 이백만 원을 찾을 수 있을 것이다. 되돌아와서 이백만 원을 재투자하면 12년 뒤에 다시 사백만 원을 찾을 수 있게 된다. 누구든 이 과정을 반복하면 무한한 부를 축적할 수 있을 것이다. 시간은 이자를 생산하므로 **타임머신은 곧 돈머신**이 되는 셈이다.

수익률이 음(−)이라면 사람들은 미래로 여행하여 그 상품을 싼 값에 사서 돌아와 비싼 값에 파는 과정을 반복하든지, 아니면 현재 예금된 돈을 과거로 여행하여 돈을 인출한 후 현재로 되돌아와 다시 입금하는 과정을 되풀이하든지 하여 무한한 부를 이룰 수 있다.

이와 같이 시간여행이 가능하다면 모든 사람은 무한한 부를 가질 수 있게 될 것이다. 그러나 **세계의 자원은 유한**하므로 이런 상황은 결코 발생할 수 없다. 따라서 타임머신이 돈머신이 되어서는 안 되는데, 그러기 위해서는 이자율이 양도 음도 아닌 영(0)이어야 한다.

이자율이 영이라는 사실은 투자에 위험이 없다는 것을 의미한다. 하긴 시간여행자는 미래를 볼 수 있기 때문에 위험의 부재는 그다지 놀라운 일이 못 된다. 이는 또한 정부의 통화정책에 아랑곳없이 인플레이션이 존재할 수 없다는 것을 뜻한다.

이자율은 영이 아니었고 또 현재 영이 아니라는 사실은 타임머신은 존재하지 않았으며, 앞으로도 결코 존재할 수 없다는 것을 말해 준다. 이는 **사회과학의 분석도구가 물리적 우주에 대해서도 예측 내지 증명**을 할 수 있음을 보여준다. 나아가 **시간이 금융모형에서** 얼마나 **중요한 역할**을 하는가를 밝혀주고 있다.

자료 : M. R. Reinganum, "Is time travel impossible? A financial proof," *Journal of Portfolio Management*, Fall 1986, pp. 10–12.

타임머신은 존재하는가?

영국의 소설가 웰즈(Herbert G. Wells)의 1985년 『타임머신(The Time Machine)』

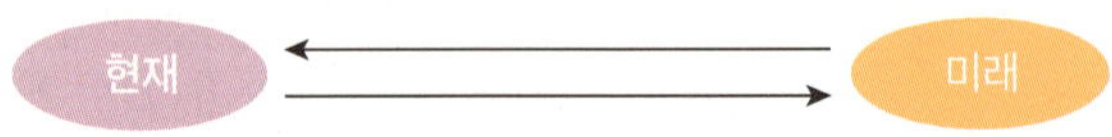

타임머신은 돈머신?

Section 08 가치평가

투자로 돈을 벌려면 저평가된 물건은 사고 고평가된 물건은 팔면 된다. 간단한 원리지만 문제는 어떻게 물건의 진정한 가치를 아느냐이다. 전통적 경제학에서는 수요량과 공급량이 일치하는 값이 그 물건의 균형가격이라고 한다. 이 접근법은 해당 물건의 수요와 공급곡선을 알 수 있어야 한다.

금융자산의 경우 대부분 시장에서 거래되고 있어 현재의 균형가격을 대략 알 수 있다. 그런데 투자에 있어서 중요한 것은 과거나 현재의 가격이 아니라 미래의 가격이다. 돈을 벌려면 과거나 현재의 가격이 얼마가 되었든 미래에 오를 종목을 사고 내릴 종목을 팔아야 한다. 문제는 금융자산의 경우 미래의 수요와 공급곡선을 추정하는 것이 거의 불가능하다는 것이다.

이에 대안으로 등장한 방법이 **현금흐름할인**(DCF : discounted cash flow)**법**이다. 금융자산은 현금흐름을 수반한다. 주식을 사면 미래에 배당금과 매도금이 들어오고, 채권을 사면 이자와 원금이 현금으로 유입된다. 어떤 자산이 가치를 가지는 이유는 이와 같이 그 자산을 매입하면 미래에 현금유입이 있기 때문이다.

따라서 **특정 자산의 가치는 그 자산이 창출하는 미래의 현금흐름을 적절한 할인율로 할인한 현재가치**가 된다. 이렇게 산출된 자산의 현재가치를 그 자산의 **내재가치 또는 경제적 가치**라고 한다. 이 가치가 **현재의 시장가격보다 높으면 그 자산은 저평가, 시가보다 낮으면 고평가**되고 있는 셈이다. 현금흐름할인법은 모든 자산의 가치평가에 적용될 수 있다.

만약 어떤 주식이 두 시장에서 다른 가격으로 거래되고 있다면 가격이 낮은 곳에선 매수세가, 높은 곳에선 매도세가 일어나 사자와 팔자가 일치하지 않게 된다. 가격이 같아져야만 시장은 균형에 놓이게 된다. **동일한 자산은 경쟁시장에서 동일한 가격을 가지게 되는 것을 일물일가의 법칙**(Law of One Price)이라고 한다.

일물일가의 법칙에 벗어나면 싼 시장에서 사고 동시에 비싼 시장에서 동일 자산을 팖으로써 투자자본 없이 무위험이익을 얻는 차익거래(arbitrage)**가 발생**한다. 따라서 일물일가의 법칙이 지켜지면 차익거래가 발생하지 않고, **시장이 균형이 되려면 시장참여자 누구에게나 차익거래의 기회가 존재해서는 안 된다.**

실물자산의 경우 운반비용 등 제반 거래비용으로 무위험이익을 실현시키기가 쉽지 않지만 금융자산은 거래비용이 거의 없기 때문에 쉽게 차익거래가 성립된다. 그러므로 **차익거래의 기회가 없는 조건**(no arbitrage condition)**이 만족되는 가격이 금융자산의 균형가격**이 된다.

금융자산은 동태적이고 불확실한 미래의 현금흐름을 수반하기에 기존 경제학의 정태적이고 확실성을 가정한 수요－공급 분석으로는 가치평가가 쉽지 않다. 이에 현금흐름할인법과 무차익거래 조건을 기반으로 하는 가치평가가 매우 유용하게 쓰이고 있다.

Chapter
02 주식분석

Section 01 시장지표

시장지표(market indicator)**는 시장 전체의 움직임을 나타내는 지표**이다. 투자를 하기 전에 시장의 동향을 가늠하는 일은 매우 중요하다. 투자성과가 시장의 움직임과 밀접하게 관련되기 때문이다. 시장이 나쁘면 좋은 성과를 내기 어렵다.

제대로 계량화된 시장지표가 있다면 다른 경제변수들과의 상호관련성을 분석하여 많은 정보를 가질 수 있다. 특히, 경기선행변수 중 시장의 움직임보다 선행하는 변수(예를 들어, 통화공급과 같은 정책변수)가 있다면 돈을 벌 수 있는 좋은 정보가 된다.

시장지표는 **투자성과를 평가할 때도 기준**(benchmark)이 된다. 잘하고 못하고는 상대적이기 때문이다. 예컨대, 내가 10% 수익을 올렸더라도 시장이 15% 상승하였다면 못한 셈이 되고, 내가 5% 잃었다고 하더라도 시장이 10% 빠졌다면 잘한 셈이 된다.

주식시장의 대표적 시장지표는 **주가지수**(stock index)이다. 이에는 특정 시점에 대표집단의 주가평균을 산출하여 측정하는 방법도 있고, 기준시점과 비교하여 상대적으로 특정 시점의 주가를 산출하는 방법도 있다.

전반적인 시장 움직임을 가장 잘 측정하기 위해서는 대표성, 표본추출, 가중방법 등의 요인을 고려해야 한다. 과거 컴퓨터가 발달되기 전에는 신속성을 위해 표본을 작게 했으나 근래에는 계산이 실시간으로 가능하기 때문에 전체를 다 포함하는 경향이다.

다우지수의 정식명칭은 **다우존스산업평균**으로 30개 우량종목(blue chips) 주가의 산술평균이다. 가격가중이기 때문에 주가가 높으면 영향력이 크게 되는 단점이 있고 주식배당이나 주식분할이 있으면 제수(나누는 값)를 조정해야 하는 번거로움이 있다. Nikkei 225(일경지수)도 같은 방법으로 산출한다.

한국종합주가지수(KOSPI)는 1980년 1월 4일의 시가총액을 100으로 하여 현재 시점의 시가총액을 산출하여 지수를 계산한다. 전 종목을 포함한 가치가중으로 시장 전체의 움직임을 가장 잘 나타내는 방법이다. 그러므로 전 세계 거의 모든 주가지수는 가치가중으로 산출된다.

주요 주가지수

국가	지수	포함항목
한국	KOSPI 200	한국거래소 상장 200개 대표종목
미국	DJIA	NYSE 등 상장 30개 우량종목
일본	NIKKEI 225	동경거래소 1부 상장 225개 우량종목
홍콩	Hang Seng	홍콩거래소 상장 33개 시가상위 종목
영국	FTSE 100	런던거래소 상장 100개 시가상위 종목
독일	DAX	프랑크푸르트거래소 상장 30개 시가상위 종목
프랑스	CAC 40	Euronext Pans 상장 40개 시가상위 종목

주가지수는 선물이나 옵션거래의 기초자산이 되기도 한다. 프로그램매매 등 지수거래를 위해선 유동성이 중요하다. 이를 위해 1990년 1월 3일을 기준으로 KOSPI 200지수가 소개되었다. 이 외에도 코스닥시장의 움직임을 나타내는 코스닥지수, KRX 100지수, 규모별 내지 산업별 지수 등 다양한 지수가 있다.

나라별로는 미국의 S&P 500, NYSE 및 NASDAQ지수, 영국의 FT-SE 100, 일본의 TOPIX, 독일의 DAX, 프랑스의 CAC, 홍콩의 항셍지수 등이 있으며, 글로벌지수로는 MSCI(Morgan Stanley Capital International)지수, DJ 글로벌지수 등이 있다.

Section 02 기본적 분석

기업 내외의 경제적 및 재무적 요인들을 분석하여 그 회사의 실질가치를 산정함으로써 투자결정을 하고자 하는 **기본적 분석은 1) 경제 및 시장분석, 2) 산업분석, 3) 기업분석의 세 가지 과정**을 밟는다.

기본적 분석의 틀

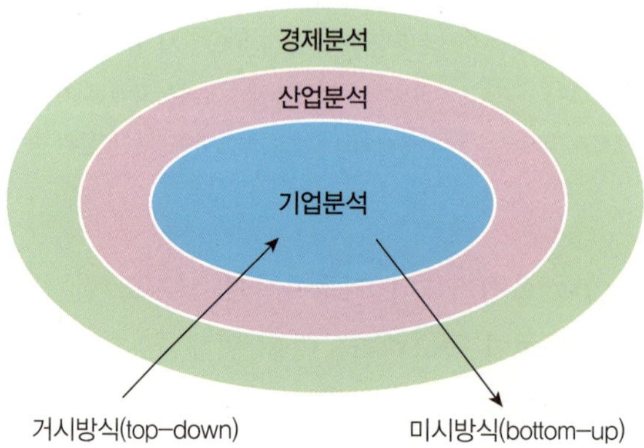

모든 기업들은 어느 정도 여러 거시경제변수들에 영향을 받기 때문에, 그 회사가 강한지 여부를 떠나 우선 경제전망이 밝아야 한다. 다시 말해, 전체적인 경제가 엉망인데 어떤 특정 기업만 잘되기란 어렵기 때문이다.

이러한 **거시경제변수**는 환율, 국제수지, 원자재가격 등의 **해외적 요인**과 정부의 제반 정책, 물가 등의 **국내적 요인**으로 대별될 수 있다. 정책적 변수로서는 통화량,

금리 등의 **통화정책적 변수**와 세금, 실업, 정부지출 등의 **재정정책적 변수**가 있다.

주가 자체가 경기를 앞서가는 선행변수이므로 경기를 예측함으로써 주가를 예측한다는 것은 물론 쉬운 일은 아니다. 그러나 **여러 경제변수와 주가와의 관계를 분석하여 주가예측 및 경기예측을 상호보완적**으로 행할 수 있을 것이다. 특히, **통화공급의 변동은 주가변동보다 선행**하기도 하므로 각별히 눈여겨 볼 필요가 있다 하겠다.

일반 경제변수가 각 산업에 미치는 영향은 산업별로 정도의 차이가 있다. 또한 각 산업이 **영향을 받는 경기순환사이클상의 시점도 다르다.** 따라서 개별기업분석에 앞서 산업전망이 선행되어야 한다.

오펜하이머의 투자시계

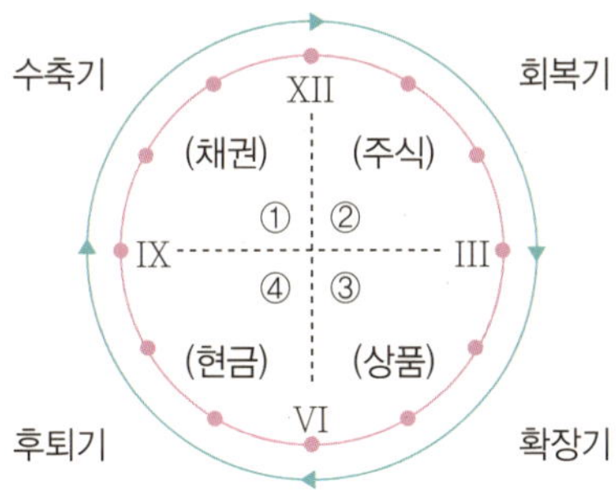

괄호 안은 상승세를 타는 자산

경기순환과 주식수익률

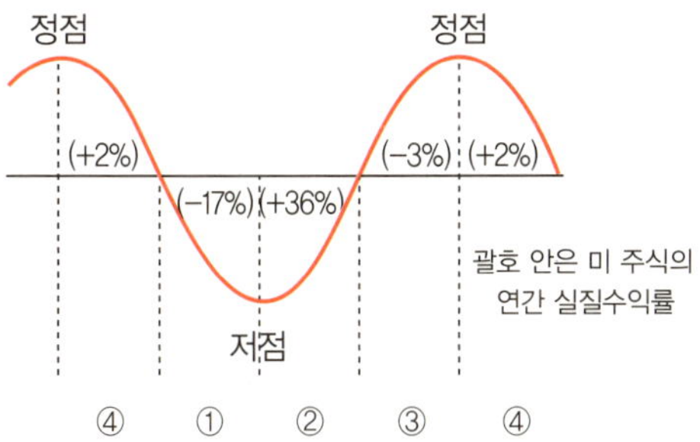

- 경기가 후퇴하는 1번 단계에서는 항상 주가가 힘을 잃음
- 2번 단계에서는 주가가 연평균 36%의 실질수익률을 기록
- 이 기간은 비교적 짧아 대개 6개월간으로 시기를 놓치기 쉬움

자료 : 이코노미스트

제품수명주기(product life cycle) 산업분석

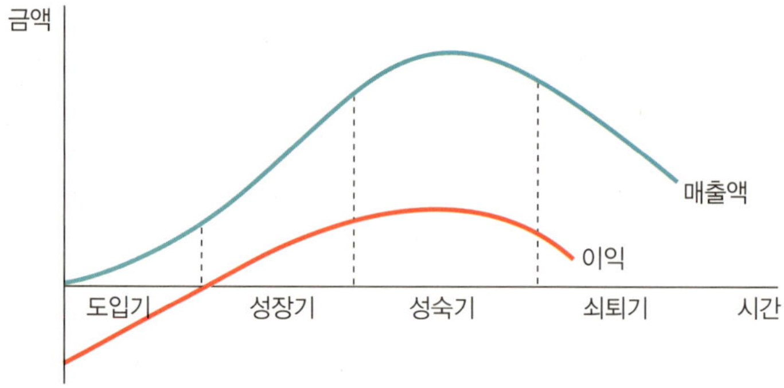

예를 들어, 아랍국가들이 원유값을 올린다면, 자동차산업이나 철강산업이 상대적으로 많은 타격을 입을 것이다. 만일 고금리가 지속된다면 주택건설업이나 증권업이 보다 어려울 것이다. 이왕이면 **전망이 좋은 산업에 속한 회사를 고르는 것**이 전망이 어두운 업종에 속한 회사를 선택하는 것보다 성공의 가능성이 높을 것이다.

경기 따라 수혜주도 순환

경기와 물가변동에 따른 투자 유망주식

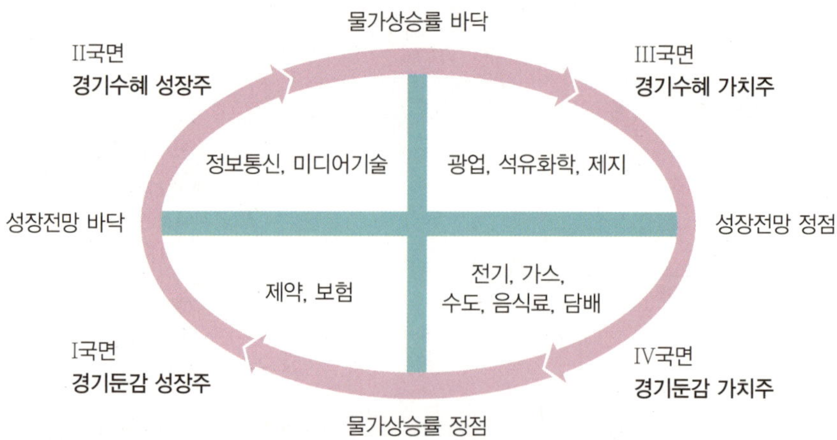

자료 : 메릴린치

실증적 연구결과에 의하면 산업실적은 시계열상의 상관관계가 별로 없으므로, 과거의 산업실적은 별 의미가 없으며 앞으로의 산업실적을 뛰어나게 예측하는 것이 중요하다고 하겠다. 그러나 각 산업의 체계적 위험(베타)은 그다지 변동이 없는 것으로 나타나 과거의 베타값을 사용하여도 큰 무리가 없다.

끝으로, 동일 업종 내에서도 각 기업의 실적은 상당한 차이가 있으므로 기본적 분석의 마지막 단계는 기업분석이 된다. 그 결과를 현재의 주가수준과 비교하여 미래주가의 향방을 가늠하고 유망종목을 선정하게 된다.

가치창출의 요소

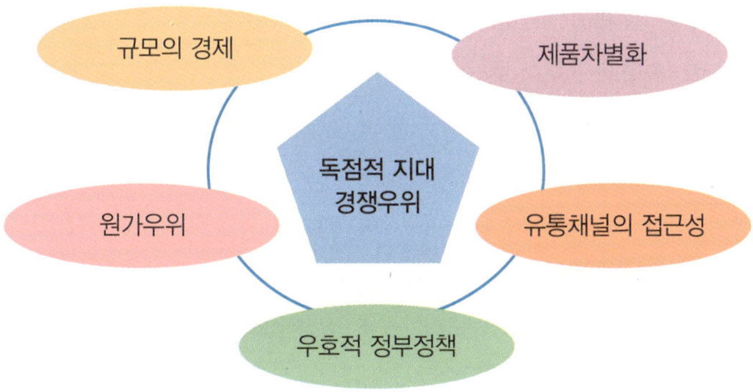

한국기업 전체에 대한 SWOT분석

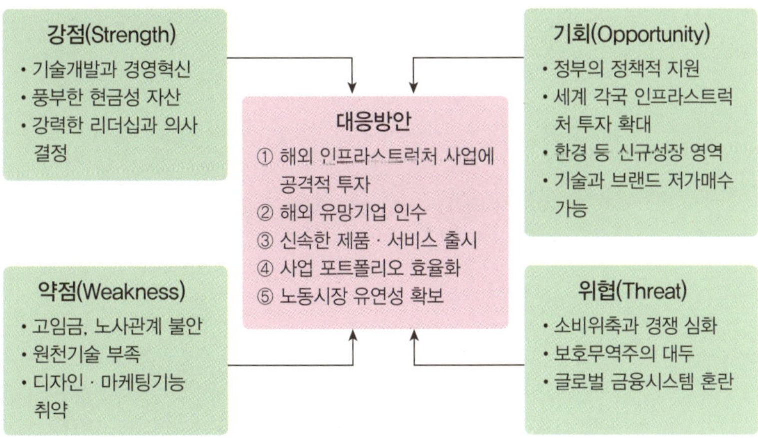

자료 : 삼성경제연구소, 매일경제, 2009. 1. 6.

실증적 분석의 결과에 의하면 **개별주식의 가격변동분 중 30~40%는 전반적인 시장의 움직임에 의해 설명**이 되고 **산업영향에 의해서 추가적으로 10~15%가 설명**될 수 있어, 시장분석, 산업분석, 기업분석의 세 단계 기본적 분석의 과정은 타당성이 있는 셈이다.

스몰캡이 말하는 유망기업 찾는 법

1. 지배구조를 살펴라 →	대주주가 자사주를 산다면 일단 유망
2. CEO의 능력은 기업성장의 바로미터다 →	관리형보다는 영업형 · 연구형이 유리
3. 업종 대표기업과 비교하라 →	1위 기업과 장 · 단점 따져보면 주가예측 가능
4. 과거 실적보다 현금흐름에 주목하라 →	현금 많으면 재무구조 탄탄, 실적은 주가에 반영
5. 분기 어닝 서프라이즈를 눈여겨 보라 →	부진하다가 실적 좋아진 기업은 뭔가 달라
6. 부동산은 돈이다 →	요지에 부동산 많다면 실적과 상관없이 주가상승
7. 대기업과의 관계를 파악하라 →	주요 공급처인 대기업의 업황에 따라 영향
8. 영업력을 체크하라 →	기술보다 기술이 매출로 이어지느냐가 더 중요
9. 이익구조와 이익률을 살펴라 →	다양한 이익구조와 적정한 이익률이 주가 좌우
10. 산업의 성장성과 시장점유율도 따져보라 →	성장산업이면서 시장점유율이 높다면 매력적

Section 03 기술적 분석

증권실무계에서는 투자결정을 위해서 여러 가지 기술적 지표나 도표를 자주 이용하고 있다. 주가를 바탕으로 한 지표들로서 이동평균선, 이격도, 투자심리선, 삼선전환도 등이 애용되고 있으며, 거래량지표로서는 OBV선, VR 등이 있다.

만일 **유용한 어떤 정보를 남들보다 먼저 취득할 수 있다면, 그 정보를 이용한 기본적 분석에 의한 투자가 기술적 분석방법에 의존한 투자보다 효과적**이다. 기술적인 방법은 어떤 정보가 주가에 반영되어 추세를 형성하기 시작한 후에 그 투자시기를 찾기 때문이다.

엘리어트파동의 분석

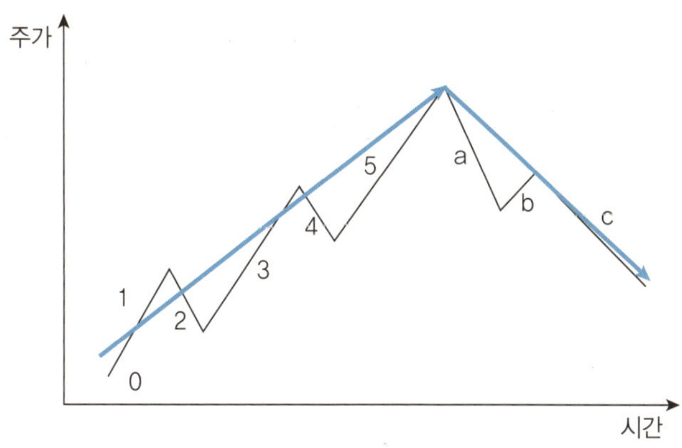

시장이 효율적이면 기술적 지표들은 더욱 의미가 없다. 그것은 효율적 시장에서는 유용한 정보가 이미 반영되어 있으며 새로운 정보가 시장에 유입되어도 즉시 가격 조정이 재빠르게 일어나므로 기술적으로 매매시기를 포착한다는 것은 어렵기 때문이다.

더구나 과거의 패턴이 미래에도 동일하게 반복적으로 일어난다고 보고 적용하는 것도 문제가 되며, 동일한 과거주가의 양상을 놓고 어느 점이 주가변화의 시발점인가에 대한 **해석이 구구각색일 수 있다.**

그러나 기본적 분석이 무조건 신뢰할 수 있는 도깨비 방망이 같은 것은 아니다. 부연하면, 공개되는 **재무제표는 작성방법이 상이하고, 기회비용을 고려하지 않으며, 미래의 성장성을 반영하지 못하는 등** 주가를 평가하는 데 충분하지 못하다.

머리–어깨형 패턴

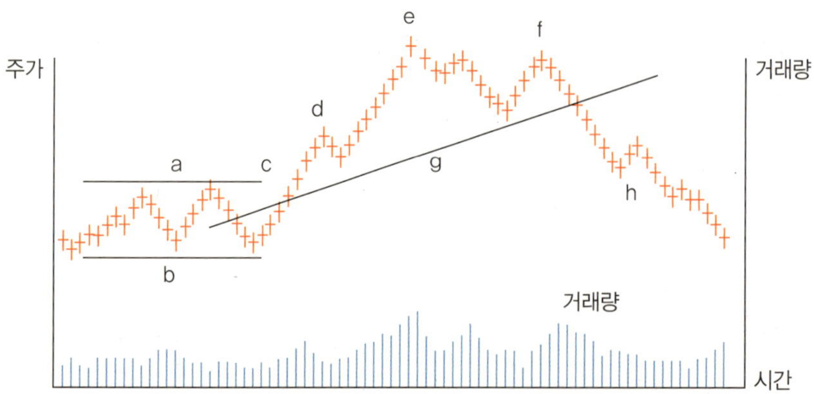

a : 저항선　b : 지지선　c : 강세신호
d : 왼쪽 어깨　e : 머리　f : 오른쪽 어깨
g : 목선(Neckline)　h : 약세 함정(Bear trap)

나아가 초과투자수익을 올리기 위해서는 경쟁자보다 빨리 정보를 입수 · 분석하여 늦지 않게 주식매매를 가져야 하는데, **반드시 그 정보가 빠르고 정확하며 이것이 주가에 미치는 영향에 대한 평가가 옳다는 보장이 없다.**

또한, 시장은 완전히 효율적이지는 않다. **투자자의 심리적인 동요도 상당히 작용**

하는 것이다. 이러한 심리적인 요인은 계량화할 수 없으므로 기본적 분석방법으로는 이를 파악할 수 없으나, **기술적 분석은 투자심리의 영향 등을 포함하여 시장의 흐름을 간단히 손쉽게 파악**할 수 있게 한다.

특히, **경험적으로 연말연초에 주가가 오른다든가, 주초는 수익률이 낮고 주말이나 휴일을 앞두고 주가가 오른다든가, 상반월이 하반월보다 강세**라든가 등의 여러 가지 반복적인 양상은 이유야 어떻든 눈여겨볼 가치가 있다고 하겠다.

그리고 소액투자자나 일반투자자들은 정보싸움에 있어서나 분석능력에 있어서나 여러 모로 내부자나 전문투자자에 비해 불리하므로 이들은 그릇된 투자결정을 하기가 쉽다. **반대의견의 이론**은 이러한 논리적 근거에 입각한 기술적 방법으로 전통적인 기술적 지표와는 달리 **시장의 효율성을 고려한 참신한 기법**이므로 고려해 볼 만하다.

이는 아주머니나 농부가 주식판에 뛰어들면 장이 상투라는 징조이며, 증시를 살리라고 아우성치면 장이 바닥이라는 이야기나 심지어 전문가나 증권사가 추천하는 바와 반대로 하라든가 등이 반대의견의 이론과 그 궤를 같이 하고 있으니 그냥 흘릴 우스갯소리는 아니다.

Section 04 재무제표

기업의 의사결정과 그에 따른 활동의 결과는 재무제표(financial statements)에 기록된다. 3대 주요 재무제표는 재무상태표(대차대조표), 손익계산서, 그리고 현금흐름표이다.

재무상태표(B/S : balance sheet)란 **일정시점에서 기업의 자산 및 재무상태**를 알 수 있도록 자산, 부채 및 자본 항목을 적절히 표시하는 재무보고서를 말한다. 즉, 스냅사진처럼 2011년 12월 31일과 같은 특정 시점에서 기업의 자산구조와 재무구조를 나타낸다. 재무상태표의 왼쪽에는 자금의 사용 결과인 자산이, 오른쪽에는 자금의 원천인 부채와 자본이 각각 표시된다. 재무상태표를 통해 기업의 사업구조와 자본구조를 알 수 있다.

재무상태표(B/S)

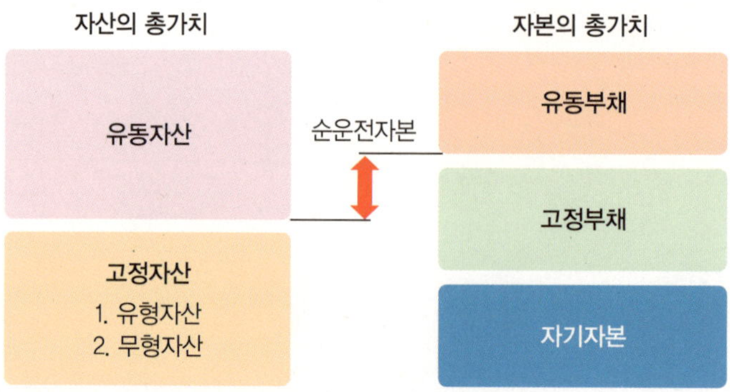

자산(assets)은 기업이 소유하고 있는 경제적 가치가 있는 자원으로, 기업이 조달한 자금을 어떻게 운용하였는지 보여준다. 1년 이내에 현금화할 수 있는 자산은 **유동자산**(current assets)으로 분류되고, 공장설비나 특허권 같이 내용연수가 1년 이상인 것은 **고정자산**(fixed assets)으로 분류된다.

재무상태표의 오른쪽에는 타인자본인 부채와 자기자본이 표시된다. 기업은 은행으로부터의 대출이나 회사채 발행 등 다양한 방법으로 자금을 조달할 수 있는데, 이를 타인자본, 즉 **부채**(liabilities)라 한다. 1년 이내에 갚아야 하는 차입금이나 외상으로 매입할 때 발생하는 매입채무, 지급어음 등은 **유동부채**(current liabilities)로 분류되고, 상환기간이 1년을 넘는 차입금은 **고정부채**(fixed liabilities)로 분류한다.

자산의 총가치와 부채의 총가치의 차이는 **자기자본**(shareholders' equity)으로 기업의 자산에 대한 주주의 청구권(claims)을 말한다. 그러나 주주청구권은 채권자의 청구권이 우선적으로 행사된 다음에 잔액이 있어야만 성립될 수 있으므로 이러한 의미에서 자기자본은 잔여지분으로 정의되기도 한다. 이를 산식으로 표시하면 '**자산=부채+자본**'이 되는데 이것이 재무상태표 등식이다.

손익계산서(I/S : income statement)는 **일정기간 동안** 얻은 순손익을 알기 위해 동 기간 중 **발생한 수익과 비용항목**을 적절히 **표시**해 주는 재무보고서이다. 즉, '2011년 1월 1일부터 2011년 12월 31일까지'처럼 일정한 기간 동안 기업의 경영활동과 성과를 보여준다. 손익계산서를 통해 우리는 얼마만큼의 손익이 무슨 원인으로 발생했는지 알 수 있다.

손익계산서의 첫 부분은 기업의 주된 영업활동으로부터 발생하는 수익과 비용으로, 그 차이가 **영업이익**을 구성하고, 다음으로 이자수입이나 금융비용 같은 재무활동이 반영되어 **경상이익**을 산출한다. 그리고 부동산처분손익이나 보험차익과 같이 임시적으로 발생하는 특별손익이 기재되고, 세금지출까지 고려한 후의 최종이익은 **당기순이익**이라고 한다.

손익계산서

매출액
– 매출원가
매출총이익

– 판매 및 일반관리비
영업이익

– 이자비용
세전이익

– 법인세
순이익

손익계산서를 통해 알 수 있는 중요한 정보 중 하나는 **주당순이익**(EPS : earnings per share)이다. 이는 **순이익을 기업의 발행주식수로 나눈 것**으로, 통상적으로 주당순이익이 높을수록 투자가치가 있는 기업임에는 틀림없다. 그러나 주의할 것이 있다. 예를 들어, A라는 기업의 주된 영업활동의 결과인 당기 영업이익은 10억 원으로 전기의 100억 원에 비해 크게 감소하였지만, 오랜 기간 보유하고 있던 부동산을 처분하여 200억 원의 이익이 발생하여 주당순이익이 크게 증가하였다. 이 기업의 진정한 가치가 증가했다고 판단해야 하는가? 반드시 그렇지는 않다. 기업의 가치를 평가할 때는 손익계산의 당기순이익만 보지 말고 부동산 처분이익 같은 비경상적 이익을 차감한 기업의 진짜 수익성을 볼 줄 알아야 하기 때문이다.

현금흐름표(SCF : statement of cash flows)는 **일정기간 동안 발생한 현금의 변동 내용**을 나타내는 재무보고서이다. 쉽게 말해, 자기주머니로 현금이 얼마나 들어오고 나가느냐를 보여주는 지표이다. 어느 기업이 회계상으로 몇 년간 매출이 늘어나고 순이익을 내고 있어도 껍데기 성장뿐인 경우가 있다. 외상으로 매출을 많이 했거나 재고자산이 쌓이면 회계상 매출이나 순이익으로 잡히기 때문이다. 이러한 경우 현금흐름표는 투자자에게 매우 유용한 정보를 제공해 줄 수 있다.

현금흐름표는 **영업활동으로 인한 현금흐름**, 투자활동으로 인한 현금흐름, 재무활동으로 인한 현금흐름으로 구성된다. **투자활동으로 인한 현금흐름**이란 주식, 채권투자, 부동산 등의 취득과 처분으로 발생한 현금유출입을, **재무활동으로 인한 현금**

현금흐름표

영업활동으로 인한 현금흐름
순이익
+ 감가상각비
− 매출채권 증가액
− 재고자산 증가액
+ 매입채무 증가액
투자활동으로 인한 현금흐름
− 설비자산에 대한 투자액
재무활동으로 인한 현금흐름
− 배당금 지급액
+ 단기부채 증가액
현금 변동액

흐름은 외부현금차입, 회사채발행 등으로 인한 현금흐름을 나타낸다.

이 중에서 영업활동으로 인한 현금흐름이 가장 중요하다. 속성상 기업은 영업을 통해 돈을 벌어들일 수 있어야 하기 때문이다. 영업활동으로 인한 현금흐름이 부(−)로 나타날 경우 현금유출이 많다는 뜻이다. 즉, 영업을 해서 돈을 버는 것이 아니라 영업을 위해 자금을 계속 투입하는 것이며, 자금사정이 악화되고 있다는 것을 의미한다.

그러나 현금흐름표는 기업의 일정기간 동안의 현금유입과 유출에 관한 정보를 제공하지만 기간 간의 관계에 대한 정보는 없어 미래의 현금흐름에 대한 장기전망을 평가하기에는 불완전하다. 예를 들어, 올해 현금유입이 많은 것이 과거 기간의 활동으로 인한 것일 수도 있고, 올해 현금유출이 많은 것이 미래의 더 큰 현금유입을 가져올 수도 있는 것이다. 그러나 현금흐름표는 이러한 사실을 말해 주지는 못한다. 따라서 현금흐름표는 단독으로 보기보다는 재무상태표나 손익계산서 등과 함께 사용됨으로써 기업의 미래현금흐름에 대한 전망을 평가할 수 있는 정보를 제공해 줄 수 있는 것이다.

Section 05 회계적 이익

투자대상이 되는 회사의 이익을 파악하는 일은 투자결정을 위한 투자분석의 출발점이다. 여기서, 이익은 통상 재무제표상에 나타난 **회계상의 이익**을 일컫는다. 그러나 회계적 이익(accounting profit) 개념에는 **다소의 문제점**이 있음을 인식하지 않으면 자칫 잘못된 투자결정을 유발할 수 있다.

첫째, 회계적 이익은 **기회비용**(opportunity cost)**을 고려하지 않고** 있다. 예컨대, 투자자본을 다른 곳에 투자해서 벌 수 있는 이자 내지 수익이라든지 내가 다른 곳에 취업을 해서 벌 수 있는 임금은 이 사업을 함으로써 포기하게 된 기회비용이다.

경제적 이익(economic profit)은 이러한 기회비용을 감안하고 있다. 기회비용을 감안한 정상이윤(normal profit)은 영업을 영위하기 위한 최소한의 이윤이다. 또한, 직원에 대한 교육 및 훈련 등은 회계적 이익을 감소시키겠지만 미래의 생산성을 높이는 경제적 이익이 있는 것이다.

둘째, 회계이익은 단순히 이익의 크기만을 나타내므로 이익발생시점의 차이에 따른 **이익의 시간적 가치는 물론** 그 이익을 얻기 위해 취한 **제반 위험의 정도를 고려하지 않고** 있다. 그러나 기업가치는 이러한 모든 것을 반영하는 종합적인 결과인 것이다.

셋째, 회계상의 이익은 **어떤 회계방법을 적용하느냐에 따라 달라**질 수 있다. 예를 들어, 재고자산평가, 감가상각, 연구개발비 등을 어떻게 회계처리하느냐에 따라 회계이익은 인위적으로 달리 나타나므로 진정한 이익을 파악하기 어렵다.

끝으로, **재무제표의 신빙성문제**이다. 비록 공인회계사의 감사보고서가 있다고 하여도 문제가 남아 있을 수 있으며, 이 경우 전문투자자라도 문제점을 처리하여 제대로 이익을 산출하기란 거의 불가능할 것이다.

과거의 실적을 이해관계자에게 보고하는 측면에서는 일관되고 객관적인 기준에 따라 작성한 회계적 이익이 의미가 있다. 그러나 투자분석에서는 회계적 이익보다는 **현금흐름을 중시**한다. **투자를 하는 이유가 결국 돈(현금)을 벌기 위한 것**이기 때문이다.

투자대상이 미래에 창출하는 현금흐름을 추정하고 시간에 대한 보상과 투자대상의 위험 정도에 따른 위험에 대한 보상이 감안된 적정할인율을 추정하고 미래현금흐름을 이 할인율로 할인하여 구한 현재가치로 그 투자대상의 실질적 가치를 추정한다.

Section 06 배당평가모형

투자결정을 위해선 투자대상에 대해 투자대상의 내재가치(intrinsic value) 내지 실질적 가치를 산정하는 **가치평가**(valuation)를 수행해야 한다. 이 가치가 현재의 시장가격보다 높다면 **저평가**되어 있으므로 매수하면 되고, 낮다면 고평가되어 있으므로 매도 혹은 매수유보를 결정하게 된다.

금융자산은 실물자산과 달리 투자에 따른 현금흐름이 발생하므로 가치평가를 위해 **할인현금흐름**(DCF : discounted cash flow) 접근법이 사용된다. 이는 1) 해당 금융자산이 미래에 창출하는 **현금흐름**을 **추정**하고, 2) 적정한 **할인율**을 **추정**하고, 3) 미래현금흐름을 이 할인율로 할인하여 **현재가치를 구하는** 세 단계 과정을 수반한다.

주식의 경우 미래현금흐름은 배당금이다. 배당이 일정하게 성장한다는 가정하에 도출된 **배당성장모형** 또는 **고든**(Myron Gordon)**모형**이 대표적인 **주식가치평가모형**이다. **차기배당금을 요구수익률에서 배당성장률을 차감한 값으로 나눈 값**이 바로 해당 주식의 내재가치가 된다는 이 모형은 이론적으로 하자가 없고 간단해서 매우 의미 있다.

이 모형에 따르면 주가에 영향을 미치는 변수는 세 개로 1) **기대배당금이 클수록**, 2) **요구수익률이 낮을수록**, 3) **배당성장률이 높을수록** 주식가치는 커진다. 요구수익률은 무위험이자율에다가 해당 주식의 체계적 위험을 감안한 위험프리미엄을 더하여 결정된다. 배당성장률은 장기적 지속가능 성장률로 추정된다.

사실 주가는 거의 모든 뉴스나 정보에 반응한다. 기업 내적인 요인뿐만 아니라 많은 기업 외적인 요인에 의해서도 움직인다. 경제정책을 비롯한 여러 거시경제변수의 움직임에도 영향을 받으며, 원유값 등 여러 해외적 요인의 변동에도 반응한다.

결국 이러한 많은 요인들이 배당성장모형에서 말하는 세 가지 변수에 영향을 미쳐 주가가 변하는 셈이므로 이 모형은 주가의 움직임을 이해하는 데 매우 유용하다. 예컨대, 금리가 올라가면 요구수익률이 올라가므로 주가는 떨어지게 된다. 즉, 금리와 주가는 역의 관계를 갖게 된다.

배당성장모형을 적용하려면 미래의 현금흐름인 기대배당금과 적정한 할인율인 요구수익률과 지속가능한 배당성장률을 추정해야 한다. 그러므로 이 추정이 잘못되면 추정오류가 발생한다. 특히, **할인율이나 성장률은 조금만 잘못 추정해도 추정오류가 크게** 나와 실무적으로 적용하기가 쉽지 않은 문제점이 있다.

Section 07 수익배수모형

배당평가모형이 이론적으로는 하자가 없어 여러 상황을 이해하는 데에는 좋으나 실제 적용하기가 어려워 오래전부터 실무적으로는 주가배수를 활용한 주식평가방법을 사용해 왔다. 이 방법은 비교대상과 이 배수를 비교하여 상대적으로 주가가 높은 수준인지 낮은 수준인지 평가하는 **상대평가**를 가능하게 한다.

대표적 모형이 수익배수모형(Earnings Multiplier Model)으로 **주당순이익**(EPS : earnings per share)**과 주가수익비율**(PER : price-earnings ratio)**을 추정한 후, 이들을 서로 곱하여 주가를 예측**하는 방법이다.

이익을 측정하기 위해 이론적으로는 경제적 이익이 더 적절하나 측정상의 어려움이 있어 통상 재무제표를 추정하여 나타나는 **회계적 이익**을 사용한다. 이 경우에도 정상적인 조업상태를 가정하여 경상적 항목을 근간으로 회계적 문제를 조정한 **정상적 이익**을 추정하여 **정상 EPS와 정상 PER을 추정**한다.

PER은 **유사한 경쟁회사의 PER, 동종산업의 평균 PER, 과거 수년간의 평균 PER** 등을 대용할 수 있으며, 배당평가모형에 따라 배당성향을 요구수익률에서 성장률을 차감한 값으로 나눈 값으로 추정할 수도 있다.

그러나 저평가 여부를 판단할 이론적 PER의 값은 구할 수 없으며, PER의 값이 EPS에 따라 민감하게 변동하는데 EPS 자체가 **회계처리방법 등 여러 자의적 요인**에 영향을 받는 문제가 있다. 또한 어느 시점의 주가와 EPS와 PER을 사용하느냐 하는 문제, 적자기업의 경우 PER이 음(−)이 되는 문제 등이 있다.

그리고 단순히 PER이 낮다고 저평가되었다고 단언할 수 없다. 왜냐하면 미래수익의 성장률이 높을 것으로 기대되는 **성장기업은 PER이 상대적으로 높게** 나타나기 때문이다. 이 경우에도 단순히 지난해의 수익이 작기 때문에 PER이 높게 나타날 수 있으므로 주의해야 한다. 성장성의 차이를 감안하기 위해 PER을 기대성장률로 나눈 PEG값을 사용하기도 한다.

수익배수모형은 이론적으로 정치하지는 못하지만 단순하고 적용하기 쉬워 투자 결정을 위한 기업분석에 실무적으로 널리 쓰이고 있다. 나아가 시장평균주가 또는 산업평균주가의 추정 등 **시장 및 산업분석의 도구**로도 활용되고, **국제 간 비교**로 주가수준을 상대평가할 때도 활용되고 있다.

Section 08 재무비율분석의 허와 실

결산실적이 나오면 으레 재무비율분석이 기업경영을 평가하는 수단으로서 등장한다. 각종의 재무비율은 기업의 지불능력, 수익성, 효율성, 성장성 등을 일목요연하게 드러낸다. **비율분석은 자료수집이 용이하고 재무상의 문제점을 쉽게 진단할 수 있으며 이해하기 쉬우므로**, 투자자, 은행, 신용평가회사, 투자은행, 관계당국자 등 사이에서 널리 이용되고 있다.

정태적 비율분석은 한 기업의 재무비율을 산업평균 또는 경쟁기업평균과 비교하여 '양호', '보통', '불량' 등으로 평가한다. **동태적 비율분석은 기업의 재무비율을 시계열적으로 비교**함으로써 그 기업의 현 상태가 좋은지 나쁜지, 추세가 어떤지를 평가한다.

그러나 재무비율분석은 여러 가지 한계점을 갖고 있다. 다시 말해, 재무비율을 해석함에 있어 주의 깊은 판단과 경험이 필요하다. 첫째, 비율분석은 **과거의 회계정보에 의존**하고 있다. 그러나 주가는 미래의 현금흐름에 의해서 결정되므로, 정작 **중요한 것은 미래의 재무비율**이다.

둘째, **회계 또는 운영실무가 다르면 기업 간 비교가 왜곡**될 수 있다. 나아가 재무제표를 **그럴듯하게 가공**할 수 있다. 예를 들면, 재고자산평가나 감가상각의 회계처리 방법을 바꿈으로써 이익을 분식한다든지, 리스를 통해 인위적으로 부채비율이나 회전율을 개선한다든지, 일시적으로 돈을 빌려 유동성비율을 좋게 만드는 등이다.

셋째, 어떤 비율이 **좋은지 나쁜지 기준을 일반화하기 어렵다.** 유동성비율은 보통 높을수록 좋다고 한다. 하지만 그 기업의 현금관리가 매우 효율적이기 때문에 이 비율이 낮을 수도 있는 것이다. 재고자산이 적으면 재고자산회전율이 높아 효율성이 높은 듯하지만 적정재고를 유지하지 못할 경우 긴급수요에 대처할 능력에 문제가 있게 된다. 매출채권회수기간은 신용정책이 까다로우면 짧아지나 이는 매출액의 감소를 초래할 수 있다.

넷째, 각 기업이 생산하는 **품목이 다양하기 때문에 의미 있는 산업평균을 구하기 어렵다.** 가령, 제일합섬의 경우 합성복지뿐만 아니라 필름, 수지 등의 화학제품을 생산하고 있다. 삼양사는 설탕, 사료로 출발하여 이제는 폴리에스터가 주종제품이 되었다. 따라서 화섬업종평균은 그만큼 표준으로서의 의미가 감퇴되는 것이다. 산업 그 자체가 **사양산업, 문제 있는 산업**일 경우에도 산업평균을 적정기준으로 삼기 곤란하다.

다섯째, 재무제표는 일정시점을 기준으로 작성되므로 회기 동안의 **계절적인 변화**를 나타내지 못하고 있다. 또한 어떤 비율이 평가시점에 **일시적으로 나쁘거나 좋게** 나타날 수도 있다.

끝으로, **비율분석**은 성과가 좋냐 나쁘냐를 단순하게 드러낼 뿐 **왜 그랬는지는 설명하지 못한다.** 그러므로 재무비율은 분석의 기초수단에 불과하다. 비율분석은 정보의 가치가 있지만 이러한 문제점들을 숙지하여 올바른 판단으로 필요하다면 조정을 해야 할 것이다.

주요 재무비율

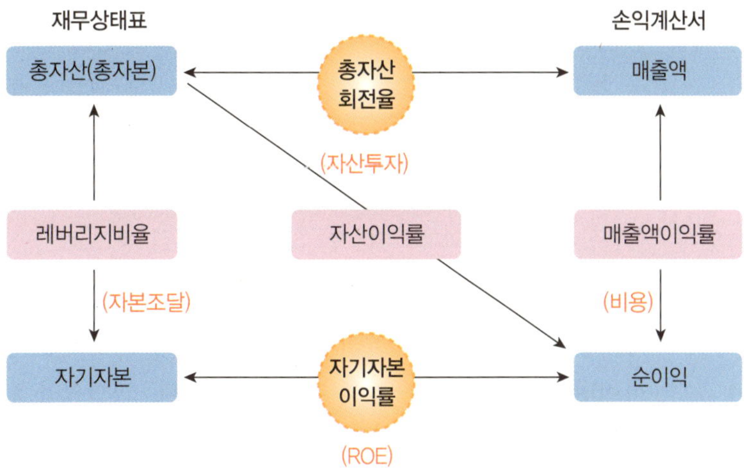

Section 09 매출 · 영업이익만 보면 '하수'… 5대 핵심 재무제표 샅샅이 훑어라

영업활동 현금흐름 – 2~3년 연속 마이너스일 땐 투자 신중해야
투자활동 현금흐름 – 빚 갚기 위해 설비 · 부동산 처분하면 '나쁜 신호'
부채비율 – 재무건전성 잣대… '200%' 웃돌면 안정성 흔들
현금성 자산 – 현금 넉넉해야 신성장 동력 확보에 나설 수 있어
자회사 실적 – 재무제표 '주석'에 담겨… 숨은 캐시카우도 파악

기업 재무제표를 한 장 한 장 들춰 '보물'을 찾는 투자 고수들이 의외로 많다. 개인투자자도 재무제표를 제대로 읽어내면 우량주를 선별할 수 있다. 각 상장사의 재무제표는 금융감독원 전자공시시스템에서 검색할 수 있는 만큼 투자자 간 '정보 비대칭성'도 없다. 전문가들은 재무제표에서 영업활동 현금흐름과 투자활동 현금흐름, 부채비율, 현금성자산, 자회사 실적 등을 눈여겨보라고 조언했다.

■ '돈흐름' 어떻게 보나

상장사는 투자자를 위해 회사의 실적과 재무구조가 담긴 재무제표를 분기마다 공개하고 있다. 재무상태표와 손익계산서, 현금흐름표, 주석 등으로 구성된 재무제표는 상장사가 공시한 '분기보고서', '반기보고서', '사업보고서'에 첨부돼 있다.

투자자들은 손익계산서에 담긴 매출, 영업이익, 당기순이익 등에만 관심을 쏟는 경우가 많다. 하지만 현금흐름표도 그 못지않게 중요하다. 영업활동 현금흐름, 투자활동 현금흐름, 재무활동 현금흐름으로 구성된 현금흐름표는 손익계산서로는

주가에 영향 주는 재무지표 다섯 가지

항목	내용
영업활동으로 인한 현금흐름	기업이 제품판매를 비롯한 영업활동으로 벌어들인 현금을 나타냄
투자활동으로 인한 현금흐름	부동산과 설비 구매를 비롯한 투자활동으로 들어오고 빠져나가는 현금규모
부채비율	부채비율은 대차대조표의 부채총액을 자기자본으로 나눈 비율(부채총액/자기자본)
현금 및 현금성자산 + 단기금융자산 (기타금융자산)	비교적 짧은 시간 안에 현금으로 바꿀 수 있는 자산
종속기업 재무정보	연결재무제표 주석에 종속기업 실적과 자본, 자산규모를 기재하고 있음

포착할 수 없는 기업의 '돈흐름'을 보여주기 때문이다. 예를 들어, 기업이 물건을 외상으로 팔면 영업이익 · 순이익이 증가하지만 회사 금고로 들어오는 현금은 없다. 현금흐름표의 '영업활동 현금흐름' 항목은 회사가 영업으로 현금을 얼마나 벌었는지를 나타내는 지표다. 영업활동 현금흐름이 일시적으로 마이너스면 상관없지만 2~3년 연속 마이너스라면 경영활동에 어려움을 겪는다. 현재 존폐의 기로에 놓여 있는 **대우조선해양도 2012~2015년 4년 연속 영업활동 현금흐름이 마이너스**를 나타냈다.

설비투자에 얼마만큼의 현금을 썼는지는 투자활동 현금흐름으로 확인할 수 있다. 설비와 부동산을 사들이는 기업은 투자활동 현금흐름이 마이너스로 기록된다. 반면 투자활동 현금흐름이 플러스인 것은 부동산과 설비를 비롯한 영업수단을 매각하는 것으로 바람직하지 못한 신호로 해석된다. **청산절차를 밟고 있는 한진해운은 2012~2015년 4년 연속 투자활동 현금흐름이 플러스**였다. 빚을 갚기 위해 선박을 비롯한 자산을 처분했기 때문이다.

전문가들은 영업활동 현금흐름이 플러스인 동시에 투자활동 현금흐름이 마이너스인 상장사에 높은 점수를 준다. 영업으로 창출한 현금을 재원으로 성장을 위한 설비투자에 나선다는 의미로 해석되기 때문이다. 지난해 연결기준 영업활동 현금흐름이 가장 컸던 상장사는 삼성전자(47조 3,856억 원), 한국전력(16조 5,206억 원), SK(9조 1,107억 원) 순으로 집계됐다. 이들 기업은 같은 기간 투자활동 현금흐름의 마이너스 폭도 상장사 가운데 가장 컸다.

■ '재무구조 우량주' 어떻게 뽑나

영업활동 및 투자활동 현금흐름 우수기업

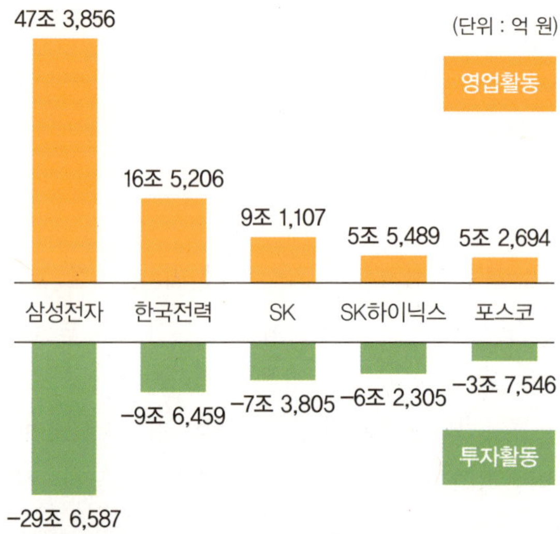

※2016년 재무제표, 시가총액 상위 100대 기업 기준

자료 : 에프앤가이드

부채비율은 부채총계(타인자본)를 자기자본으로 나눈 것으로 기업의 재무건전성을 가늠하는 대표적 지표다. 적정 부채비율수준에 대해서는 논란이 많지만 금융당국은 **'부채비율 200%'를 웃돌면 재무구조 안정성이 흔들린다고 본다.** 파산절차를 밟고 있는 한진해운의 부채비율은 2014년 913.1%에서 2015년 1,055.1%까지 치솟기도 했다. 재무구조가 개선되는 기업의 상당수는 주가도 오름세를 나타냈다.

현금성자산과 단기금융자산 등도 핵심지표로 꼽힌다. 현금이 넉넉하면 **유동성 위기를 겪을 우려가 없고 신성장 동력 확보**에도 적극 나설 수 있기 때문이다.

■ 숨은 캐시카우 · 부실 짚으려면

기업의 숨은 캐시카우(현금창출원)와 부실도 주가를 움직인다. 이를 찾으려면 재무제표의 **주석에 담긴 종속회사 실적**을 봐야 한다. 두산인프라코어 자회사인 두산밥캣은 2014년에 2,802억 원, 2015년에는 3,856억 원의 영업이익을 올렸다. 두산밥캣 실적이 나날이 좋아지자 기업공개(IPO)에 나설 가능성이 높다는 추정이 많았다. 이 회사는 예상대로 지난해 유가증권시장에 입성했고, 이 과정에서 두산밥캣 지분 일부를 매각한 두산인프라코어 주가도 지난해 100.45% 올랐다. 이처럼 우량한 비상장 자회사를 둔 종목은 자회사 IPO 효과를 기대해 볼 수 있다.

부실 자회사를 거느린 기업은 투자에 유의해야 한다. GS글로벌의 자회사인 GS엔텍은 2013년부터 2015년까지 매년 순손실을 기록했고 부채비율도 2015년 말 909.8%까지 치솟았다. 업계에서는 GS글로벌이 GS엔텍 부실을 털어내기 위해 대규모 유상증자에 나설 것이라는 분석이 많았다. GS글로벌은 GS엔텍 지원자금을 마련하기 위해 지난해 5월 1,500억 원 규모의 유상증자를 했다. 이 회사 주가는 유상증자 여파로 지난해 42.15%나 하락했다.

자료 : 한국경제, 2017. 3. 30.

Section 10 감사인의 '적정의견', 재무상태 좋다는 뜻 아냐

직장인 김 모 씨는 한 건설회사가 수도권에 큰 공사를 따낼 것이라는 소문을 듣고, 주식투자를 하기로 마음먹었다. 김 씨는 회사에 대한 정보를 얻기 위해 이 회사의 사업보고서를 뒤졌다. 보고서에는 '적정의견'이라는 문구가 적혀 있었다. 김 씨는 이 회사의 재무구조가 건전하다고 판단했고, 곧바로 자신의 결혼자금 중 일부를 투자해 주식을 샀다. 하지만 8개월 뒤 이 회사는 부도가 났고, 주식시장에서 상장폐지됐다. 이처럼 사업보고서의 일부 내용만 참고한 채 무리하게 주식투자에 나섰다가 낭패를 보는 경우가 종종 발생한다. 금융감독원은 29일 이 같은 피해를 입지 않으려면 기업의 '감사(監査)보고서'를 꼼꼼히 살펴보는 것이 좋다고 조언했다.

■ 감사보고서 재무제표 '적정의견'≠재무건전성 양호

감사보고서란 기업의 재무제표가 공정하게 작성됐는지에 대한 감사인의 의견을 담은 보고서다. 12월에 결산하는 상장법인은 다음 해 3월 말까지 사업보고서를 제출하게 돼 있는데, 각 회사의 사업보고서에 이 감사보고서가 첨부돼 있다. 금감원 '전자공시시스템(dart.fss.or.kr)'에서 열람할 수 있다.

감사인은 회사의 재무제표가 회계처리기준에 따라 제대로 작성됐는지를 살핀다. 그러고 나서 '적정의견', '한정의견', '부적정의견', '의견거절' 등을 감사보고서에 기재한다. 이 가운데 **'적정의견'**은 기업의 재무제표가 회계기준에 따라 적정하게 표시돼 있다고 판단할 때 내려진다. 하지만 적정의견을 받았다고 해서 반드시 기업의 재무상태가 튼튼하다는 것을 뜻하는 것은 아니다. **재무제표가 기준에 맞게 잘 작성됐다는 것을 의미할 뿐**이다. 금감원에 따르면 지난 2014년(회계연도기준) 상장법인 1,848개 업체 가운데 감사의견이 적정의견으로 표명된 회사는 99.1%(1,832개 업체)에 달하지만, 적정의견을 받은 회사 중 2.7%(50개사)가 감사보고서 발행 후 2년도 되지 않아 상장폐지됐다. 금감원 관계자는 "재무상태가 엉망이어도, 회계기준에 맞게 재무제표가 표시됐다면 적정의견을 받을 수 있기 때문에 이것으로만 재무상태를 판단해서는 안 된다"고 말했다.

■ '강조사항'과 '계속기업 불확실성'도 따져봐야

감사보고서에 등장하는 **'강조사항'**도 반드시 살펴봐야 한다. 감사결과 중요하다고 판단되는 내용은 강조사항란에 담긴다. 예를 들면, "기업이 소송을 진행 중이어서 재무상 변화가 있을 수도 있다"는 내용이나 기업의 **최대주주와 같은 특수관계자와의 중요한 거래, 영업환경의 변경 등**이 해당된다. 이는 회사의 재무상태와 경영성과에 큰 영향을 미칠 수 있기 때문에 주의 깊게 따져봐야 한다.

적정의견을 받은 회사 중 상장폐지 법인 현황

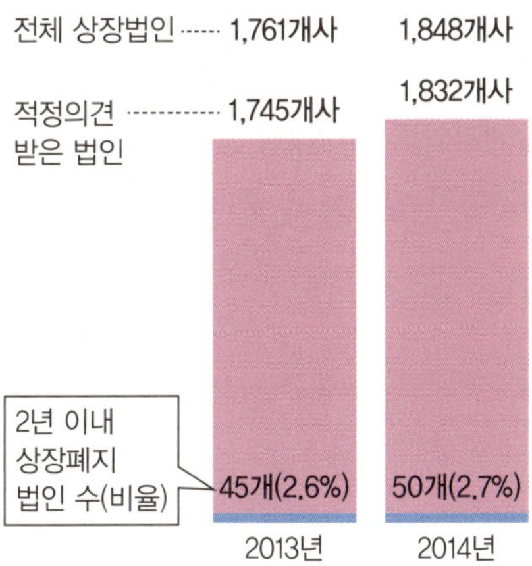

자료 : 금융감독원

감사보고서 활용법 6가지

1. 금감원 전자공시시스템(dart.fss.or.kr)에서 확인가능
2. '적정의견'과 기업의 재무건전성은 별개
3. '강조사항'으로 기재된 내용 확인은 필수
4. '계속기업 불확실성' 언급 회사는 특히 유의
5. 수주산업 영위 회사는 '핵심감사사항'을 반드시 확인
6. 재무제표 '주석'은 정보의 보고

감사보고서에 '계속기업 불확실성'이라고 언급된 회사도 유심히 볼 필요가 있다. 기업이 추진하는 사업 전망이 나쁘거나 재무제표 건전성이 나빠지는 등 기업이 계속 존재하는 게 불투명하다고 판단될 때 감사인은 강조사항에 계속기업 불확실성이라고 표시한다. 금감원에 따르면 지난 2014년 **계속기업 불확실성을 강조사항에 기재한 적정의견 기업 가운데 2년 내 상장폐지된 비율**(16.2%)이 강조사항을 기재하지 않은 기업 중 상장폐지된 비율(2.2%)보다 약 8배 가까이 **높았다.**

■ 조선 · 건설업 투자 땐 '핵심감사사항' 살펴야

기계 · 조선 · 건설처럼 수요처의 주문에 따라 생산하는 이른바 '수주(受注)산업' 업체에 투자할 경우에는 감사보고서에 나와 있는 **'핵심감사사항**(KAM)**'을 확인**하는 것이 좋다. 조선이나 건설업체는 선박 제조나 아파트 건설이 비교적 오랜 시간 동안 이뤄지기 때문에 여러 해에 걸쳐 손익을 추정하는 경우가 많다. 그래서 더욱 세밀하고 집중적인 회계감사가 이뤄진다. 이 때문에 감사인은 청구되지 않은 공사변동액이나 아직 발생하지 않은 수익 등 재무제표에 큰 영향을 끼치는 항목을 핵심감사사항으로 정해 강조사항에 기재한다.

이와 함께 감사보고서에 있는 재무제표 가운데 **'주석**(notes)**'**도 반드시 봐야 한다. 주석에는 회사 개황, 재무제표 작성 근거 등이 설명돼 있다. 특히 주석에 표시되는 **타인에 대한 지급보증이나 소송사건의 결과에 따라 변동되는 미래 예상 손실금액, 기업의 최대주주와 친인척, 임원과 같은 특수관계자와의 거래내역 등**은 회사의 재무상태에 영향을 미칠 수 있는 사항이기 때문에 꼼꼼히 살펴보고 투자하는 것이 좋다.

자료 : 조선일보, 2017. 3. 30.

Section 11 유상증자 투자 시 유의사항

유상증자는 주주들의 청약을 유도하기 위하여 20~30%의 할인율을 적용해 **시가보다 낮게 신주를 발행**한다. 또 일정기간의 주가를 평균해 기준가격을 산정하기 때문에 단기간에 주가가 큰 폭으로 오른 주식은 발행가격이 더 낮아지는 효과가 있다. 그러므로 신주를 배정받을 권리를 확보한 후 주가를 매입할 때보다 소폭 하락하더라도 신주에서 매매차익을 낼 수 있다. 경기회복기에는 주가가 장기적으로 상승추세를 보일 가능성이 높으므로 유상증자를 겨냥한 투자전략이 효과적일 때가 많다.

무상증자란 별도의 주금 납부 없이 주식을 새로 받는 것이다. 그러므로 무상증자란 주금의 납입 없이 주주총회의 결의로 준비금 또는 자산재평가적립금의 전부 또는 일부를 자본으로 전입하고 증가된 자본금에 해당되는 만큼의 신주를 발행하여 주주에게 보유주식수에 비례해서 무상으로 교부하는 증자이다.

유 · 무상증자의 권리를 가지기 위해서는 신주배정 기준일에 해당 주식을 보유하고 있어야 하므로 기준일 2일 전(기준일이 수요일인 경우 매매일 기준 이틀 전인 월요일)까지는 거래소시장에서 매수를 해야 한다. 즉, 기준일 전날인 화요일에 매수한 투자자는 유 · 무상증자를 받을 권리가 없다. 유 · 무상증자 기준일 전날 해당 주식은 권리락이 일어나 권리의 평가된 가격만큼 전일 종가에서 주가가 하락한 가격기준가가 된다.

유상증자 투자 시 유의해야 할 점이 있다. 우선 **할인율이 높을수록 유리**하다. 보통 30%의 할인율이 적용되지만 할인율을 크게 적용하는 기업의 주가는 단기간에

급등할 수도 있다. 또한 우선주에 대해 보통주를 배정하는 경우도 있다. 의결권이 없어 보통주에 비해 가격이 싼 우선주에 유상증자 시 보통주를 배정하는 경우에는 해당 우선주가 단기급등하는 경우가 있다. **강세장**에서는 유상증자가 해당 회사의 주가에 **호재**로 작용하고, **약세장**에는 물량부담 때문에 **악재**로 작용하는 것이 보통이다.

일반적으로 상승장에서는 유상증자를 받기 위해 기준일까지 주식을 계속 보유하고, **하락장에서는 기준일 전에 주식을 처분하여 권리락을 피하는 것**이 투자원칙이다. 굳이 유상증자를 받지 않을 주식을 보유하고 있어 권리락을 당할 필요는 없다. 또한 2개월 후를 내다보는 투자전략을 세워야 한다. 유상증자가 권리락이 되면서 유상증자권리를 확보한 후 청약을 하고 유상 신주가 상장되어 매매를 할 수 있기까지는 2개월 정도가 소요된다. 청약을 한 후 주가가 급락하여도 아직 주식을 보유한 것이 아니므로 손절매를 할 수 없어 손실폭이 커질 수도 있다. 그러므로 단순히 현재 주가와의 비교로 유상증자 신주를 배정받기 위해 유상증자 기준일 전에 해당 주식을 매입하는 것은 무리가 있는 투자이다. 또한 실권주 투자를 하면 투자위험도 줄일 수 있다. **실권주 투자를 하면 권리락에 의한 보유주식의 주가하락을 피하면서 유상증자 신주를 확보**할 수 있고 실권주 청약 후 신주가 상장되는 기간도 보름 정도밖에 안 걸리므로 그만큼 투자위험도 줄일 수 있다.

자료 : 장경천, 증권투자의 이해, 2003, p. 57.

Section 12 주식투자로 돈 버는 방법

500만 명에 달하는 우리나라 주식투자 인구 중 손실을 내지 않고 꾸준한 수익을 내는 사람은 몇 퍼센트나 될까? 단기적으로 수익을 내는 투자자들은 많지만, **지속적으로 수익을 내면서 주식 자산을 늘려가는 투자자는 많아야 15%**가 되지 않을 것이다. 합리적 투자, 자신만의 매매방법이 없다면 지속적인 수익을 유지하는 것은 매우 어려운 일이기 때문이다.

최근 방송매체나 소문, 뉴스에 나오는 종목에 대해 신중한 분석 없이 단기매매를 하는 투자자들이 늘어나는 것은 매우 우려스럽다. 심지어 종목의 시가총액과 순이익이 얼마인지, 어떤 사업을 영위하는지조차 **정확히 알지 못하고 투자하는 경우가 많다**고 하니 말이다. 하루하루의 시세에 집중하는 매매를 한다면 결국 수익을 쌓아가기 어렵다. 몇 번의 투자에서 수익을 낼 수는 있겠지만 **원칙 없는 투자는 결국 부화뇌동에 빠지게** 된다.

시세를 따르는 단타매매를 무조건 비난할 생각은 없다. 어떤 방법으로든 그것을 자기만의 원칙으로 만들어 꾸준히 수익을 쌓아갈 수 있다면 누구도 그 매매를 비난할 수 없기 때문이다. 하지만 전업 투자자가 아님에도 불구하고 단기적인 움직임에 집중하고, 하루 종일 홈트레이딩시스템(HTS)이나 스마트폰을 들여다보며 매매에 신경을 쓴다면 투자와 일, 그 어떤 쪽에서도 성공하기 어려울 것이다.

그렇다고 재무분석이나 시황 파악을 뛰어나게 잘하는 것도 쉬운 일이 아님을 알고 있다. 분석을 잘한다고 해도 내가 사면 주식이 빠지고, 내가 손절하면 오르기 시작한다는 말을 할 정도로 **매매타이밍을 잡는 것은 쉽지 않은 일**이다. 그렇다면 어떻게 해야 주식투자로 돈을 벌 수 있을까?

먼저, **기업과 그 기업의 제품, 서비스에 집중해야** 된다고 생각한다. 방대한 자료들을 분석하는 **전문가들도 시장의 방향성을 맞추지는 못한다.** 하지만 기업의 경우는 다르다. 분기마다 발표되는 기업의 실적을 눈으로 확인할 수 있고, 그 실적을 만들어 내는 제품이나 서비스를 관찰하고 사용해 볼 수 있기 때문이다. 제품, 서비스의 질이 뛰어나고 매력적이라면 매출이 늘어날 것이며 전체적인 실적이 개선된다. 그러한 실적이 기업 자체를 변화시킬 만한 것이라면 투자수익은 더욱 커지게 될 것이다.

다음으로 강조하고 싶은 것은 **시장의 트렌드를 파악**해야 한다는 것이다. 무조건적인 장기투자로는 수익을 낼 수 없다. 현대사회는 빠르게 변화하고 있고, 그에 따라 **성장성이 큰 종목과 업종이 계속 변화**하고 있다. 이미 수익과 주가의 정점을 찍고 하락하고 있는 종목을 사서 2년을 들고 있어도 단 1%의 수익을 주지 않을 수도 있는 것이다.

우리가 주식투자를 하는 이유는 돈을 벌기 위해서이고, 당장 오를 수 있는 종목을 사지 않고 2년 후에 오를 종목을 미리 사서 기다려야 할 이유도 없다. **관심 업종과 트렌드 안에서 가장 강한 종목을 매수하고 수익이 나기 시작하면 수익을 충분히 취하자.** 물론, 실적도 꾸준히 증가되고 주가도 꾸준히 오른다면 5년이 아니라 10년을 들고 갈 수도 있어야 한다.

자료 : 이투데이, 2012. 4. 18.

포브스지 8가지 투자전략

- 시장을 믿지 말라
- 시장을 무시하지 말라
- 장세흐름을 좇아서 투자하지 말라
- 매도 · 매수시점을 조절할 수 있다고 생각하지 말라
- 경제흐름에 바탕을 둔 투자를 최선으로 생각하지 말라
- 새로 상장되는 회사 주식을 사려 애쓰지 말라
- 남이 관심을 두지 않는 우량 주식을 사라
- 장기적 관점에서 포트폴리오를 다양화하라

Section 13 남녀 주식투자 성(性)대결

UC–Davis의 바버(Brad Barber) 교수와 UC–Berkeley의 오딘(Terrance Odean) 교수는 1991년부터 1997년까지 6년간 무려 35,000가구의 주식계좌를 살펴본 후 주식투자에 있어서 남녀 간 성(性)적 차이가 뚜렷이 존재한다는 흥미로운 연구결과를 발표했다.

이들이 찾은 연구결과는 다름 아닌 **"남자들이 여자보다 더 빈번히 주식매매에 임하고 결국 더 낮은 투자수익을 거둔다"**는 것이다. 이 연구결과가 결혼한 부부에게 던지는 메시지는 "남편 대신 아내가 주식투자하는 게 낫다" 정도가 될 수 있겠다.

그리고 더 흥미로운 점은 미혼 남자의 경우엔 주식매매 빈도가 훨씬 더 높고 투자수익은 더 나쁘다는 것이다. 연구진은 그 이유를 미혼 남자는 옆에서 걱정하는 (잔소리하는) 아내가 없기 때문이라고 봤다.

그러니 혹시 남자친구가 주식투자를 하는 것을 알았을 땐, 바로 그만두게 하든가, 아니면 여자친구 본인이 아내와 같은 수준의 잔소리를 하는 것이 남자친구가 주식투자로 망하는 걸 사전에 막는 방법이 될 것이다. 아니면 남자친구를 대신해서 여자가 직접 주식투자를 하든지.

이 밖에 남녀 간 주식투자 행동에 있어서 흥미로운 점은 다음과 같다. 만약 당신이 남자라면 아래의 사항 가운데 과연 몇 개나 자신에 해당되는지 체크해 보라.

- **남자는 주식 연구에 더 많은 시간을 들이고 비용을 지불한다**(그럼에도 불구하고 여자보다 주식투자수익률이 저조하다).
- **남자는 주식전문가의 얘기에 귀를 덜 기울인다**(자신의 생각을 고집, 남의 얘기를

잘 듣지 않는다).

- 남자가 더 주가예측이 가능하다고 믿는다(주식투자하는 남자들의 얘기를 들어보면 모두 '박사'이다).

바버와 오딘 교수는 주식매매 행동 및 투자성과에 있어 이같이 남녀 간 차이가 존재하는 것을 놓고 남자들은 자신의 주식투자기법에 지나치게 과신(overconfidence)하고 있기 때문이라고 분석했다. 남자들이 여자보다 도박(gambling)에 빠지는 성향이 더 높은 것도 마찬가지 이유로 봤다. 남자들은 주식투자를 도박처럼 생각하는 걸까?

자료 : 머니투데이, 강상규 미래연구소M 소장, 2013. 1. 17.

Section 14 주식투자 격언

주식투자 격언

- 주식을 사기보다는 때를 사라
- 숲을 먼저 보고 나무를 보아라
- 사고 팔고 쉬어라. 쉬는 것도 투자다
- 사는 것보다 파는 것이 더 중요하다
- 대중이 가는 뒤안길에 꽃길이 있다
- 생선의 꼬리와 머리는 고양이에게 주라
- 팔고 나서 올라도 애통해 하지 말라
- 모두가 좋다는 종목은 피하는 것이 좋다
- 나누어서 사고 나누어서 팔아라
- 소문에 사고 뉴스에 팔아라
- 매입가격은 잊어버려라
- 매입은 천천히 매도는 신속하게 하라
- 천장권의 호재는 팔고 바닥권의 악재는 사라
- 여유자금으로 투자하라
- 달걀은 한 바구니에 담지 말라

■ 주식을 사기보다는 때를 사라

주식투자의 가장 큰 목적은 투자차익에 있다. 최대의 투자차익을 남기기 위해서는 사는 시점과 파는 시점의 선택이 가장 중요하다.

■ 숲을 먼저 보고 나무를 보아라

주가의 일일변동이나 단기적인 파동만 보고 투자를 하면 시세의 큰 흐름을 보지 못한다. 강물의 잔 파도만 보고 배를 노 저어 가면 자기도 모르는 사이에 엉뚱한 곳으로 흘러내려 가고 만다. 먼저 시세의 큰 흐름과 그 배경을 이해하고 그러한 바탕 위에서 눈앞의 시세를 해석해야 한다. 증권시장은 흔히 자본주의의 성감대라고 할 정도로 정치, 사회, 경제 모든 부문의 각종 요인이 작용하므로 이를 종합적으로 해석할 수 있는 안목을 기르는 것이 중요하다.

■ 사고 팔고 쉬어라. 쉬는 것도 투자다

빈번한 매매는 실패의 근본이다. 프로라도 약세장에서 큰돈 벌기는 어렵다. 대세의 큰 장에서 수익을 올렸으면 다시 들어갈 것이 아니라 쉬어라.

■ 사는 것보다 파는 것이 더 중요하다

주식투자는 차익이 나고 있을 때에는 파는 시점이 중요하다. 불안해서 너무 일찍 팔아도 안 되고 욕심 때문에 너무 끝까지 이익을 추구해서도 안 된다. 손해 보고 있을 때도 적은 손해로 투자를 마무리할 줄 알아야 한다. 대부분의 투자자들은 파는 마무리를 잘하지 못해서 실패한다.

■ 대중이 가는 뒤안길에 꽃길이 있다

인기의 뒤안길을 가라. 사람들이 사는 것을 생각도 못할 때가 살 때이다. 초보자에게 좋게 주식이 보일 때 이미 그 주식의 주가가 많이 올라 있는 상태이다. 따라서 대중이 미처 알아채지 못하고 있는 재료주를 찾아 투자하면 큰돈을 벌 수 있다.

■ 생선의 꼬리와 머리는 고양이에게 주라

주식을 천장에서 팔고 바닥에서 살 생각을 버려야 한다. 무릎에서 사고 어깨에서 팔아야 한다. 바닥에서는 사기 어렵고 천장에서는 팔기 어렵기 때문이다.

■ 팔고 나서 올라도 애통해 하지 말라

주식을 팔고 나서 오르면 일반투자자들은 몹시 애통해 하는 것이 보통이다. 팔고 나서 오르는 것이 겁이 나서 제때에 팔지 못하는 사람도 많다. 주식을 천장에서 파는 소수의 사람을 제외하고는 팔고 나서 오르는 것이 정상이다. 팔고 나서 오르면 여유 있게 웃어라.

■ 모두가 좋다는 종목은 피하는 것이 좋다

모든 사람이 다 좋다는 주식은 모든 사람이 다 이미 주식을 사놓고 주가가 오르기만을 기다리고 있는 상태라고 볼 수 있다. 모든 사람이 주식을 다 사놓았기 때문에 더 이상 살 사람이 없어 주가가 오르기 어려울 뿐만 아니라 주가가 오르면 모든 사람이 다 팔려고 하기 때문에 주가는 오히려 떨어지기 쉽다.

■ 나누어서 사고 나누어서 팔아라

투자자들은 누구나 시세에 대한 100% 확신을 가질 수 없기 때문에 나누어서 매매함으로써 시황의 변화에 따라 매매를 조정할 수 있다.

■ 소문에 사고 뉴스에 팔아라

재료는 소문단계에서 이미 주가에 대부분 반영되어 버리는 것이 보통이기 때문에 그것이 공식적으로 발표되면 재료로서의 가치가 거의 없어진다.

■ 매입가격은 잊어버려라

많은 투자자들이 자기의 본전을 기준으로 매매를 결정하기 때문에 적절한 매도시점을 놓친다. 매매시점 결정에 있어서 자기가 산 값 같은 것은 전혀 고려되어서는 안 되고 오로지 앞으로 주식이 더 오를 것인가 내릴 것인가의 전망에 따라서만 결정하여야 한다.

■ 매입은 천천히 매도는 신속하게 하라

매입은 좀 느긋한 마음으로 낮은 가격을 골라서 사야 하며, 조급하게 따라 사는 것은 금물이다. 반대로 매도는 판다고 일단 생각했으면 가격고하에 불문하고 하루라도 빨리 파는 것이 좋다.

■ 천장권의 호재는 팔고 바닥권의 악재는 사라

주가는 오르는 힘이 다하면 저절로 떨어지고, 장기간 바닥을 굳힌 후 서서히 오르기 시작하는 주가는 어떤 악재가 나와도 오른다. 그러므로 천장권에서 큰 호재로 주가가 폭등하면 팔아야 하고 바닥권에서 악재로 주가가 폭락하면 사야 한다.

■ 여유자금으로 투자하라

목숨이 걸린 돈이나 비상금으로 주식투자를 해서는 안 된다. 주식시장의 시세가 좋다고 해서 생활비나 용도가 정해진 자금들을 동원해서 투자했다가 주가가 크게 하락하면 큰 손해를 보고 팔아야 한다. 그러므로 투자자금은 여유자금으로 한정해야 한다. 투자자금을 항상 100% 주식에 투자한 상태로 끌고 가는 것은 좋은 방법이 못 된다. 항상 현금보유비율이 30% 정도는 유지되는 것이 좋다.

■ 달걀은 한 바구니에 담지 말라

주식시장에는 성격이 다른 여러 종류의 주식이 거래된다. 안정적인 자산주, 꿈이 있는 성장주, 인기류주, 저가부실주 등은 그 움직임이나 패턴이 전혀 다르며 업종별로도 주가는 다르게 움직인다. 종목을 선택하는 데 있어서 한두 종목에 집중하면 크게 남기지만 실패하면 크게 손해 본다. 그러므로 적당한 종목수로 나누어 분산투자하는 것이 종목선택의 기본이다.

[부록] 기업탐방 매뉴얼

▪ 기업탐방 시 질문을 위한 고려사항

■ 매출액

1. 매출구성
   ⓐ 생산부문별 구성
   ⓑ 판매시장별 구성
2. 최근의 매출증가 추세
   ⓐ 전년동기 대비 증가율
   ⓑ 산업평균 대비 매출증가추세
3. 매출전망
   ⓐ 물량기준 매출액 전망
   ⓑ 금액기준 매출액 전망
4. 단기 및 중 · 장기 상품수요 전망
5. 회사, 유통업자, 최종소비자의 재고상황
6. 상품가격수준
   ⓐ 가격변화가 물량 및 금액기준 매출액에 미치는 영향
   ⓑ 향후 상품가격추이 및 가격변화요인
7. 시장점유율
8. 수출부문
   ⓐ 수출비중
   ⓑ 해외지점의 수출기여비중
   ⓒ 각국별 수출전망

■ 판매 및 유통관계

1. 판매방식
   ⓐ 고객에게 직접판매
   ⓑ 소매상 경유
   ⓒ 도매상 경유
   ⓓ ⓐ, ⓑ, ⓒ 혼합 등
2. 매출 대비 판매비
3. 세일즈맨의 급여방법 및 인원수
4. 광고방법
   ⓐ TV 및 기타 공공매체 사용 여부
   ⓑ 광고비용
5. 판매지역 범위 및 시장확대계획
6. 경제적 유통반경 및 운송비

■ 경쟁관계

1. 주요 경쟁사
2. 경쟁사의 수와 경쟁 정도
3. 경쟁사의 자금조달능력
4. 경쟁사 상품과 비교한 방문사 상품의 품질
5. 신설사의 시장진입 가능성
6. 회사의 업계서열
7. 중요한 브랜드, 등록상표, 특허권 서비스 특징 등

■ 특허관계

1. 판매 및 가격에 미치는 영향
2. 특허만기일 및 만기 시 판매, 가격구조, 이익 등에 미치는 영향

■ 생산활동

1. 전년동기 대비 가동률 및 향후 가동률 전망
2. 가동방법
   ⓐ 교대횟수
   ⓑ 1교대 근무시간수
   ⓒ 시간외 할증수당
3. 공장수 및 건축특징
4. 설비상황 : 신규, 노후 또는 폐품
5. 타사와 생산원가 비교
6. 생산방법 개선이나 생산성 향상을 위한 계획

■ 원자재

1. 주요 원자재
   ⓐ 공급선 : 해외수입 또는 국내공급 여부
   ⓑ 공급량 및 재고량
2. 원자재 가격동향 및 가격변동성
3. 원가계산의 방법(LIFO 등)

■ 재무사항

1. 최근의 자금조달상황 및 변동요인분석
2. 현재 및 향후 매출 대비 운전자본(working capital)의 적정성 여부
3. 만기도래 채권의 상환 또는 차환능력
4. 신규자금조달계획
5. 장부가격과 대비한 고정자산의 보험가액, 교체가액 및 재평가가액

■ 배당정책 및 전망

1. 배당지급정책
   ⓐ 이익 대비 배당성향

ⓑ 현금흐름(cash flow) 대비 배당비율

2. 주식배당 전망
3. 배당률증감 전망

■ 수익부문

1. 임금 및 원자재 가격추이와 매출액 대비 비율
2. 원가상승 시 상품가격 조정력
3. 원가축소 방안
4. 이익률추이
5. 전년동기 대비 이익추이
6. 주당이익추이
7. 영업외 수지요인분석

■ 설비증설계획

1. 계획의 세부사항
   - 공장위치, 증설되는 생산라인 등
2. 자금관계
   - 자금조달방법
3. 설비확장으로 인한 매출증대효과
   - 신규시설에 대한 필요성, 감가상각방법
4. 타기업 인수계획
5. 생산 1단위 증가분에 대한 신규건축비용 및 설비비용
   - 과거 수년과의 비교
6. 신규공장건축비용 1단위당 예상매출
   - 과거와의 비교

■ 연구개발

1. 연간 연구비용 및 매출액 대비 비중

2. 연구원 수 및 고등학위소유자 수
3. 연구활동에 따른 최근의 특허활동
4. 신상품개발 가능성 및 개발 시 판매전망
5. 최근 매출에서 과거 5~15년의 연구활동에 의해 개발된 신상품의 비중(연구결과를 평가하는 가장 중요한 요인임)

■ 경영

1. 경영의 일관성 여부
2. 이사진의 평균 연령
3. 일인체제 경영방식 여부
4. 임원진 채용 및 교육방법
5. 경영의 중앙집권적 또는 하부이양적 여부

■ 노사관계

1. 노사분규 역사
2. 노조에 가입된 근로자의 비중
3. 노사관계에 대한 경영진의 정책
4. 근로자를 위한 주요 급부정책
5. 근로자의 이직률

■ 기타사항

1. 자산재평가계획
2. 감가상각방법

■ 기업탐방 양식

■ 추천사항 :

2××3.　.　.

(단위 : 억 원, 원, %)

결산기	자본금	매출액	경상이익	순이익	금융비용부담률	주당		
						순이익	현금흐름	순자산
2××0. 12 2××1. 12 2××2. 12 2××3. 12(E)								

* 주가(2××3.　.　.) :　　원　　* 2××2년 실적기준 PER :　　배
* 최고/최저가(2××3년 중) :　　원　　* 2××3년 예상실적 기준 PER :　　배
* 일평균거래량(최근 3개월) :　　주　　* 외국인 지분율 :　　%
* 증자사항 :

■ 회사개요

• 주요 생산제품 및 제품구성
• 시장서열 및 점유율(경쟁관계), 수출비중

■ 재무상황

• 최근의 자금조달상황
• 부채상황 및 만기도래채권상황
• 매출 대비 단기운전자본 적정성 여부

■ 영업현황 및 전망

• 최근의 매출증가추세 및 전망
• 최근의 이익증가추세 및 전망

- 생산가동률 추이 및 향후 전망
- 임금 및 원자재 가격추이
- 원가축소 방안 및 영업외 수지요인
- 원가상승 시 상품가격 조정능력
- 판매지역범위 및 시장확대계획

■ 특기사항
- 설비증설계획 및 매출증대효과
- 신규사업 참여계획
- 연구개발(특허)활동, 신상품개발 및 개발 시 판매전망
- 경영진의 특성(연령, 구성, 일관성 등)
- 노사관계(분규역사, 급부정책, 이직률 등)
- 자산재평가 및 감가상각방법

■ 투자의견
- 배당정책(주식배당 전망 및 배당률 증가 전망)
- 기본적 분석 종합
- 기술적 분석

Chapter 03

경제와 주가

Section 01 경제란?

경제는 세상을 다스리고 백성을 구제한다는 '**경세제민**(經世濟民)'의 준말이다. 쉬운 말로, 경제는 잘 먹고 잘살려고 하는 것이다. 그런데 모든 나라가 잘 먹고 잘살려고 애를 쓰는데 왜 어떤 나라는 잘살고 많은 나라가 못살까? 왜 어떤 시대는 잘살고 대부분의 시대에는 못살았을까? 말처럼 그렇게 쉬운 것은 분명 아님을 알 수 있다.

반만년 역사를 돌이켜 보건대, 우리 경제는 발전했다고 할 수 있을 것이다. 단군 이래 가장 풍요로운 시대를 즐기고 있다고 하겠다. 우리네 인사가 "진지 드셨습니까?" "점심 먹었나?" 등인 것에서 짐작할 수 있듯이 우리는 그 긴 역사의 대부분 기간 동안 삼시 세때 끼니 때우기조차 쉽지 않았었다.

비단 우리네뿐만 아니라 세계 역사에서도 먹는 것이 제대로 해결되지 않은 때가 대부분이었다. 아직 기아선상에 있는 사람들이 많이 있지만 종합적으로 보면 인류 역사상 지금처럼 인간존엄을 갖고 풍부하게 지낸 적은 없었다.

인류가 지금과 같이 경제적으로 윤택하게 된 데에는 애덤 스미스(Adam Smith) 이후의 주류 경제학자의 공헌이 컸다고 분명 말할 수 있다. 애덤 스미스의 **보이지 않는 손**(invisible hand), 데이비드 리카도(David Ricardo)의 **비교우위론**(comparative advantage) 등은 작은 정부와 자유무역의 논리적 기초를 형성하며 시장경제의 막을 열었다.

잘 먹고 잘살기 위해선 자원이 필요하다. 그런데 문제는 자원이 한정되어 희소하다는 사실이다. 따라서 경제란 인간과 사회의 **무한한 욕구**를 최대한 만족시키기 위하여 희소한 자원을 어떻게 배분하느냐를 다루는 것이다.

빌프레도 파레토(Vilfredo Pareto)는 희소자원의 **최적배분**(Pareto optimality)은 **완전경쟁시장**의 가격체계를 통해 달성됨을 보였다. 따라서 우리는 효율적 경제를 위해서는 완전경쟁의 시장 메커니즘을 갖추는 것이 매우 중요함을 알 수 있다.

나아가 시장의 존재는 수요의 다양화를 충족시키고 조셉 슘페터(Joseph Schumpeter)가 주창한 **기술혁신**과 **기업가정신**을 유발시켜 효율성은 물론 성장성을 갖게 한다. 다니엘 벨(Daniel Bell)은 『이데올로기의 종언』에서 공산주의의 **계획경제**는 개성의 상실과 관료주의를 초래하여 종언을 고할 것임을 예견한 바 있다. 자본주의의 시장경제는 공산주의의 계획경제보다 훨씬 효율적임이 이론적으로나 현실적으로 증명된 것이다.

경제가 발전한 선진국일수록 시장이 잘 발달되어 있고 경제가 뒤떨어진 후진국일수록 시장 인프라가 구축되어 있지 않다. 21세기에는 정치적 형태는 다를지언정 지구촌의 거의 모든 국가가 시장경제를 지향하고 있는 이유가 여기에 있다.

Section 02 경기지표

경기란 국민경제의 총체적인 활동수준을 의미한다. 이러한 경제의 상태를 숫자로 나타내는 것이 경기지표이다. 다시 말해 **경기지표란 경제활동의 총체적 순환변동을 측정**한 지표이다. 경제의 현 상태를 파악하고 정책을 결정하거나 경제를 예측하는 목적에 활용된다. 대표적 경기지표로는 경기종합지수(CI), 경기동향지수(DI) 등이 있다.

이에 반해 **체감경기는 우리가 경제활동을 하는 과정에서 주관적으로 느끼게 되는 경기**를 말한다. 동일한 기온하에서도 건강한 사람과 허약한 사람이 느끼는 체감온도가 다르듯이 체감경기도 우리에게 주어진 상황에 따라 다르게 나타난다. 동일한 기온하에서도 제철소에서 일하는 사람과 얼음공장에서 일하는 사람이 느끼는 기온이 다르고, 같은 사람도 옷을 껴입었을 때와 샤워를 할 때 느끼는 기온이 다르다.

경기순환주기

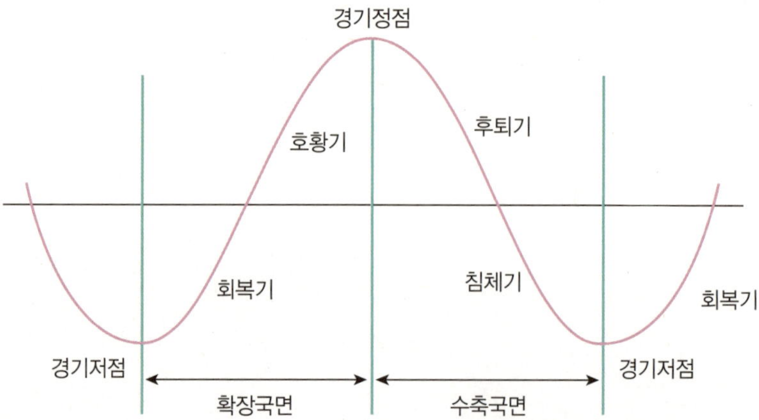

이와 같이 체감경기를 보여주는 예로서 경기가 좋아질 것인지 나빠질 것인지를 기업경영자에게 물어보아 작성되는 **기업경기실사지수**(BSI : Business Survey Index)가 있다. 기업인들에게 "앞으로 경기가 좋아질 것인가, 나빠질 것인가"를 물어보고 그 답을 지수로 표현한 것이다. 좋아질 것이라고 대답한 기업인이 많으면 BSI는 높아지고, 나빠질 것이라고 대답한 기업인이 많으면 낮아진다. 이 지수에는 지표경기에 반영되지 않는 기업의 자금난, 채산성이나 경기양극화 등 현장에서 직접 체감하는 경기요소가 반영된다.

이와 함께 **소비자동향지수**(CSI : Consumer Sentiment Index)도 있다. 소비자태도지수, 소비자기대지수라고도 하는 CSI는 장래의 소비지출 계획이나 경기전망에 대한 소비자들의 설문조사 결과를 지수화한 것이다. 경제상황과 생활형편, 가계수입, 소비지출, 고용, 물가 등 항목별로 소비자의 응답을 가중평균하여 작성한 지수로서, 중요한 경제주체의 하나인 일반 소비자들의 체감경기를 보여주는 대표적 지수이다.

경기순환주기

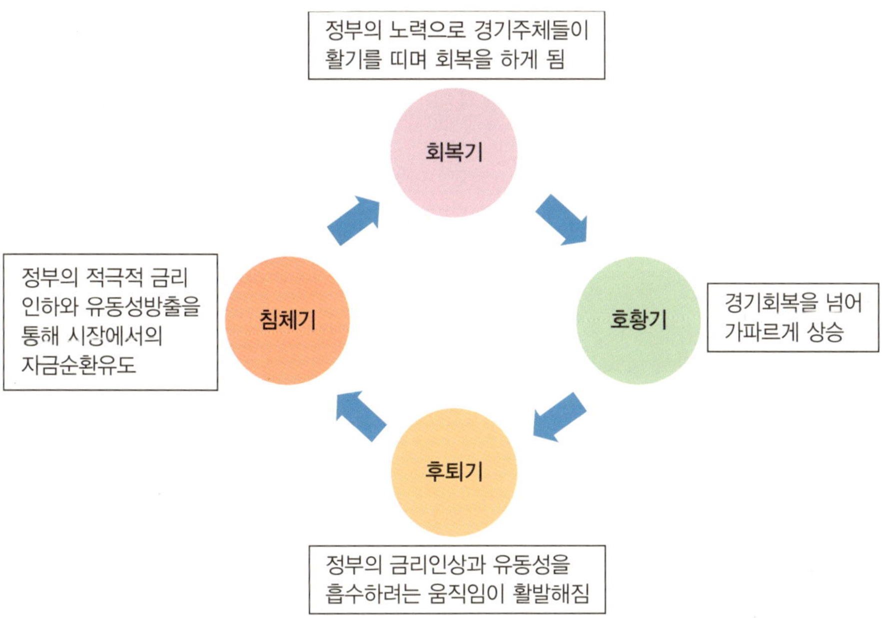

지표경기와 체감경기는 본질적으로 같을 수는 없다. 더욱이 전반적으로 지표경기는 좋더라도 부분적으로는 어려움을 겪는 업종이 있을 수 있고, 반대로 전반적인 지표경기가 부진한 가운데서도 호황을 누리는 업종이 있을 수 있다. 물론 지표경기가 좋은 경우에도 체감경기가 나빠지면 경제의 불확실성이 확산되어 설비투자가 감소하고 소비가 위축되는 등 장기적으로 경기둔화로 이어질 가능성도 있다. 따라서 경제의 안정적인 성장정책과 더불어 경제정책의 신뢰성을 높여 경제주체의 심리적 불안을 제거해 나갈 필요가 있다. 이와 동시에 경기지표를 객관적 시각에서 바라볼 수 있는 국민의 이해도 필요하다.

자료 : 장경천, 증권투자의 이해, 2003, p. 337 수정

Section 03 경기순환과 주가

경기는 시간이 경과하면서 확장과 수축을 반복하여 변동하는데 이를 경기순환(business cycle)이라고 한다. 경기를 재는 일반적 지표로서 경기종합지수가 사용되며 이는 선행종합지수, 동행종합지수 및 후행종합지수로 구성된다.

여러 경기순환 중에서 중심적인 순환은 평균 10년의 주기를 갖는 주순환으로 설비순환 또는 주글라 사이클(Juglar cycle)이라고도 한다. 설비투자 증가가 총수요 증가를 초래하고 설비투자 확대로 이어지는 국면이 상승국면이고, 공급이 과잉되어 설비투자가 감소하고 총수요가 위축되는 국면이 하강국면이다.

경기순환에 따라 기업의 경영성과가 달라지고 주가 또한 등락하게 되는데 주가변동은 통상 실물경기 변동을 선행한다. 평균적으로 경기가 회복되기 9개월 정도 전에 주가는 상승하기 시작하고 경기가 정점을 지나기 4개월 정도 전에 주가는 이미 정점에 도달하고 하향하는 것으로 알려져 있다.

그러나 모든 산업의 실질경기가 경기변동에 따라 일률적이고 동시적으로 변화하는 것은 아니다. 산업의 특성에 따라 시차를 두고 속도를 달리해서 나타나기 때문에 그 흐름을 잘 파악하여 주식투자에 적용하면 상대적으로 높은 투자수익을 얻을 수 있다.

주식시장이 강세로 전환된 초기국면에는 내구소비재산업인 전자, 자동차, 가구산업 등과 섬유 · 의류업이 상대적으로 높은 투자성과를 거둔다. 주식시장이 강세 중기국면으로 진행되면 자본재산업인 기계, 조선, 상용차, 건설업 등이 시장을 주도하고, 강세시장이 마무리되는 후기국면에서는 은행, 증권, 보험과 같은 금융업종이 좋은 투자성과를 보인다.

반대로 주식시장이 약세로 진입한 초기국면에는 석유화학, 일차금속과 같은 소재산업이 상대적으로 두드러진 투자성과를 거두고, 약세국면이 계속되는 과정에서는 제약, 음식료, 화장품 등과 같은 소비재산업과 전력, 가스, 석유 등과 같은 안정적인 유틸리티산업이 상대적으로 높은 투자성과를 나타낸다.

산업의 라이프사이클(life cycle)을 분석하는 것도 중요하다. 산업도 유기적인 생명체와 마찬가지로 **생성 · 성장 · 쇠퇴 · 소멸의 과정**을 거쳐 발전해 간다. 각 산업이 그 라이프사이클의 어느 단계에 위치하고 있는지를 파악하고 경기순환의 국면과 연결시키는 분석이 필요하다.

경기순환과 주가

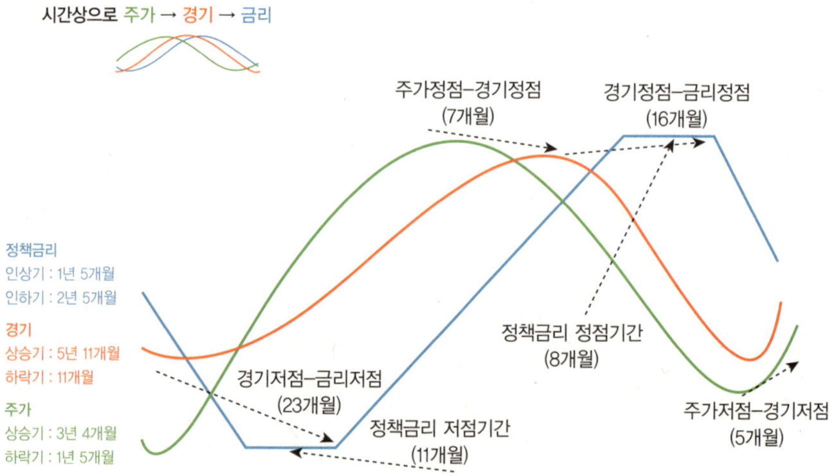

끝으로, 경기가 좋아지면 유동성이 풍부해져 부동산 값이 오른다. 이래저래 자금수요가 많아져 금리가 오르게 되고 **채권가격이 떨어지면서** 하강국면이 시작된다. 이어 **주가가 떨어지고 경기가 나빠지고 부동산가격이 떨어진다.** 그러다가 경기가 얼어붙어 자금수요가 줄어들어 금리가 내려가고 채권가격이 오르면서 상승국면이 시작된다. 이러한 순환을 파악하여 **자산배분전략**을 짜는 것이 바람직하다.

Section 04 경제변수와 주가

주가에 영향을 미치는 변수는 일일이 열거하기 힘들 정도로 많지만 일반적으로 가장 연관성이 높은 것은 실물경기 동향이라 할 수 있다. 그 중에서도 금리를 알면 경제가 보인다는 말이 있을 정도로 금리는 가장 중요한 경제변수이다.

금리와 주가는 서로 역관계에 있다. 금리가 오르면 할인율이 올라가므로 주가는 하락한다. 높은 이자수익을 확정된 금액으로 받을 수 있으면 굳이 위험을 무릅쓰면서 주식에 투자할 유인이 줄기 때문에 증시에서 자금이 빠져나가고 주가는 하락하게 된다. 즉, 금리가 올라가면 주가는 떨어지고 반대로 금리가 내려가면 주가는 올라간다.

금리와 주가

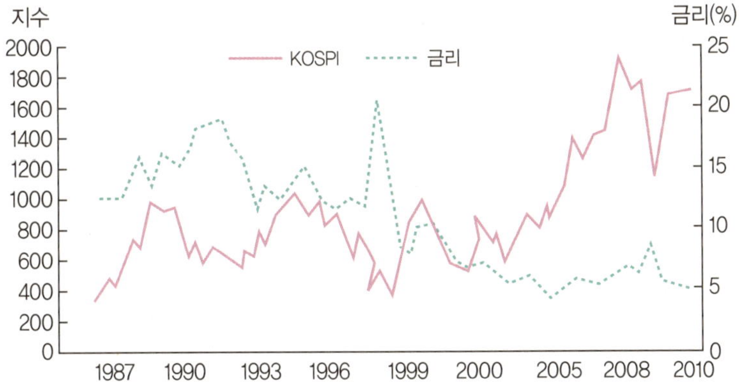

자료 : 김영재, "경제금융환경변화와 증권시장의 위상," KRX, KRX Market, 2010. 10.

경제성장이 높으면 금리가 높다. 투자기회가 많을수록 자금에 대한 수요가 많아 금리는 높아진다. 투자기회는 경제의 실질성장률에 비례하기 때문이다. 경제성장이 높으면 **주가도 상승한다.** 장기적으로 (명목)경제성장률은 기업의 수익성장률에 비례하고 주가상승률은 기업의 수익성장률에 비례하기 때문이다.

경제성장률과 주가

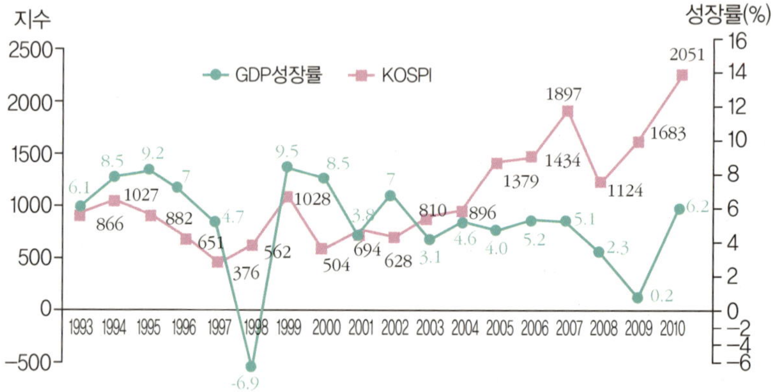

자료 : 통계청, 한국거래소

물가상승이 높으면 금리가 오른다. 가격이 오를 것으로 예상되면, 투자자들은 구매력 유지를 위해 오를 부분만큼 추가로 보상을 요구할 것이기 때문이다. 따라서 물가상승이 높으면 단기적으로는 금리가 올라 주가가 하락한다. **장기적으로는 물가가 오르면 (명목)주가도 오른다.**

물가상승과 주가

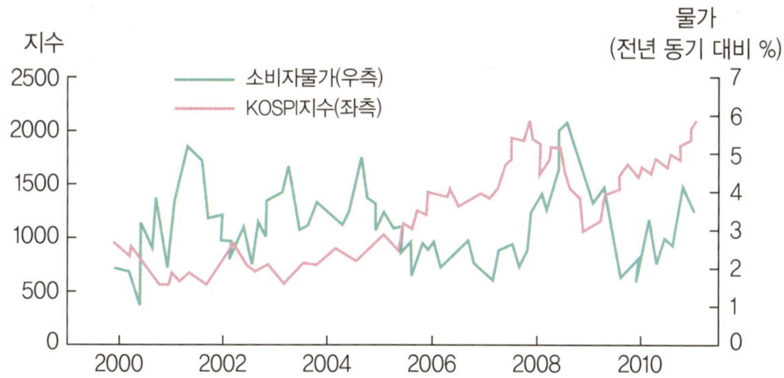

자료 : 김영재, 앞의 논문

통화공급이 증가하면 단기적으로는 시중자금사정이 여유 있게 되므로 **금리가 하락하고 주가는 상승**한다. **장기적으로** 물가상승을 초래하게 되면 **금리가 상승**한다.

국제수지가 개선되면 자금사정이 좋아져 **금리는 하락하고 주가는 상승**한다. 그 외에도 여러 변수가 있겠지만 주가와의 관계를 분석할 때 이론적으로 도출된 배당성장모형을 생각하면 도움이 된다.

이 모형에 따르면, 주가는 세 가지 변수에 의해 결정된다. **주가는 요구수익률(할인율)에 반비례하고 차기 배당금 크기와 성장률에 비례**한다. 어떤 경제변수가 이 세 변수에 어떤 영향을 미치는지를 분석하면 그 변수가 주가에 어떤 영향을 미치는지를 알 수 있다.

Section 05 환율과 주가

환율이란 한 나라의 돈을 다른 나라의 돈으로 바꾸는 비율을 말한다. 환율은 돈이 거래되는 외환시장에서 수요와 공급에 따라 결정된다. 돈의 수급에는 국제수지, 물가수준, 금리 등 여러 변수가 복합적으로 영향을 미친다.

제2차 세계대전 이후 현재까지 미국달러가 기축통화로서 세계적으로 통용되는 돈이다. 따라서 대부분의 나라가 **미국달러 1달러와 자국통화의 교환비율을 기본환율로 사용**하고 있다. 반면, 그 전에는 영국의 파운드화가 그 역할을 했으므로 지금도 영국은 1파운드 대비 미국달러의 교환비율을 기본환율로 사용한다.

1달러당 1,000원인 환율이 1,200원으로 올라가면 **환율상승**이라고 하는데 이는 원화가치가 달러가치에 비해 상대적으로 떨어지기 때문에 원화의 **평가절하**라고 한다. 반대로 1달러당 1,200원인 환율이 1,000원으로 내려가는 **환율하락**은 원화의

환율변동의 파급효과

구분	환율상승 (원화가치하락)	환율하락 (원화가치상승)
수출	수출채산성 호전 (수출증가)	수출채산성 악화 (수출감소)
수입	수입상품 가격상승 (수입감소)	수입상품 가격하락 (수입증가)
국내물가	수입원자재 가격상승 (물가상승)	환율하락 (물가안정)
외자도입기업	원금상환 부담증가	원금상환 부담감소

평가절상인 셈이다.

원화가치가 하락하는 환율상승은 수출기업에게는 수출채산성이 좋아지고 가격경쟁력을 갖게 되어 수출이 증가한다. 그러나 수입기업은 수입상품의 가격이 상승하게 되어 매출이 떨어지고 채산성도 나빠진다. 그리고 외자도입기업 등 외채가 많은 기업은 부채가 늘어나고 원금상환부담도 증가한다.

반면, 원화가치가 상승하는 환율하락은 수출기업에게 수출감소와 채산성 악화를 가져오고, 수입기업은 수입상품의 가격하락과 수입증가를 가져온다. 외채가 많은 기업은 부채가 줄어들고 원금상환부담도 줄어드는 효과가 있다.

따라서 환율변동이 주가에 미치는 영향은 해당 기업의 사정에 따라 달라진다. 일반적으로 대기업은 수출을 위주로 하고 있으므로 환율상승은 자동차, 선박, 반도체, 전자제품 등 수출 대기업의 주가가 상승하는 결과를 초래한다.

환율과 주가

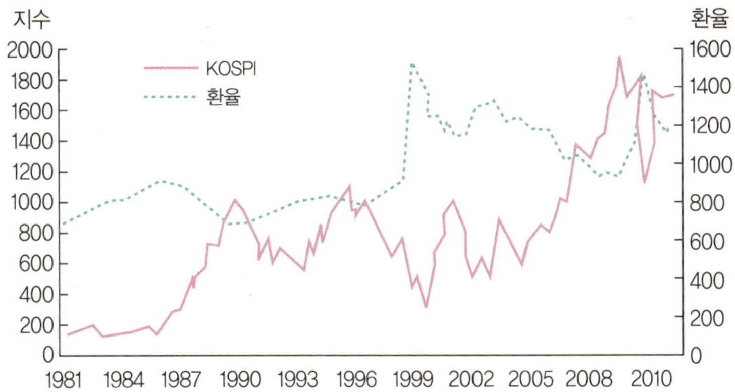

자료 : 김영재, 앞의 논문

해외투자자의 입장에서 보면 환율상승은 원화가치의 하락으로 우리나라의 주가가 낮아지는 것이므로 국내 증권시장으로 투자자금이 유입되어 주가상승을 부추기게 된다. 나중에 환율이 하락하게 되면 환차이익까지 누릴 수 있다.

환율상승은 또한 원유를 비롯한 원자재 수입가격이 올라가 물가상승을 초래하고 해외여행비도 비싸지는 반면, 환율하락은 해외여행비도 싸지고 물가를 안정화시키는 효과가 있다. 중소기업은 고용의 대부분을 차지한다. 그러므로 **환율상승은 수출 대기업에겐 좋지만 내수 중소기업이나 일반국민에겐 별로이고 고용효과도 적어 부의 양극화를 심화**시킬 수 있다.

물론 우리나라는 무역의존도가 높고 부존자원이 없으므로 수출의 중요성은 아무리 강조해도 지나치지 않다. **국부증대를 최대화하고 국부유출은 최소화하며 양극화가 지나쳐 갈등을 낳지 않도록** 하는 등 여러 목표를 잘 아울러야 하겠다.

Section 06 주가예측 악습

전망기관들은 매년 경기예측을 잇달아 발표하고 있다. 국내 증권회사들 또한 증시 포럼을 예정해 놓곤 한다. 예측의 가장 큰 목적은 경제주체들의 안내판 역할과 시장안정 기능이다. 특히 주가예측은 그렇다. 하지만 한국 증권사들의 주가예측에 대해 국제금융시장에서 보는 눈은 곱지 않다.

첫째, 한국 증권사들의 **주가예측이 시장흐름에 너무 민감**한 점을 지적한다. 다른 금융변수와 마찬가지로 주가도 선제적으로 예측해야 본래의 목적인 시장안정과 안내판 역할을 잘 수행할 수 있다. 지금처럼 시장흐름을 좇아 사후적 또는 대증적으로 예측할 경우 오히려 혼란을 초래할 수 있다고 비판한다.

둘째, **주가예측을** 그렇게 **쉽게 자주 수정**할 수 있느냐 하는 점이다. 직전의 예측이 채 잉크도 마르기 전에, 그것도 비교적 큰 폭으로 조정하는 사례가 많아 이것을 어떻게 받아들여야 할지 당혹스러운 때가 많다. 한국 증권사 내부적으로 주가를 예측하는 기법이나 모델이 있는 것인지 의심스러울 정도이다.

셋째, 성장률과 같은 실물통계도 아닌데 **구체적인 수치를 들어 주가를 예측**하는 것에도 놀라고 있다. 주가는 다른 변수와 달리 심리적인 요인에 의해 좌우되기 때문에 수치를 들어 예측할 수 없고, 설령 맞았다고 하더라도 큰 의미를 부여할 수 없다는 것이 이들의 시각이다. 투자전략에 실질적으로 도움이 될 수 있도록 추세 예측 중심으로 전환해야 한다고 권고한다.

넷째, **군집성 주가예측관행**도 한국 증시에서 하루빨리 사라져야 할 악습이라고 보고 있다. 군집성 주가예측이란 전년도에 주가예측을 잘한 사람의 시각으로 다음

연도에 주가예측이 쏠리는 현상을 의미한다. 이런 예측관행은 예측자가 자신감이 없거나 나중에 책임을 면하기 위해 자주 사용된다는 것이다.

다섯째, 군집성 예측 관행은 주가에만 국한되는 얘기가 아니다. 한국에서 경제성장률을 전망하는 기관은 10개가 넘지만, 대부분 한국은행이 제시한 전망치의 상하 0.5% 범위 안에 몰려 있다. 극단적으로 "한국에서 성장률을 내놓는 기관은 실질적으로 한국은행밖에 없다"고 국제금융시장에서 자주 지적해 온 것은 이런 이유에서이다.

여섯째, **주가예측에 대한 결과중시형 평가**도 한국 증시 발전에 저해요인으로 꼽고 있다. 투자자들의 이익을 목표로 하는 증권사의 속성상 이런 평가는 십분 이해되지만, 주가가 상승할 때 낙관론자만이 일방적으로 평가받고, 비관론자들은 시장에서 쉽게 퇴출당하는 풍토를 이해할 수 없다는 눈치이다.

한 나라의 경기순환에 있어 장기선행지수와 단기선행지수, 동행지수는 순차적으로 움직인다. 장기선행지수는 경기침체를 가장 먼저 경고하고, 다음으로 단기선행지수는 이 신호를 확인하며 그 다음으로 동행지수가 내려간다. 경기회복기에도 같은 순서대로 움직인다. 평균적으로 볼 때 **장기선행지수는 1년 전에, 단기선행지수는 6개월 전에 경기변동을 예고**한다.

미국의 경우 세계적 경제사이클연구소인 에크리(ECRI : Economic Cycle Research Institute)가 분석한 자료에 따르면 주택착공 건수와 기업도산 분담금 등은 장기선행지수에, 신규주문건수와 주간평균노동시간 등은 단기선행지수에 속한다. 특히 물가와 관련해 에크리가 개발한 미래물가지수(FIG)는 앨런 그린스펀 전 미국 중앙은행(Fed) 의장이 연방기금금리를 변경할 때 가장 선호한 것으로 알려졌다.

국내 증시도 주가에 가장 빨리 반영하는 지표는 경제협력개발기구(OECD) 등에서 발표한 각종 경기선행지수이다. 이 지수가 발표된 직후 3개월 이내에 주가에 반영된다. 비록 장기이긴 하지만 **국제유가가 코스피지수보다 약 9~10개월 선행**하고, 그 정도가 의외로 높게 나오는 것은 우리 경제의 특성을 잘 보여준다.

같은 지표라도 국내 지표보다 미국 지표가 국내 주가를 선행하는 정도가 높은 것이 있다. **미국 국채와 회사채 간 금리 스프레드, 재고를 출하로 나눈 재고출하비율**

등을 들 수 있다. **필라델피아 반도체지수**와 **미국의 고용지표**도 이 부류에 속한다. 특히 미국 국채와 회사채 간 금리 스프레드는 미국 기업들의 실적과 투자자들의 신뢰를 반영한다.

주가예측은 반드시 필요하다. 중요한 것은 시장 안정과 안내판 역할을 제대로 수행할 수 있느냐 하는 점이다. 앞으로 **주가예측은 사후적보다 선제적으로, 지수수준보다 추세전환으로, 인기 영합적 군집형 예측보다 소신 있는 다원적 예측으로, 결과보다 과정을 동일하게 평가하는 방향**으로 전환해야 국내 증권사들의 고질적인 '6대 악습'을 개선할 수 있다.

자료 : 한국경제신문, 한상춘의 국제경제 읽기, 2012. 10. 15.

Section 07 경제민주화와 성장

IMF 경제위기를 겪으면서 각종 양극화가 진행되고 직장의 안정성은 저하되며 교육비 및 주거비가 상승하고 가계부채가 증가하는 등 중산층과 그 이하 사람들의 삶의 질이 나아지기는커녕 더 팍팍해지고 있다. 삼성전자, 현대자동차 등 수출대기업은 잘 나가 재벌들의 경제력 집중은 커진 반면, 중소기업이나 자영업자를 비롯한 소상공인들은 힘들어하고 있다.

그 결과, "기회가 균등하지 않다. 공정하지 않다. 억울하다. (배분이나 보상이) 공평하지 않다. 해도 너무한다. 염치가 없다. 나는 빈곤하다. 희망이 없다. 뭔가 잘못됐다"라고 생각하는 사람이 크게 늘어나고 있다. 경제민주화가 시대정신으로 나타나는 소이이다.

경제민주화는 우선 경제주체 간의 조화를 통해 이루어진다(헌법 제119조). 경제주체 간의 조화에는 크게는 **정부, 기업, 가계 간의 조화, 노동과 자본 간의 조화, 세대 간, 계층 간, 지역 간의 조화** 등이 있을 터이고 미시적으로는 **갑과 을 간의 조화, 남과 여 간의 조화, 정규직과 비정규직 간의 조화, 내국인과 외국인 간의 조화** 등이 있을 것이다.

이를 위해 이미 노사정위원회, 동반성장위원회 등이 만들어져, 상생, 공정경쟁, 성과배분 등을 논의해 왔지만 성과는 만족스럽지 못하다. 공정한 경쟁질서가 확보되지 못해 **기회의 균등**(equality), **과정의 공정**(fairness), **배분의 공평**(equity)이 무너진다면 **사회적 갈등은 심화되고 성장동력을 잠식**하게 된다. 한국은 그간 급격한 사회변화로 사회적 갈등이 심하다. 이념 간, 지역 간 갈등에다가 세대 간, 계층 간

갈등까지 심각해지고 있다.

게다가 출산율 저하와 기대수명 연장으로 고령화가 세계에서 가장 빠른 속도로 진행되고 있다. 고령화는 생산가능인구(15~64세)의 감소를 뜻한다. 한국은 2017년을 정점으로 생산가능인구가 감소하기 시작할 것으로 예상되고 있다. 이미 경제활동이 가장 활발한 핵심생산인구(25~49세)는 2010년 처음으로 감소하였으며 향후 더욱 감소할 전망이다. 성장률이 떨어질 수밖에 없다.

실업률은 낮은 것으로 나타나고 있으나 청년고용률은 스페인보다 낮아 27%를 겨우 넘는 정도이다. 고령화로 고령층이 증가하고 청년층이 감소함에 따라 새로운 지식과 기술습득 저하 등으로 노동생산성은 하락하는 반면, 복지수요는 늘어난다. 한정된 자원이 점점 노인들에게 배분되면 성장은 떨어지게 된다.

독일의 비스마르크 정부가 사회주의 물결에 대처하기 위하여 1889년 보편적 복지를 처음 도입하였다. 그때 평균수명은 45세였는데, 연금지급연령을 70세로 매우 보수적으로 정하였다. 국가는 국민의 세금으로 운영된다. 국가의 역할이 커질수록 내가 내는 세금은 커지고 그에 따라 내 돈으로 나의 이익이 아니라 다른 누군가가 이익을 얻는 결과가 되어버린다. 국가의 개입은 자원배분의 왜곡을 초래하여 성장잠재력을 떨어뜨릴 가능성이 높다.

시장경제는 완전경쟁시장에서 가장 효율적인 자원배분을 가져온다. 시장이 독과점 상태가 되거나 경제력 집중이 지나치거나 힘의 논리 또는 부정한 수단으로 공정거래질서가 지켜지지 않는다면 누군가가 초과이득인 지대(rent)를 누리고 사회의 공정성은 저하되고 성장동력도 떨어지게 된다.

경제적 양극화가 진행되어 불평등지수가 높아지고 있다. 최근 연구 결과, 불평등이 심할수록 성장의 지속(spell of growth)이 짧다. 부자들은 어차피 소비가 크게 변동하지 않는다. 그러나 중산층이나 그 하위층은 소득이 줄면 소비를 줄일 수밖에 없다. 따라서 중산층 이하의 소득감소는 성장감소로 연결된다.

지금까지 논의한 이런저런 이유들로 한국경제의 잠재성장률은 떨어지고 있고 종내에는 마이너스 성장률의 시대를 맞이할지도 모른다. 그럼 어떻게 대처해야 하나? 경제민주화가 감성적 인기영합이 아니라 따뜻하고, 행복한, 지속가능한 공동체를 위한 이성적 인식으로 갈등과 불평등을 줄여 성장의 폭과 지속성을 높여야 한다.

먼저 복지 논쟁이 보편적 복지냐 선택적 복지냐 이런 논의를 떠나 행복을 추구할 권리, 교육을 받을 권리, 근로의 권리, 인간다운 생활을 할 권리, 생존권, 건강권 등은 **헌법상 국민의 기본권으로 국가가 이를 보장**할 의무를 진다. **그 이상의 복지는 생산적이고 성장의 선순환이 되도록 보수적으로 설계**되어야 할 것이다. 특히, 국가가 나서지 않으면 기회를 가질 수 없는 가난한 자나 아이들이 **기회를 가져 그들의 능력을 발휘할 수 있도록** 되어야 한다.

젊은이들이 중소기업, 창업기업보다 대기업이나 재벌기업을 가고자 하고 대기업이나 재벌기업보다 공기업을 가려고 하고, 공기업보다 공무원이 되려고 하고 있다고 한다. 이런 사회는 시장이 죽고 혁신이 죽고 열정이 죽고 역동성이 없는 사회이다. **창의적이고 도전적이어야 새로운 일자리가 창출되고 경제가 성장한다. 보상체계 등 인센티브 제도를 바꿔야** 한다.

젊은이들의 벤처 창업과 해외진출을 획기적으로 지원하고 정치 참여를 대폭 확대해야 한다. 좋은 기업들이 많이 만들어지고 성장할 수 있어야 좋은 일자리가 늘어나고 경제가 성장한다. 젊은이들이 도전하지 않는 이유는 실패의 대가가 너무 크기 때문이기도 하다. 공무원, 공기업, 공공기관 취업 시 벤처 창업경력이 있으면 가산점을 주는 제도도 검토할 만하다.

한국의 조세제도의 소득재분배 기능도 OECD 국가 중 가장 낮은 수준이다. **소득재분배 기능이나 경기안정화 기능을 하는 세금을 올리거나 발굴하고 시장거래를 위축시키거나 소득재분배에 역행하는 세금은 줄이거나 없애야** 한다. 세금을 올리는 것이 결코 능사가 아니므로 **재정정책과 금융정책이 경제민주화와 잠재성장률을 제고하는 방향으로 입안, 집행**되는 것이 조세정책보다 효과적이다.

"사회주의의 문제는 사회주의, 자본주의의 문제는 자본가"라는 격언이 있다. **자본가의 지나친 탐욕과 비윤리적 행위는 제어**되어야 한다. **정보와 지식의 비대칭, 금융 및 법률 서비스의 불평등 등으로 양극화가 심화되거나 착취가 일어나지 않도록 규제**되어야 한다. 그러나 무엇보다도 염두에 두어야 할 것은 **정부가 감당할 수 없는 거대한 괴물이 되어서는 결코 안 된다**는 역사적 교훈이다.

자료 : 김석진, Economic Review, 대구은행, 2013. 1.

Chapter

04 채권분석

Section 01 채권투자의 수익

채권에 만기까지 투자함으로써 얻어지는 수익에는 다음과 같이 세 종류가 있다. 첫째, 액면금액에 대하여 미리 정해진 이율, 즉 **액면이자율로 정기적으로 지급되는 이자수입**이다. 둘째, 만기가 되어 채권을 **상환할 때 매입가격이 액면금액보다 작을(클) 경우 발생하는 자본이득(손실)**이다. 셋째, 정기적으로 지급되는 수입이자를 투자함으로써 발생되는 이자의 재투자수익이다.

주식과 채권

채권가격은 액면이자율이나 잔존만기에 따라 달라지므로 채권가격만을 보고 각종 채권의 투자매력성을 올바로 판단하기 어렵다. 따라서 유사한 채권상품들의 **투자효율을 비교하는 척도로서** 가격보다는 **투자수익률을 사용**하는 것이 바람직하다.

그런데 채권수익률에는 여러 가지의 형태가 있어 어떤 수익률을 보아야 하는가 하는 문제에 부딪치게 된다. 먼저 수익률을 표시하는 여러 용어들을 살펴보면 다음과 같다.

경상수익률(직접 또는 단순수익률)은 연간 액면이자액을 채권가격으로 나눈 비율로 채권이 할인(증)매매되면 경상수익률은 액면이자율을 상(하)회하게 된다. 이는 단순히 액면이자수입만을 평가하는 척도로 경상적인 수익을 중시하는 투자자에게 유의한 지표일 수 있다.

주식과 채권의 비교

구분	주식	채권
자본의 성격	자기자본	타인자본
소유자의 지위	주주	채권자
소유자의 권리	• 의결권과 경영참가권을 가짐 • 배당금 • 잔여재산 분배권	• 의결권과 경영참가권 없음 • 확정이자 • 주식에 우선하는 재산 분배권
증권의 존속기간	만기가 없는 영구증권	만기가 있는 시한부증권
원금상환 여부	원금상환이 없고 배당을 지급	만기 시 원금을 상환
위험	상대적으로 큰 위험	상대적으로 작은 위험

만기수익률(실효수익률)은 채권을 구입하여 만기까지 보유할 때 그동안에 발생하는 현금유입의 현재가치와 채권의 현재가격을 일치시키는 할인율(내부수익률)이다. 만기수익률은 만기까지 채권을 보유하고, 도중에 받는 모든 표면이자가 만기수익률에 재투자된다는 가정하에서 예상되는 수익률이다.

그러므로 채권을 만기일까지 보유하지 않거나 표면이자의 재투자수익률이 달라지면 실제로 얻게 되는 실현수익률은 만기수익률과 달라지게 된다. 만기일 전에 채권을 매각할 경우 상환차손익 대신에 채권매도가격에 따라 매매차손익이 발생하게 된다.

재투자수익률은 미래이자율의 변화에 좌우된다. 투자 당시 예상했던 것보다 이자율이 높아지게 되면 재투자수익률 또한 높아져 사후적인 실현수익률은 당초의 만기수익률보다 커지게 된다. 반대로, 이자율이 떨어지면 실현수익률은 만기수익률보다 작아지게 된다.

그러나 미래의 매도가격과 이자율을 현시점에서 알 수 없기 때문에 **만기수익률이 투자결정을 위한 척도로서 보편적**으로 쓰이고 있으며 보통 채권수익률이라 할 때는 만기수익률을 지칭하게 된다.

따라서 채권이 발행될 때 형성되는 **발행수익률**이나 일단 발행된 채권이 유통시장에서 계속 매매되는 과정에서 시장의 여건에 따라 형성되는 **유통수익률 모두 이 만기수익률로 표시**된다. 이 외에도 몇 가지 편의적(便宜的)인 채권수익률의 형태가 있으나 편의(偏倚, bias)가 있으므로 그다지 고려할 필요가 없다.

채권수익률의 관계

- 액면가보다 높은 가격으로 거래되는 할증채 :
  액면이자율 > 경상수익률 > 만기수익률(YTM)
- 액면가보다 낮은 가격으로 거래되는 할인채 :
  액면이자율 < 경상수익률 < 만기수익률(YTM)
- 액면가로 거래되는 액면채 :
  액면이자율 = 경상수익률 = 만기수익률(YTM)

Section 02 채권투자의 위험

채권투자가 얼마나 매력적인가는 채권투자가 안고 있는 위험의 정도와 예상되는 수익률의 크기에 달려 있다고 하겠다. 물론 이 두 요소는 서로 연관되어 있다. 우선 채권투자에 수반되는 위험은 이자율위험, 구매력위험, 채무불이행위험, 유동성위험 등으로 분류될 수 있다.

이자율위험은 이자율변동에 따른 투자위험으로 이는 다시 가격위험과 재투자위험으로 구성된다. 전자는 이자율이 오를 경우 채권가격이 떨어짐으로써 자본손실이 발생하는 것을 일컬으며, 후자는 이자율이 하락할 경우 지급되는 액면이자의 재투자에서 오는 수익이 감소하게 되는 것을 지칭한다.

물가가 오르면 같은 돈으로 구입할 수 있는 상품의 양, 다시 말해 돈의 구매력은 그만큼 떨어진다. 따라서 어떤 투자의 실질수익률은 당초의 명목수익률에서 인플레이션율만큼 차감한 것이 된다. 구매력위험은 물가상승에 따라 실질수익률이 하락하는 인플레이션위험을 가리킨다.

유동성위험은 보유채권을 어떤 시점에 매각하여 환금하려 할 때 적절한 시장가격으로 즉시 구매자를 찾아 단시간 내에 처분할 수 없는 경우에 발생하는 손실을 뜻하며 시장성위험이라고도 한다.

채무불이행위험은 채권의 발행자가 원금 또는 이자를 약정한 대로 지급하지 못하게 될 가능성을 일컫는다. 여기에는 어떤 기간 이후의 이자 및 원금상환액을 전혀 지급할 수 없게 되는 완전불이행과 그 중 일부만을 지급할 수 없게 되거나 지급을 연기하게 되는 부분불이행이 있다.

어떤 채권의 수익률은 그 채권이 갖는 이러한 제반위험의 정도를 감안하여 결정되는데, 이렇게 **채권의 위험이 달라짐에 따라 나타나는 채권수익률의 체계적 차이를 채권수익률의 위험구조**라고 불린다.

국채는 국가가 발행하여 정부가 원리금의 지급을 보증하므로 채무불이행의 위험은 없다고 간주할 수 있다. 또한 발행규모가 방대하므로 유동성위험도 그다지 문제가 되지 않는다. 그러므로 **국채의 수익률은 경제의 전반적 여건에 의해 영향을 받는 이자율위험과 구매력위험에 대한 보상으로 구성되는 무위험이자율**이다. 반면, **회사채의 수익률은 유동성위험이나 채무불이행위험을 고려한 위험프리미엄을 무위험이자율에 덧붙여 결정**된다.

채권등급 평정 시의 주요 평가항목의 체계

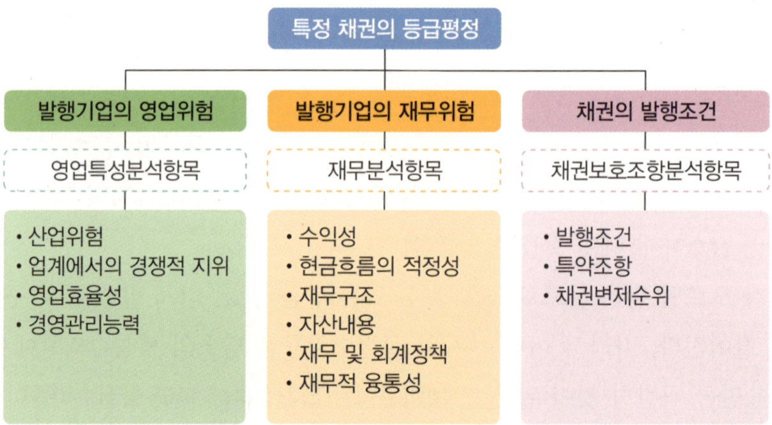

Section 03 채권가격과 수익률

채권가격은 채권수익률과 어떤 관계를 갖고 있을까?

첫째, **채권가격은 수익률과 반대방향**으로 움직인다. 다시 말해 수익률이 하락하면 채권가격은 상승하고, 수익률이 오르면 채권가격은 떨어진다. 따라서 만기수익률이 액면이자율과 같으면 그 채권은 액면가로 매매되며, **만기수익률이 액면이자율보다 클 때**는 액면가 미만으로 **할인매매(할인채)**가 되고, 반대의 경우 액면가 이상으로 할증거래(할증채)가 된다.

채권가격과 수익률

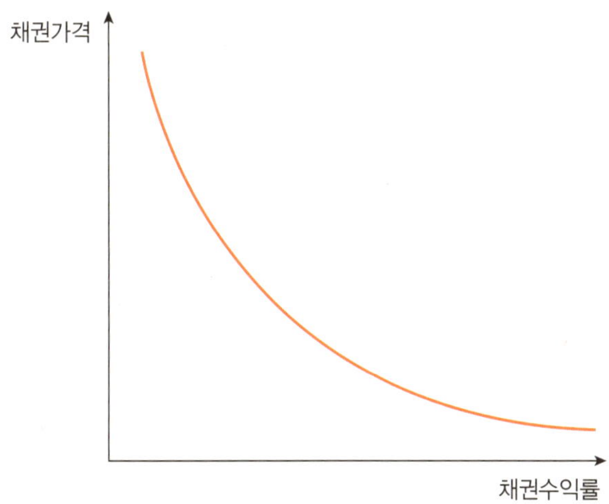

둘째, 수익률의 하락으로 인한 가격상승폭이 수익률 상승으로 인한 가격하락폭보다 더 크다. 이는 같은 폭의 수익률변동을 예상할 경우 기대되는 시세차익의 크기가 시세차손의 크기보다 크다는 것을 의미하게 된다. 채권가격과 채권수익률과의 관계가 직선이 아니라 볼록하기 때문이다. 채권의 볼록성(convexity)은 채권투자자에겐 바람직한 특성이다.

채권의 볼록성

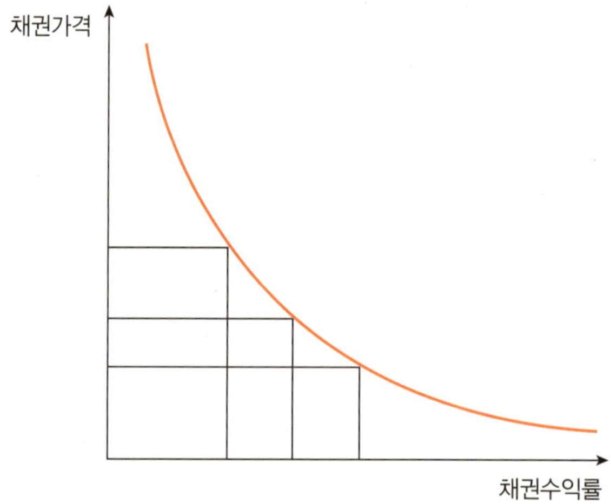

채권가격은 액면금액, 액면이자율, 잔존만기, 미래의 이자율 등의 함수이다. 그런데 액면금액, 액면이자율 및 잔존만기는 정해져 있으므로 결국 채권가격은 앞으로 이자율이 어떤 수준에서 형성되느냐에 따라 움직이게 된다.

이자율이란 쉽게 말해 돈을 빌리는 비용으로 사회 전체의 자금공급총액과 자금수요총액이 균형을 이루는 점에서 결정된다. 구체적으로 말하자면, 미래소비보다 현재소비를 선호하는 경향이 강할수록, 경기가 상승국면에 있어 수익성이 높은 투자기회가 많을수록, 물가불안심리가 클수록 자금에 대한 수요는 크고 공급은 적어져 이자율이 높은 수준에서 형성된다.

통화금융정책이나 신규채권발행물량, 자금의 계절적 수요 등도 채권수익률의 단기적 등락을 예측함에 있어 고려해야 하는 주요 변수들이다. 통화공급이 많아지면

자금사정이 좋아져 채권수익률은 떨어지고 채권가격은 오르는 강세장이 된다. 기업들의 투자수요 등 자금수요가 많아지면 **자금사정이 경색되고 채권수익률이 오르며 가격이 떨어지는 약세장**을 형성하게 된다.

Section 04 채권의 법칙

음악에 비유하자면, 주식은 유행가라는 대중음악이고 채권은 클래식음악이다. 주식은 이해하기 쉬워 보이며 금방 따라 할 수 있다. 그런데 회사마다 다르고 나라마다 다르고 시대마다 다르다. 채권은 이해하기 어려워 보이나 이름은 달라도 나라가 달라도 시대가 달라도 평가원리가 똑같다.

채권가격은 이자율, 잔존만기, 액면이자율과 액면금액의 함수이다. 그런데 액면금액은 똑같으므로, 결국 채권가격은 이자율, 잔존만기 및 액면이자율에 따라 달라진다. 그러므로 채권에는 마키엘(B. G. Malkiel) 박사가 정리한 오직 다섯 가지 법

잔존만기와 채권가격

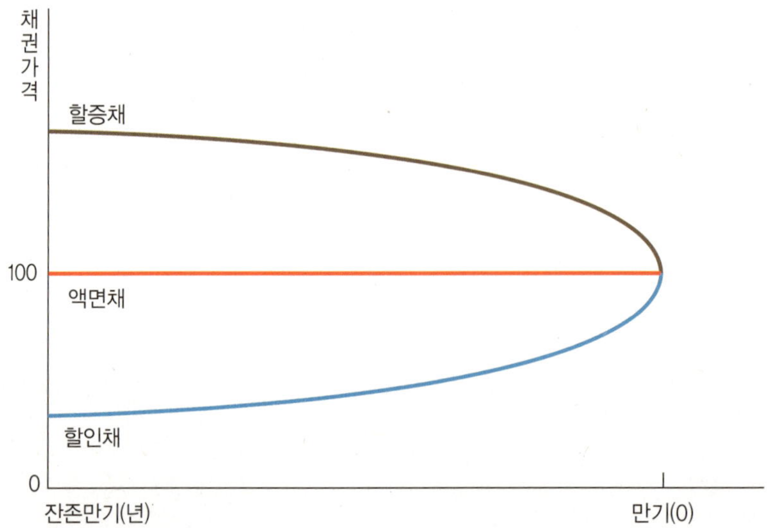

칙만 있을 뿐이다. 이들만 이해하면 언제 어디서나 유익한 채권투자전략을 세울 수 있다.

첫째, 채권가격은 이자율과 반대방향으로 움직인다.

둘째, 이자율의 하락으로 인한 가격상승폭이 이자율 상승으로 인한 가격하락폭보다 더 크다.

셋째, 잔존만기가 길수록 채권가격의 변동성은 커진다.

넷째, 잔존만기가 증가할수록 상기 변동성의 증가율은 감소한다.

다섯째, 액면이자율이 낮을수록 채권가격의 변동성은 커진다.

앞의 두 법칙에 따라 이자율이 매우 높을 때 채권을 매입하면, 높은 액면이자율로 높은 이자수입을 확보할 뿐만 아니라 향후 이자율이 떨어질 때 채권을 팔면 큰 매매차익을 얻을 수 있다. 이자율이 더 오르더라도 시세차손은 상대적으로 크지 않으며 이 경우에도 팔지 않고 보유하면 액면이자율로 투자수익을 확정시킬 수 있다.

뒤의 세 법칙에 따라 향후 이자율이 떨어질 것으로 예상하면 잔존만기가 길고 액면이자율이 낮은 채권을 매입하는 것이 바람직하다. 이자율이 떨어져 매도하게 될 때 매매차익이 커지기 때문이다. 물론 예상과 달리 이자율이 올라가면 자본손실이 커지게 된다.

Section 05 채권의 듀레이션

향후 이자율이 오를 것으로 예상하면 채권투자자는 자본손실을 최소화하기 위해 잔존만기가 짧은 채권이나 액면이자율이 높은 채권을 매입하는 것이 바람직하다. 그런데 잔존만기가 짧으나 액면이자율이 낮은 채권과 잔존만기가 길지만 액면이자율이 높은 채권 중에선 어떤 채권을 선택해야 할까?

서로 다른 채권펀드에는 잔존만기와 액면이자율이 서로 다른 다양한 채권이 포함되어 있다. 이자율이 오를 때 어떤 채권펀드가 자본손실이 더 클 것인가? 채권펀드를 어떻게 관리할 것인가? 채권 하나하나 일일이 계산하는 방법밖에 없을까?

채권의 듀레이션(Duration)은 이런 고민을 해결하기 위해 맥콜리(Macaulay) 교수가 개발한 개념이다. **듀레이션은 만기까지 각 기간에 기간별 현금흐름의 현재가치가 채권가격 대비 차지하는 비중(가중치)을 곱하여 구한 가중평균만기**이다.

다시 말해, 듀레이션은 투자원금의 평균회수기간으로 잔존만기라는 채권의 물리적 만기와는 달리 만기 전 투자원금의 부분회수를 고려한 경제적 만기이다. 즉, 듀레이션은 미래의 현금흐름의 현재가치를 천평칭 저울 위에 기간별로 올려놓을 때 무게중심이다.

채권포트폴리오의 듀레이션은 포함된 개별 채권의 듀레이션의 가중평균으로 산정된다. 따라서 모든 채권과 채권포트폴리오는 듀레이션이라는 하나의 잣대로 비교가능하다. 향후 이자율이 오를 것으로 예상하면 채권투자자는 자본손실을 최소화하기 위해 듀레이션이 짧은 채권을 매입하고 듀레이션이 긴 채권을 매도하여 채권포트폴리오의 듀레이션을 최소화하면 된다.

듀레이션은 또한 이자율변동에 대한 가격탄력성이다. **듀레이션을 이자율에다 1을 더한 값으로 나눈 것을 수정듀레이션**이라고 한다. **채권 또는 채권포트폴리오의 가치에다가 수정듀레이션을 곱하고 이자율변동분을 곱하면 가치변동분**이 된다.

듀레이션을 알면 이자율이 오를 때 자본손실이 얼마만큼 되고, 이자율이 내릴 때 자본이득이 얼마가 되는지 쉽게 알 수 있다. 이와 같이 듀레이션은 채권투자자나 채권포트폴리오 매니저의 채권투자분석을 위한 알파이자 오메가이다.

이표채의 현금흐름과 듀레이션

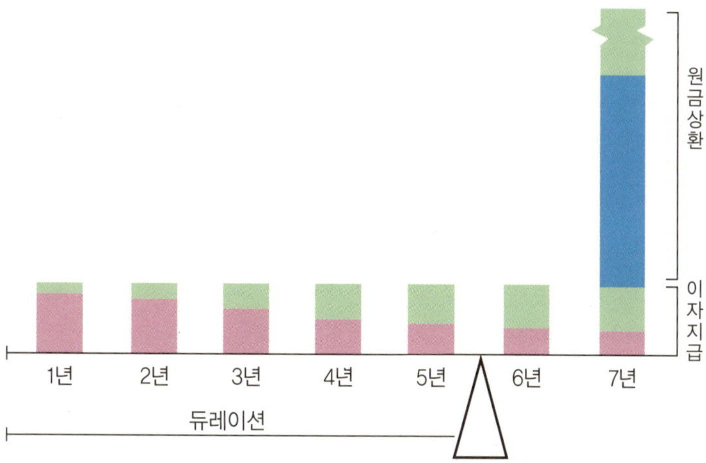

Section 06 채권의 면역전략

채권투자의 가장 큰 위험은 이자율변동위험이다. 채권포트폴리오 매니저는 이자율변동으로부터 자본손실의 위험을 줄이고 안정적 수익을 확보하는 것이 매우 중요하다. 그런데 듀레이션을 이용하면 이 **이자율변동위험을 제거**할 수 있다.

방법은 아주 간단하여 **듀레이션을 목표투자기간과 일치**시키면 된다. 이를 **채권의 면역화**(immunization)라고 한다. 그러면 이자율이 아무리 오르거나 내리더라도 채권포트폴리오의 가치는 변동이 없고 현재의 이자율로 수익률을 확정짓게 된다. 어떻게 이런 일이 가능할까?

이자율이 변동하면 채권가격이 변동하는 가격변동위험과 미래 액면이자의 재투자수입이 변동하는 액면이자재투자위험이 생긴다. 다시 말해, **이자율위험은 가격위험과 재투자위험으로 구성**된다. 그런데 이 두 위험은 서로 상반되게 나타난다. 즉, 이자율이 올라가면 자본손실이 발생하나 재투자수입은 늘어나고 이자율이 내려가면 자본이득이 발생하나 재투자수입이 줄어든다.

듀레이션을 목표투자기간과 일치시키면 상반되는 두 위험의 크기가 똑같아져 서로 상쇄된다. 따라서 시장이자율이 어떻게 변하더라도 목표투자기간이 끝나 채권을 처분하게 될 때 당초의 목표수익률을 그대로 확보하게 된다.

면역화는 **자산부채종합관리**(ALM)에도 활용된다. 금융회사는 고객으로부터 자금을 유치하여 그 자금을 운영하는 것을 업으로 하는 회사이다. 금융회사의 경영자는 이자율 변동에 대처하여 자기자본을 지키는 것이 무엇보다 중요하다. **자산의 듀레이션과 부채의 듀레이션을 일치**시키면 시장이자율이 어떻게 변하더라도 자산과 부채의 가치변동의 크기가 같아져 자기자본의 가치에 변동이 없게 된다.

같은 듀레이션이라도 보유채권의 만기를 사다리형, 바벨형, 종형 등 여러 형태로 구성할 수 있다. 면역화는 수익률곡선이 수평적이고 수평이동을 하지 않을 경우 완전하지 못하다. 또한 듀레이션은 이자율이 변동해도 시간이 흘러가도 변하므로 채권포트폴리오의 재면역이 필요하게 되고 포트폴리오의 재구성은 거래비용을 발생시킨다.

Section 07 이자율의 기간구조와 수익률곡선타기전략

채권의 다른 조건은 모두 같고 잔존만기만 다른 채권들의 **잔존만기와 채권수익률 간의 관계를 이자율의 기간구조**(term structure)라 하고, 이 관계를 그림으로 나타낸 것을 **수익률곡선**(yield curve)이라고 한다.

기간구조를 설명하는 세 가설이 있다. 먼저, **불편기대가설**에 따르면 미래에 이자율이 상승(하락)할 것으로 예상되면 수익률곡선은 우상향(우하형)한다. **장기이자율은 기간별 단기이자율의 기하평균**이기 때문이다.

이자율의 기간구조

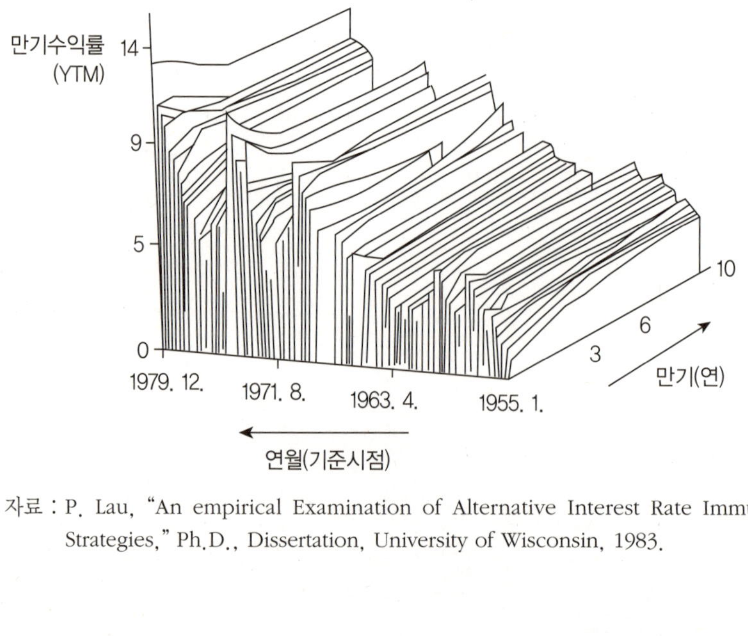

자료 : P. Lau, "An empirical Examination of Alternative Interest Rate Immunization Strategies," Ph.D., Dissertation, University of Wisconsin, 1983.

이 가설이 맞다면 장기이자율과 단기이자율을 관찰함으로써 미래의 단기이자율을 유추할 수 있다. 기간구조에 내재된 이 이자율을 **선도이자율**(forward rate)이라고 하며 미래이자율의 예측치가 된다.

그런데 역사적으로 수익률곡선은 우상향이 우하향보다 훨씬 많았다. **유동성프리미엄가설**은 이 현상을 설명하기 위해 장기채에는 단기채에 비해 불확실성이 더 있으므로 **이자율은 장기일수록 더 큰 유동성프리미엄이 존재**한다고 주장한다. 따라서 미래이자율은 선도이자율에서 유동성프리미엄을 차감한 값이 된다.

끝으로, **시장분할가설**은 관련법규, 만기선호, 관례 등으로 단기채시장과 장기채시장은 분할되어 있으며 **각 하부시장에서의 공급과 수요에 따라 이자율이 결정**된다고 주장한다. 이 경우 수익률곡선은 어떤 모양을 띠어도 문제가 되지 않는다.

어떤 가설이 옳은지 결론은 나지 않고 있으며 결국 미래이자율의 예측도 쉽지는 않다. 다만, 대부분 **수익률곡선이 우상향하는 현상을 이용한** 채권투자전략이 **수익률곡선타기전략**이다. 이는 높은 수익률의 장기채 또는 중기채를 사서 높은 수익률을 즐기다가 시간경과에 따라 잔존만기가 짧아져 단기채가 되어 수익률이 낮아지면 매도하여 시세차익을 실현하는 전략이다.

만일 수익률이 낮아지지 않으면 만기까지 그냥 보유하면 되므로 우상향 수익률곡선을 타고 내려오는 이 전략은 안정적으로 알파 수익률을 챙길 수 있는 유용한 전략이라고 하겠다.

Section 08 개인 소액채권투자로 종잣돈 굴리는 법

은행 1년 예금이 4%에서 3%대로 떨어짐에 따라 재테크를 아예 포기하는 사람들까지 늘어나고 있다고 한다. 예전에는 그래도 은행에 넣어두면 그럭저럭 쏠쏠한 이자혜택을 받았는데, 이제는 은행예금을 이용해도 물가상승률과 비교하자니 오히려 더 손해이고, 그렇다고 불완전한 주식시장에 투자를 하자니 원금이 손실될까봐 걱정이 된다. 그래서 여기에 투자하지도 저기에 투자하지도 못하다가 결국 투자시기를 계속 놓치게 된다.

이렇게 종잣돈 굴리는 법을 도무지 알 수 없는 상황에서는 개인채권투자가 답이 될 수 있다. 이미 부자들 역시 고수익 · 고위험을 추구하던 투자방법에서 중위험 · 중수익 투자방법으로 발길을 돌렸으며, 그 중에 현재 돈이 쏠리고 있는 곳이 바로 채권시장이다. 개인채권투자는 부자들 같이 돈이 많은 사람들이나 투자가 가능한 것으로 알고 있지만 사실 소액채권투자는 얼마든지 가능하다. 또한 HTS를 통해서 집에서 쉽게 거래도 가능하며, 구매 단위는 채권에 따라 천 원대로도 매매할 수가 있다.

일반 채권의 경우 **기본적으로 원금이 보장되는데다 은행이자보다도 높은 수익률을 안겨주고, 주식처럼 언제든 현금화가 가능하며 소액채권투자도 가능한 것이 바로 채권투자가 가진 매력**이다. 하지만 개인채권투자 역시 주식, 펀드투자처럼 위험성이 도사리고 있다. 특히 부실 회사채를 판매하는 경우에는 본인이 그러한 사항들을 잘 알고 있어야 하지만, 채권을 판매하는 은행 등에서는 일단 채권을 팔기에 급급하여 불완전한 정보를 알려줄 수도 있기 때문이다.

그러니 소액채권투자를 알아본다고 한다면 일단 은행이나 증권사에 찾아가서 물어보기보다 먼저 **재무설계 사이트를 통해서 개인채권투자의 장·단점과 수익률이 좋은 채권상품을 잘 비교**해 보는 것이 좋다. '한국재무설계연구소'는 재무설계 분야로 유명한 곳이니, 개인채권투자에 대해서도 자세한 상담을 받을 수 있을 것이다.

채권투자가 현재 많은 사람들이 문의하는 재테크 방법이긴 하지만 재테크란 아는 만큼 위험은 낮추고 수익률은 높일 수 있는 만큼 남들이 하는 식으로 따라서 투자하기보다 본인만의 잣대를 가지고 개인채권투자 방법을 알아봐야 한다.

자료 : 돈이 되는 정보, 2012. 10. 23. 수정

Chapter

05 포트폴리오

Section 01 수익률과 위험의 측정

투자자는 수익은 높이고 싶고 위험은 낮추고 싶다. 그런데 **수익을 높이려면 위험 부담도 커지고 위험을 줄이려면 수익이 낮게** 된다. 수익을 높이기 위해 도대체 위험을 얼마나 더 부담해야 할까? 또한 위험을 줄이기 위해 도대체 수익을 얼마나 희생시켜야 할까? 이 문제에 대해 답을 하기 위해선 우선 수익률과 위험을 측정해야 한다.

투자수익률 측정은 상대적으로 쉽다. **기말가치에서 기초가치를 뺀 후 기초가치로 나눈** 값이다. 예를 들어, 백 원 투자해서 백십 원이 되었다면 수익률은 10%가 된다. 미래의 **기대수익률은 기대기말가치에서 기초가치를 뺀 후 기초가치로 나누면 된다.** 기대기말가치는 통계학에서 기댓값을 구하듯이 구한다.

다기간 투자수익률은 기하평균수익률로 측정해야 한다. 예컨대, 백 원을 투자해서 첫해 오십 원이 되고 다음 해 백 원이 되었다면 첫해 수익률은 −50%이고 다음 해 수익률은 100%가 되어 각 기간수익률의 합계를 기간수로 나누는 산술평균수익률로 계산하면 매년 평균 25%의 수익을 올린 것처럼 된다. 기간별 수익률을 복리계산한 다음 이 누적수익률에 해당하는 기간당 수익률을 산출하는 기하평균수익률은 이 경우 0%가 된다.

투자위험의 측정은 다소 어렵다. **투자위험이란 미래수익의 불확실성**이다. 예컨대, 은행 정기예금에 돈을 예치했다면 은행이 망하지 않는 한 1년 뒤 내 돈이 얼마가 될 것인가를 정확히 알 수 있다. 그러나 주식에 투자한다면 내가 많이 벌 수도 있지만 잃을 수도 있다. 따라서 정기예금은 투자위험이 없는 반면, 주식은 투자위험이 있다고 하겠다.

불확실성의 정도는 통계학에서 분산값으로 산정된다. 분산은 평균으로부터의 차이인 편차를 제곱한 것의 기댓값이다. 위험의 척도를 기대수익률(%)과 같은 차원으로 만들기 위해선 분산의 제곱근으로 정의되는 표준편차를 사용한다.

미래는 불확실하다. 불확실한 미래를 상대로 기대수익률과 표준편차를 산출하기 위해 가능성이 있는 경제적 시나리오를 만들고 각 경우에 확률(가능성)을 부여하고 시나리오별로 예상수익률을 산출하는 시나리오 분석이 필요하다. 가능한 결과를 확률과 연관시킨 확률의 나열을 예상수익률의 확률분포라고 한다.

돈을 버는 것보다 돈을 잃는 것이 더 위험하다. 기업이든 개인이든 돈을 다 잃어 파산하면 끝이다. 어떤 경우라도 파산하지 않는 범위에서 투자를 해야 한다. 최악의 경우 투자손실이 얼마나 될까? VaR(value at risk)은 하방위험의 척도로서 극단적으로 불리한 가격변화로부터 입게 될 손실을 측정한다.

주요 투자자산들의 수익률

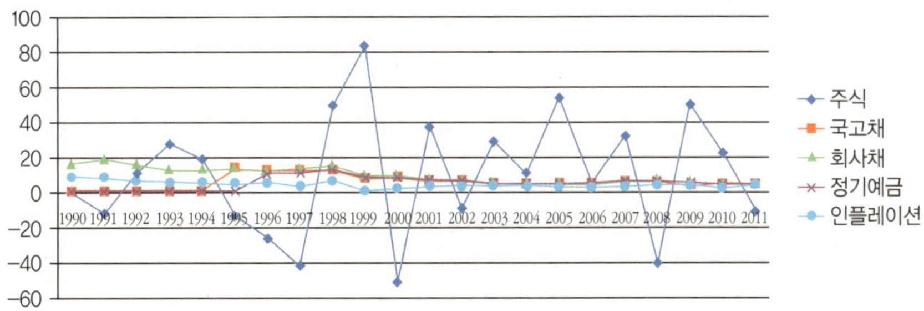

한국증권시장(1900~2011)		
주요 투자자산	평균수익률(%)	위험(%)
주식	10.55	35.18
회사채	6.91	3.5
국채	9.57	4.64
정기예금	6.35	2.62
인플레이션	3.92	2.04

자료 : 금융투자협회

Section 02 분산효과

미래는 불확실하므로 투자는 통상 위험을 수반한다. 수익은 높이고 싶고 위험은 줄이고 싶은 것이 투자자들의 바람이지만 예상수익이 높으면 위험도 크다. 주식투자로 큰 돈을 벌 수 있으나 큰 손실을 볼 수도 있다. 반면, 채권투자는 수익률이 낮은 대신 안정적이다.

결합의 변동성

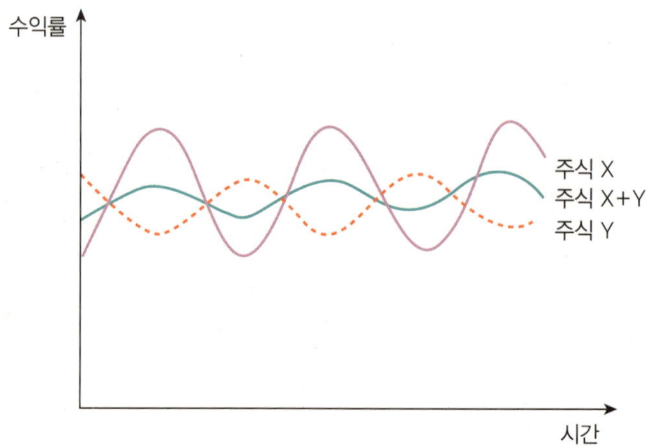

그런데 투자위험은 어느 정도 분산투자를 통해 줄일 수 있다. 즉, 어떤 투자자산이 갖는 위험은 **분산투자에 의해서 없어질 수 있는 비체계적 고유위험**(diversifiable, unsystematic, firm-specific, unique risk)과 **분산화에 의해서도 없어질 수 없는 체**

분산효과

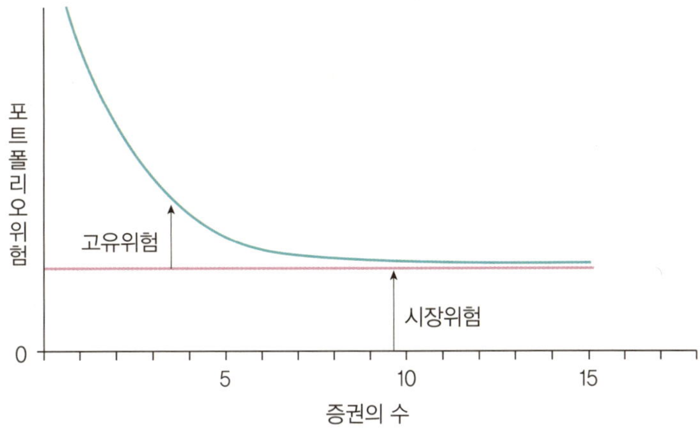

• 달걀을 한 바구니에 담지 말라

계적 시장위험(nondiversifiable, systematic, market risk)으로 구성되어 있다.

비체계적 위험을 완전히 없애려면 시장에 있는 모든 자산을 포함하는 소위 시장 포트폴리오를 형성하여야 하나, 이는 거래비용 등을 감안할 때 현실적으로 불가능하다고 할 수 있다. 그러나 다행히 10~15종목만 편입시켜도 비체계적 위험의 거의 대부분을 제거할 수 있다.

분산효과는 서로 내용이 다른 업종일수록 높으나 동일업종 내에서도 그 효과를 거둘 수 있다. 자금규모가 작은 일반투자자는 자신의 위험에 대한 성향, 고려되고 있는 투자자산들의 체계적 위험, 거래비용, 관리의 어려움 등을 감안하여 분산의 정도를 결정하여야 할 것이다.

해외투자를 통해 국제적으로 투자포트폴리오를 형성하면 나라 간 시장의 상관관계가 낮으므로 분산효과도 뛰어날 뿐만 아니라 한 나라의 체계적 위험도 그 나라 고유한 위험이 되는 부분은 비체계적 위험이 되어 줄일 수 있는 효과가 있다.

마코위츠(Harry Markowitz) 교수는 분산하면 위험이 줄어드는 사실을 기대수익률과 표준편차를 사용하여 처음으로 증명하고 포트폴리오의 위험이 주어질 때 기대수익률을 최대화하는 포트폴리오의 집합인 효율적 투자선(efficient frontier)을 도출한 공로로 노벨 경제학상을 수상하였다.

국제분산효과

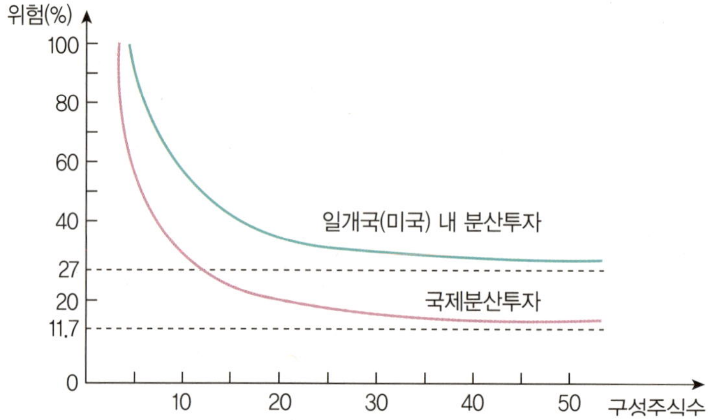

자산투자기법

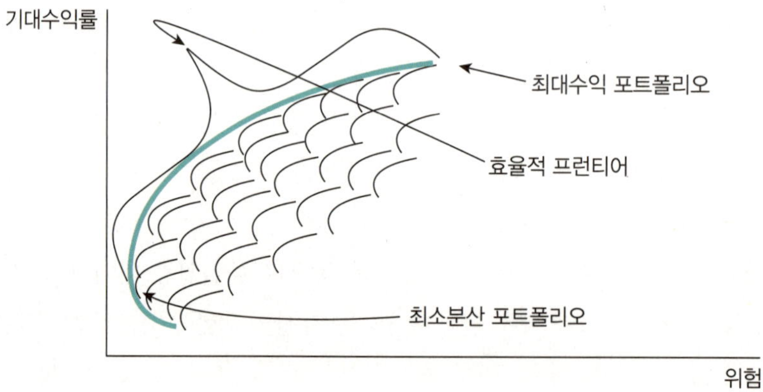

Section 03 위험의 돈가치

위험의 돈가치는 얼마나 될까? 인류는 이 문제를 풀기 위해 수백 년 동안 고민해 왔다. 그러다가 불과 반세기 전에 이 문제의 해법이 나오게 되었다.

확실하게 벌 수 있는 투자수익률을 무위험수익률이라고 한다. 현실적으로 무위험수익률이란 돈을 국가의 단기채권에 투자하거나 은행에 예금으로 맡길 때 얻을 수 있는 수익률을 일컫는다.

위험에 대한 보상은 위험이 따르는 증권 등에 투자했을 때의 **기대수익률이 무위험수익률을 초과하는 초과분**이다. 이 초과수익률을 **위험프리미엄**(risk premium)이라고 부른다. 예를 들어, 무위험수익률이 연 4%이고 어떤 주식의 기대수익률이 10%라면, 이 주식에 대한 위험프리미엄은 6%가 된다.

위험의 돈가치

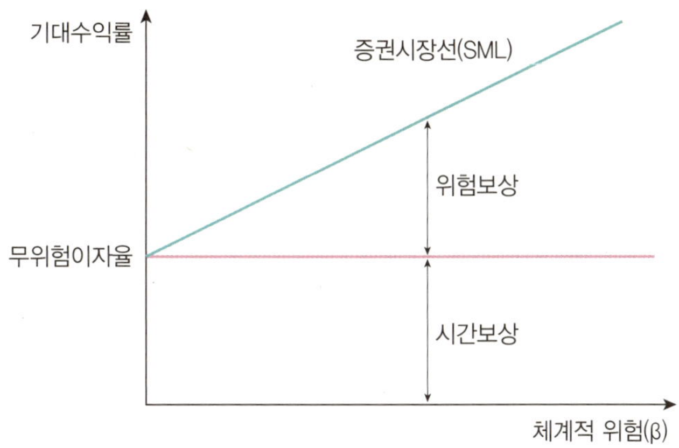

1960년대에 투자위험과 투자수익률과의 균형관계를 나타내는 자본자산가격결정모형(CAPM : capital asset pricing model)이 샤프(William Sharpe), 린트너(John Lintner), 모신(Jan Mossin) 교수에 의해 각각 개발되었다. 샤프 교수는 그 공로로 노벨 경제학상을 수상하였다.

CAPM에 따르면, **자산의 투자수익률**은 시간에 대한 보상인 **무위험이자율**과 위험에 대한 보상인 **위험프리미엄**으로 구성된다. 그리고 **위험프리미엄은 그 자산의** 체계적 시장위험인 **베타(β)값과 비례관계**에 있다. 구체적으로 말하면, 어떤 자산의 위험프리미엄은 **시장포트폴리오의 위험프리미엄에 그 자산의 베타를 곱한 값**이다.

모든 **자산을 각 자산이 시장의 시가총액에서 차지하는 비중만큼 보유하는 포트폴리오를 시장포트폴리오**(market portfolio)라고 한다. 베타는 시장포트폴리오 수익률에 대한 자산수익률의 회귀계수(기울기)로서 시장 전체의 움직임에 대한 해당 자산수익률의 민감도이다. 어떤 주식의 베타가 1.2이면, 주식시장이 1% 상승할 때 주가가 1.2% 오르며 주식시장이 1% 하락할 때 주가가 1.2% 내려간다는 것을 뜻한다.

비체계적 위험은 없어질 수 있기 때문에 위험감수에 대한 보상이 없다. 오로지 **체계적 위험에 대해서만 보상**이 뒤따른다. 그러므로 특정 회사의 주식에 몽땅 투자하는 것은 보상도 없는 비체계적 위험을 안고 있는 어리석은 투자행위가 된다. 계

증권시장선(SML)

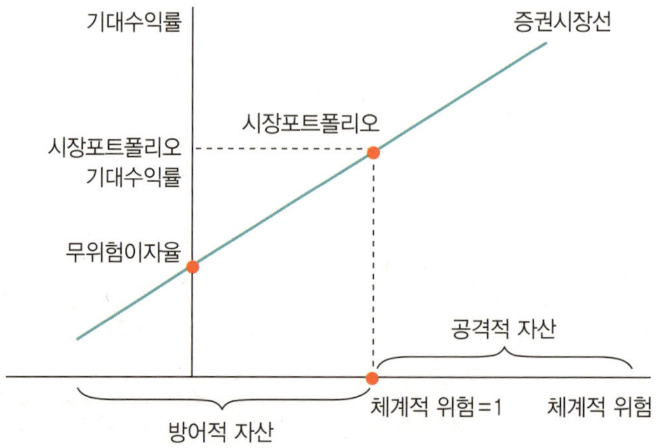

란을 한 바구니에 담아서는 안 되는 이유이다.

위험과 수익률의 관계인 CAPM을 그래프로 나타낸 것을 증권시장선(SML : security market line)이라고 한다. 다시 말해, **SML은 베타와 기대수익률의 관계를 나타내는 직선**이다. SML은 투자자에게 **투자위험에 대해 공정한 보상, 즉 요구수익률**(RRR : required rate of return)을 제공한다. **저평가된 자산은 SML보다 위에 표시되고 고평가된 자산은 SML보다 밑에 표시**된다.

Section 04 투자회사와 뮤추얼펀드

분산투자를 통해 수익은 유지하면서 위험을 줄일 수 있지만 개인이 적은 돈으로 분산투자의 편익을 누리기는 쉽지 않다. **투자회사**(investment company)는 이러한 목적을 달성하기 위해 탄생되었다. **투자회사는 다수의 투자자로부터 자금을 모아 풀**(pool)을 만듦으로써 투자자들이 많은 다른 종류의 증권을 각각 조금씩 보유할 수 있게 해준다.

투자회사는 언제라도 **주식을 새로 발행하거나 또는 순자산가치로 상환해 주는 개방형 펀드**(open-end fund)와 **주식을 상환하거나 추가로 발행하지 않는 폐쇄형 펀드**(closed-end fund)로 나누어진다. 폐쇄형 펀드 투자자는 주식을 다른 투자자에게 매도함으로써 현금화할 수 있다. 통상 폐쇄형 펀드는 거래소에 상장되어 거래된다. 개방형 펀드를 미국에서는 뮤추얼펀드(mutual fund)라고 일컫는다(한국에

투자신탁의 유형

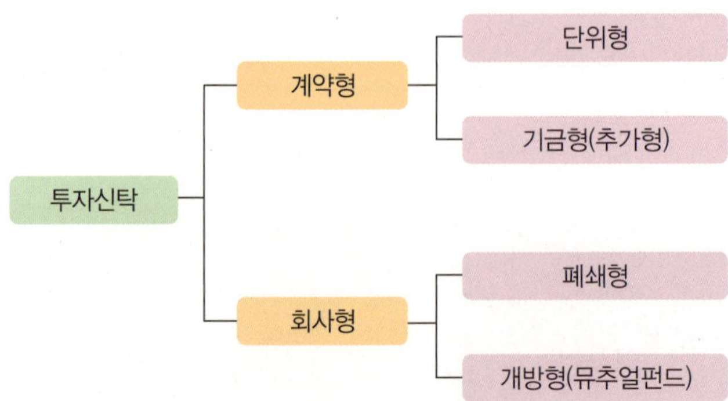

서는 폐쇄형 펀드를 도입하면서 뮤추얼펀드라고 명명하였다).

흥미롭게도 **폐쇄형 펀드는 보통 순자산가치보다 할인된 가격으로 거래**되며, 처음 발매될 때는 순자산가치보다 높게 주가가 형성된다. 수수께끼 같은 현상이다. 개방형 펀드는 언제든지 순자산가치로 상환해 주기 때문에 주가가 순자산가치 이하로 내려갈 수는 없다. 그러나 **개방형 펀드는 수수료**(load)**를 부과**한다. 수수료를 부과하는 뮤추얼펀드가 수수료가 없는 폐쇄형 펀드에 비해 인기가 높아 규모가 훨씬 크다. 보수인센티브와 관련된 마케팅효과이다.

계약형 투자신탁과 회사형 투자신탁

구분	계약형	회사형(뮤추얼펀드)
설립형태	신탁약관에 의한 신탁계약	펀드 자체가 독립주식회사
발행유가증권	수익증권	주식
투자자의 법적 지위	수익자	주주
수익	환매 등을 통한 이익분배	배당 및 주식매매차익
설립규제	설립요건 엄격	설립이 상대적으로 용이
통제제도	감독기관의 감독	주주에 의한 자율적 규제
금융상품 성격	저축수단(만기 존재)	투자수단(계속기업)

단위형 투자신탁(unit investment trust)은 일단 설정되고 나면 **펀드 존속기간 동안 투자포트폴리오가 고정**되어 관리가 필요 없는 펀드이다. 상대적으로 수수료가 저렴하다. 전 세계적으로 각종 다양한 투신상품이 개발되어 치열한 경쟁을 하고 있다. 주식펀드, 채권펀드, MMF(money market fund), 균형펀드, 업종펀드(sector fund), 지수펀드(index fund), 헤지펀드(hedge fund), 국제펀드, 글로벌펀드, 국가펀드, ETF(exchange-traded fund) 등 정말 상상할 수 있는 각종 펀드가 개발되어 판매되고 있다.

일반투자자는 자신의 **수익목표와 위험선호도에 따라** 경쟁력 있는 펀드를 취향에 맞게 선택할 수 있게 되었다. 바야흐로 개별종목의 맞춤복시대에서 펀드라는 기성복시대를 맞이하고 있는 셈이다. 다양한 펀드끼리 자동이체가 가능하여 주식투자가 보다 편리하게 이루어지고 건전한 투자수단으로써 투자자의 자산배분과 자산증식에 기여하게 함으로써 자연스럽게 펀드투자를 통해 **개별종목의 직접투자에서 기관의 간접투자로** 이행하고 있다.

헤지펀드와 뮤추얼펀드

구분	헤지펀드	뮤추얼펀드
투자자 규모	100명 미만	100명 이상
투자자 모집방법	사모	공모
펀드 운용자의 투자	허용	금지
자산운용행태	공격적	보수적
운용수수료	기본수수료 및 성과급	자산의 일정비율로 고정
감독 · 규제	거의 없음	엄격

Section 05 투자성과평가

어떤 투자자가 주식에 투자하여 단순히 20%의 수익을 올렸다고 해서 반드시 잘했다고 할 수 없다. 만일 그 기간 시장 전체적으로 50% 상승했다면 못한 셈이 된다. 마찬가지로 5%의 손실을 보았다 해서 반드시 잘못했다고 할 수도 없다. 시장이 20% 빠졌다면 매우 잘한 셈이 된다. **비교집단을 두고 상대평가를 해야** 한다.

그리고 시장보다 높은 수익을 올렸다고 해서 그보다 낮은 수익을 올린 은행예금자나 채권투자자보다 잘했다고는 할 수 없다. 투자위험을 고려하지 않았기 때문이다. 투자의 결과를 평가할 때 단순히 얼마만큼 수익을 올렸는가를 볼 것이 아니라

샤프지수

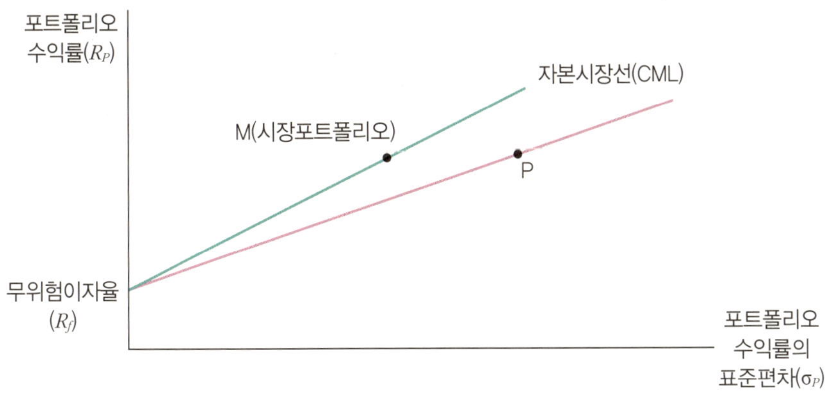

• 총위험(vP)을 기준 자본시장선(CML)의 기울기로 투자성과를 평가하는 방법

트레이너지수

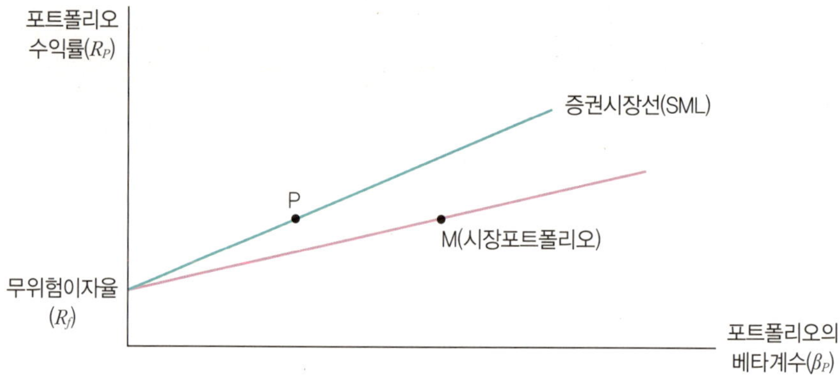

• 베타계수(체계적 위험)를 이용하여 투자성과를 평가하는 방법
• 증권시장선(SML)의 기울기로 성과 비교

자신이 **감당한 위험을 감안하여 적정수익에 비해 얼마만큼 초과수익**(extra return)**을 올렸는가**를 보아야 한다.

그러면 어떻게 벤치마크에 비교하여 위험을 고려한 초과수익을 산출할 것인가? 먼저 위험과 수익률의 균형관계식인 CAPM이 기준틀이 될 수 있다. **실제수익률에서 CAPM에 의해 산정된 기대수익률을 뺀 값을 알파(α)**라고 하는데 이 알파가 초과수

젠센지수

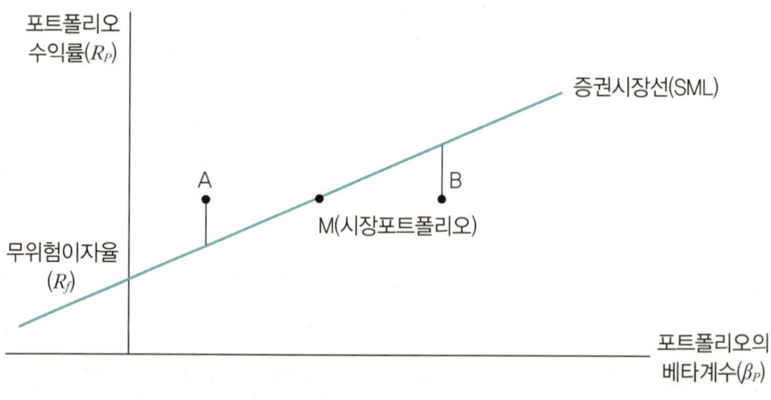

• 베타계수(체계적 위험)를 이용하여 투자성과를 평가하는 방법
• 포트폴리오의 실제수익률과 증권시장선(SML)상의 적정수익률의 거리로 성과 비교

익의 측정치가 된다. 알파가 클수록 좋은 성과를 올렸다고 평가한다. 이를 제안한 젠센(Michael Jensen)의 이름을 따서 젠센척도(Jensen measure)라 한다.

포트폴리오의 성과를 평가할 때는 변동성 대비 보상을 측정하는 샤프척도(Sharpe measure)가 쓰이기도 한다. 샤프비율은 포트폴리오의 실제수익률을 표준편차로 나눈 값이다. 이는 표준편차와 수익률 사이의 직선식의 기울기에 해당한다. 시장포트폴리오의 기울기를 기준으로 이보다 기울기가 클수록, 즉 샤프비율이 클수록 좋은 성과를 올린 것으로 평가한다.

샤프비율은 분산화가 되지 않은 펀드나 개별주식에 대한 투자를 평가하는 데는 문제가 될 수 있다. 표준편차는 이론적으로 보상될 필요가 없는 비체계적 위험이 포함되어 있기 때문이다. 이에 트레이너(Jack Treynor)는 체계적 위험의 척도인 베타 대비 보상을 측정하는 척도를 제안하였다. 트레이너척도는 실제수익률을 베타로 나눈 값이다. 이는 베타와 수익률 사이의 직선의 기울기에 해당한다. 시장포트폴리오의 기울기를 기준으로 이보다 기울기가 클수록, 즉 트레이너비율이 클수록 좋은 성과를 올린 셈이 된다.

S&P 500 대비 성과가 좋은 대형주 펀드의 비율

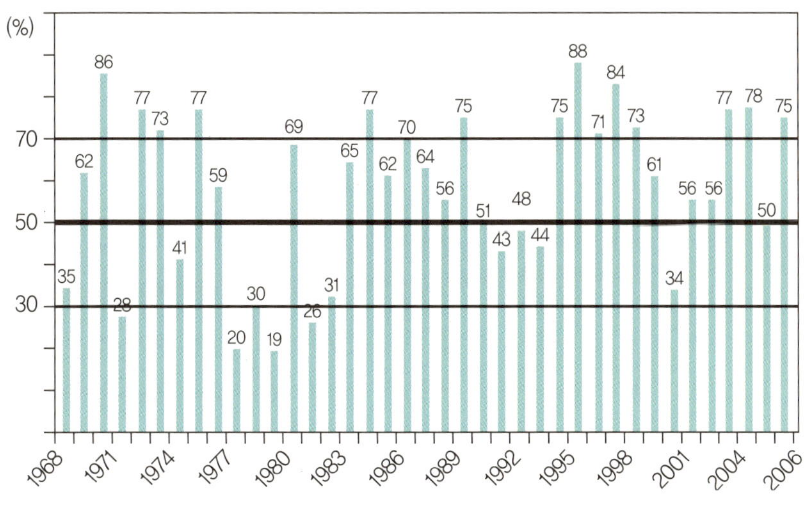

자료 : John C. Bogle, *The Little Book of Common Sense Investing*, 2007.

Section 06 증시세계화를 위한 제언

역사적으로 우리는 오랫동안 국가라는 영역 속에서 삶을 영위하여 왔다. 근세에 이르러서야 정부가 중심이 되어 나라 밖 국제화를 추구함으로써 오늘의 기적을 이루었다. 이제 우리는 새로운 역사적 변화를 시도하려 하고 있다. 그것은 다름 아닌 안으로는 지방자치제로 대변되는 지방화이며 밖으로는 시장개방, OECD 가입 등으로 나타나는 세계화이다.

한마디로 국제화와 세계화의 차이는 국가라는 개념이 있느냐 없느냐이다. 세계화시대에는 국가경쟁력이란 말보다는 나의 경쟁력, 우리 기업의 경쟁력, 우리 정부의 경쟁력이란 말이 더 적합하다. **지구촌 모든 사람, 세계의 모든 기업이 서로 고객 또는 소비자일 수 있기에 재화나 서비스를 누가, 어느 조직이 더 효율적으로 보다 우수하게 제공하느냐가 관건**인 것이다.

실물경제의 세계화와 금융경제의 세계화가 수레의 두 바퀴처럼 같이 발맞추어야 한다는 명제는 불문가지이다. 세계적 기업의 등장은 상응하는 현지금융에의 의존과 원활한 국가 간 자금이동 및 결제체제가 없이는 곤란하기 때문이다.

미국의 증권회사들은 이미 30여 개국에 250개 이상의 해외지점을 보유하고 있으며, 전자통신의 발달에 힘입어 세계 주요 증권거래소 간에 서로 전산망이 연결되고 있다. 우리도 해외 금융영업의 적극적 개척과 전산망의 확충은 물론 거래제도의 국제화를 가속시켜야 하겠다.

시장경쟁원리에 입각한 금융산업 진입장벽의 완화는 더욱 시급하다 하겠다. 예를 들어, 한국은 증권회사의 최저자본금을 500억 원으로 정하고 있으나, 미국의 경우 불과 오천 달러만 있으면 증권회사를 설립할 수 있다. 제조업의 성공사례처럼 합작금융회사의 설립을 통한 선진금융기법의 이전도 무조건 막기보다는 오히려 장려할 일이다.

또한 신금융상품이나 제반 금융상품의 허가가 거의 이루어지지 않는 포지티브시스템보다 가급적 허가가 되는 네거티브시스템이 되어야겠다. 증시의 기관화라는 명분하에 소위 작전이라는 것을 펴 가격을 왜곡시켜 일반투자자에게 선의의 피해를 입히고 독과점 렌트를 획득하는 것은 공정거래는 물론 시장경쟁의 효율성에도 배치된다.

증권회사와 투자신탁회사 간의 상호진출을 허용하여 얼굴 있는 수많은 펀드가 선의의 경쟁을 하도록 하여야 하며, 나아가 투자금융회사와 종합금융회사의 업무와의 통합까지 이루어져 종합투자금융회사(investment bank)로서 세계적 경쟁력을 갖추도록 하여야 할 것이다.

반면, 공정한 게임의 룰은 세계적 표준에 맞추어 통일성을 갖도록 제정되어야 한다. 기업의 공시제도, 감사제도, 내부거래의 규제 등의 정비는 물론 감독 및 규제의 적정화, 규제의 완화와 증권행정의 자율화 등이 빠르게 진행되어야 한다.

궁극적으로는 외국주식의 국내 증권거래소 상장, 외국기업의 국내 채권발행, 비거주자의 자유로운 국내투자, 국내기업의 해외증권발행 및 상장, 국내 투자자들의 자유로운 해외투자 등 자금의 수요자인 기업과 자금의 공급자인 투자자들이 세계 어디서든지 자유로이 연결되게 될 것이다.

세계화란 결국 공간의 개념을 무의미하게 한다. **지구촌 어디서 상품을 만들고 팔든, 자금을 어디서 조달하고 어떻게 결제하든 관계없게 되는 것을 의미**한다. 결국 **자금이 원활하게 흘러가고, 정보가 쉽게 값싸게 이용가능하고, 비즈니스가 잘 되도록 해주는 정부 또는 지방이 이기게 되는 것**이다.

한국은 주지하다시피 **부존자원이 없는 나라이기에 부지런히 물건을 만들고 돈을 굴림으로써 부가가치를 창출해야 하는 나라**이다. 따라서 이러한 세계화는 우리에게 무한한 가능성을 던져주는 기회인 것이다. 그러나 우리의 의식은 어떤가? 너 나 할 것 없이 국가라는 틀 속에서 웅크리고 있지는 않는지, 더 안타깝게는 혈연, 지연, 학연 등의 미명하에 소아적 그룹에 갇혀 있지나 않는지 살펴봐야 한다.

예전에 뉴욕 월가에 위치한 세계 제일의 증권회사로 자타가 공인하는 메릴린치사를 방문한 적이 있다. 면담자의 일부와 오찬을 같이 하게 되었는데 우연히도 노르웨이인, 싱가포르인, 에티오피아인, 인도인, 한국인 등의 국적으로 미국인은 한 명도 없었다. 그 사실을 농담으로 지적하니까 새로운 파생상품으로 급부상하고 있는 신용파생상품 팀장인 에티오피아인은 자기 팀에도 2명만 미국인이고 나머지는 외국인이라고 덧붙였다. 공허한 메아리로 그치지 않는 세계화를 위해서 많은 것을 시사하고 있다고 하겠다.

자료 : 김석진, 내외경제신문 기고, 1994. 12. 14.

Section 07 개인투자자 생존 3계명 –우량주, 분산투자, 과감한 손절매

"우량주만을 대상으로 여러 종목에 나눠 투자하고, 손해를 보면 과감하게 털어버려라." 누구나 아는 정석투자 원칙이지만, 실제로 이렇게 하는 투자자는 드물다. 당장 눈앞의 시세가 화려하게 오르는 종목을 찾아 헤매기 일쑤다. 하지만 역시 돈 버는 비결은 정석투자인 것으로 나타났다. 삼성증권이 올해 4월부터 10월까지 4주간씩 네 차례 실시한 모의투자대회 결과이다.

삼성증권은 대회 참가 투자자들에게 스스로 정석투자그룹과 무원칙투자그룹 중 하나를 선택하도록 했다. 정석투자그룹(222명)에게는 세 가지 투자제한을 뒀다. 우선 삼성전자 · POSCO · 현대차 등 코스피 200종목이나 NHN · LG텔레콤 등 코스닥 50종목에만 투자하게 했다. 또 10% 이상 손실이 나면 무조건 팔도록 손절매 규정도 뒀다. 분산투자를 유도하기 위해 투자금의 절반 이상을 한 종목에 몰아넣을 수 없게 했다. 삼성증권은 투자자들이 이 같은 제한을 혹시 어기지 않는지 철저히 살폈다.

반면, 무원칙투자그룹(359명)에겐 아무런 제한도 가하지 않고, 투자자들 마음대로 주식을 사고팔게 했다. 결과는 정석투자그룹의 승리였다. 정석투자그룹은 평균 0.34%의 수익을 올린 반면, 무원칙투자그룹은 평균 3.39%의 손실을 봤다. 같은 기간 코스피지수는 1.44% 올랐다. 정석투자를 한 쪽은 수익률 변동도 심하지 않았다. 무원칙투자그룹에 비해 수익을 고르게 유지할 수 있었다는 얘기다. 또 정석투자그룹은 절반가량(49.5%)의 투자자가 수익을 낸 데 비해, 무원칙투자그룹에선 35.9%만이 이익을 남겼다.

매매빈도에 따라서도 실적이 갈렸다. 삼성증권은 매매회전율(투자금 대비 매매금액 비율)이 500%를 넘으면 전문투자자그룹으로, 500% 미만은 일반투자자그룹으로 나눴다. 결과는 매매를 자주 하지 않은 일반투자자그룹의 완승이었다. 같은 정석투자를 했어도 전문투자자그룹은 손실(−2.88%)을 본 반면, 일반투자자그룹은 이익(3.4%)을 봤다. 투자원칙을 안 지키면서 매매를 자주 한 그룹은 투자성적(−4.3%)이 꼴찌였다. 매매수수료까지 감안하면 잦은 매매로 인한 손실은 더 불어났다. 실제로 샀다 팔았다 반복하는 매매스타일은 국내 주식투자자들에게 만연해 있다. 지난해 거래소시장의 회전율은 571.9%, 코스닥시장은 894.4%였다.

삼성증권 온라인 지원팀 팀장은 "스스로 세운 투자원칙에 따라 적정한 목표주가와 손절매 시점을 정하고 철저히 관리하는 습관을 들인다면 개인투자자들도 좋은 투자성과를 거둘 수 있을 것"이라고 말했다. 결국 주식투자로 돈을 벌기 위해선 자기 자신과 싸워 이겨야 하는 셈이다.

자료 : 중앙일보, 2005. 4. 30.

Section 08 워런 버핏의 추천, 인덱스펀드

'투자의 귀재' 워런 버핏 버크셔해서웨이 회장이 "투자자들이 지난 10년간 월스트리트 자산운용사의 수수료로 낭비한 돈이 1,000억 달러(약 113조 원)에 이른다"며 월가의 **고액 수수료 관행을 강하게 비판**했다. 또 향후 수년간 증시 전망을 밝게 보면서 **수수료가 낮은 인덱스펀드를 추천**했다.

버핏은 25일(현지시간) 주주들에게 보내는 연례 서한에서 이같이 밝혔다. 금융자산만 763억 달러(약 86조 원, 포브스 기준)에 달하는 버핏이 매년 투자원칙과 전망, 권고 등을 직접 써서 공개하는 연례 서한은 늘 시장의 큰 관심을 불러일으켜 왔다. 그는 이번에 10년 전에 한 내기를 상기시켰다. 그는 2008년 당시 비싼 수수료를 내면서 헤지펀드에 돈을 맡기는 것보다 뉴욕증시의 S&P 500지수를 좇는 인덱스펀드에 투자하는 것이 낫다고 주장했다. 그러면서 10년 뒤 누가 더 높은 수익률을 거둘지를 놓고 뉴욕의 헤지펀드운용사 프로티지파트너스와 내기를 걸었다. 내기 기간은 올해 12월 31일까지지만 승부는 사실상 판가름 났다.

업종별 버핏 포트폴리오

(단위 : %, 2016년 12월 31일 기준)

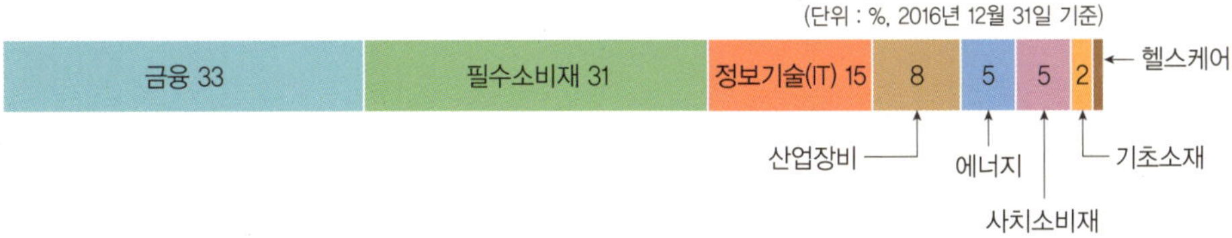

자료 : 버크셔해서웨이

버핏에 따르면 지난해 말까지 프로티지헤지펀드의 연간 수익률은 2.2%에 그쳤지만 인덱스펀드는 연간 7.1%의 수익률을 기록했다. 그는 이렇게 **수익률이 저조한데도 펀드매니저들이 오판에 대한 벌금은커녕 수익의 약 60% 이상을 수수료로 챙겼다**며 "대규모 기관투자가든 소액투자자든 비용이 낮은 인덱스펀드를 하는 게 낫다"고 권고했다.

이런 권고 배경에는 미국 경제에 대한 낙관이 깔려 있다. 도널드 트럼프 대통령의 취임에 따른 정치적 혼란을 언급하지는 않았지만 버핏은 "다우존스지수가 20세기에 1만7,320%에 이르는 차익을 창출했고, 앞으로도 주식투자수익률이 상당한 수준을 유지할 것"이라고 내다봤다. 이어 "미국 기업가치가 앞으로 수년간 현격히 상승할 것"이라며 "비즈니스 혁신과 생산성 개선, 기업가정신이 이를 뒷받침할 것"이라고 강조했다. 버핏은 그 예로 1년 전 매입한 애플 주식에서 16억 달러 이상의 평가차익이 발생했다고 밝혔다.

자료 : 중앙일보, 2017. 2. 27.

Section 09 10년 주식투자수익… 외국인 78%, 개인 -74%

주식시장에서 개미(개인 투자자)들과 외국인, 기관투자자들은 치열한 수익률 전쟁을 벌인다. 개미들의 성적표는 어떨까? 개인투자자들이 선호하는 30개 종목을 골라서 지난 10년간 지속적으로 투자한 경우를 가정한 시뮬레이션(가상 실험)을 해보니 수익률이 -74%로 나타났다. **증시는 '개미지옥'**이라는 말이 나올 만하다. 반면, 같은 기간 같은 방식으로 계산한 외국인 투자자들의 수익률은 78%였다. 연기금 · 펀드 등 기관투자가들이 주로 거래한 30개 종목의 수익률은 9%로 집계됐다.

본지가 금융정보업체 에프앤가이드와 함께 분석한 지난 10년간의 수익률 결과다. 코스피 시장에서 개미와 외국인투자자, 기관투자자들의 매매 비중(매수+매도)이 높은 30종목씩을 산출해 비교했다. 2007년 1월부터 6개월마다 지난 6개월간 거래 비중이 높은 30종목을 선정해 투자한 경우를 가정했다.

■ 개미들, 10년간 코스피 상승률보다 높은 수익률 단 1년

이번 시뮬레이션에서 분석된 수익률을 실제 거래에 적용하면 외국인과 개미의 성패가 실감 나게 갈린다. 2007년 1월에 개미와 외국인, 기관이 선호하는 30종목 투자방식으로 똑같이 100억 원을 투자했다면, 작년 말 개미들의 주식 계좌에는 25억 원 정도만 남아 4분의 1토막이 났고, 외국인은 178억 원으로 불어났다는 뜻이다. 이런 차이는 개미들과 외국인, 기관의 투자종목이 판이하기 때문이다. 작년 12월 기준 개미와 외국인 선호 30개 종목을 비교해보면 차이가 확연하다.

개미들이 선호하는 30개 종목은 전체 거래에서 개인투자자들의 비중이 60%를 웃돌았다. 외국인이나 기관들은 외면하는데 개미들끼리만 사고파는 종목이었다는 뜻이다. 외국인 선호 30종목은 외국인들의 거래 비중이 45% 정도였고, 기관투자자의 경우는 35% 정도였다. 개미들보다 상대적으로 **쏠림현상**이 덜했다.

개인 선호 30종목 투자도 수익률이 높았던 적이 있긴 했다. 2007년(29.17%), 2009년(20.16%) 등이 수익률이 높았다. 하지만 당시 코스피 상승률에는 못 미친다. 2009년의 경우 코스피 상승률이 49.64%였다. 개인 선호 30종목에 투자했다면 코스피 수익률은 반 토막이었다는 얘기다. 개인 선호 30종목 투자가 지난 10년간 코스피지수보다 높은 수익률을 기록한 것은 중 · 소형주들이 많이 올랐던 2015년

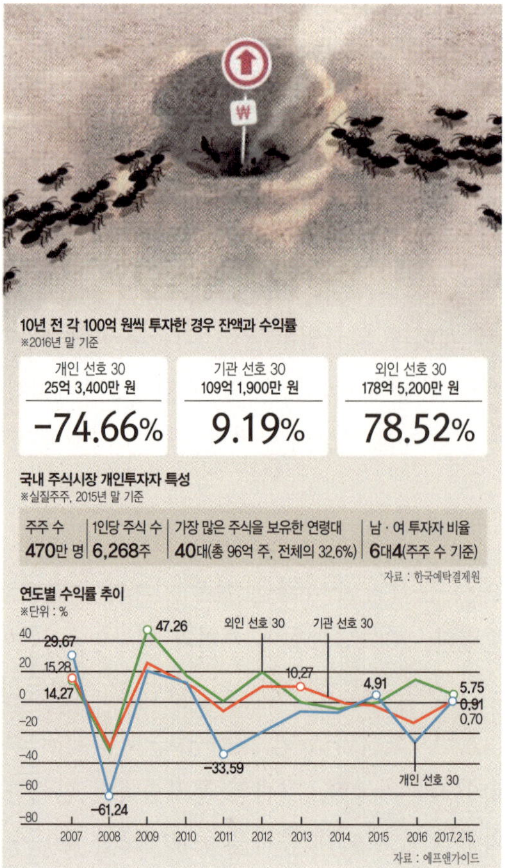

(2.53%) 단 한 해뿐이다.

■ 단기 고수익 집착이 만든 개미지옥

전문가들은 주식시장이 '개미지옥'일 수밖에 없는 가장 큰 이유로 단타(短打) 수익을 노리는 개미들의 투자 스타일을 꼽는다. 한국경제연구원이 세계은행(WB)의 국가별 주식거래회전율(일정 기간의 거래량을 상장 주식 수로 나눈 값)을 분석한 자료에 따르면, 2015년 한국 투자자의 평균 주식 보유 기간은 8개월로 나타났다. 한국보다 보유 기간이 짧은 국가는 중국(2.5개월), 터키(6.5개월), 미국(7.3개월) 등 3곳밖에 없다.

고수익에 집착하는 것도 문제점으로 지적된다. 이러다 보니 투자할 **회사의 실적이나 향후 성장 가능성은 뒷전이고, 풍문에 휘둘린다.** 한 대형 자산운용사의 주식운용 팀장은 "외국인이나 기관투자자들은 전문가들이 투자대상 기업의 정보를 몇 달에 걸쳐 샅샅이 뒤지는데 개인들은 대박을 가져다 줄 '정보'만 구한다"면서 "일부 운 좋은 개미들을 제외하고는 99%의 개미들은 백전백패할 수밖에 없다"고 말했다. 전문가들은 개미지옥 탈출법으로 교과서식 투자를 제안한다.

자료 : 조선일보, 2017. 3. 7.

Chapter

06 효율적 시장

Section 01 효율성과 시장

경제학에서 효율성은 모든 사람을 더 이상 만족시킬 수 없는 최적의 자원배분, 즉 배분의 효율성(allocational efficiency)을 일컫는다. 인간의 욕망은 끝이 없는 반면, 욕망을 채울 수 있는 자원은 한정되어 있다.

어떻게 하면 잘사는가를 연구하는 **경제학은 결국 사회의 욕구를 최대한 충족시키기 위해 한정된 희소자원을 어떻게 배분해야 하는가를 연구하는 학문**이다. 자원을 배분하는 방식에 따라 계획경제와 시장경제로 구분된다.

계획경제는 당국이 인위적으로 가격과 생산량을 정하고 자원을 할당하고 배분하는 방식이고 시장경제는 시장의 수요와 공급에 따라 가격과 생산량이 결정되어 수요자와 공급자가 자발적으로 자원을 주고받는 방식이다.

이론적으로 **완전경쟁시장에서 자원이 최적으로 배분**된다. 한편, 독과점시장은 가격결정에 영향력이 행사되어 자원배분이 왜곡된다. 따라서 거의 모든 나라가 계획경제를 포기하고 시장경제를 지향하고 있으며 독과점을 규제하고 있다.

경영학에서 효율성은 최소의 투입으로 최대의 산출, 즉 **운영의 효율성**(operational efficiency)을 일컫는다. 기업이란 사람과 자본과 땅 등을 투입하여 시장에서 팔릴 수 있는 제품이나 서비스를 생산한다. 경영은 같은 생산량에 대해 투입을 최소화, 같은 투입량에 대해 산출을 최대화하려는 일련의 과정이다.

자본시장에서는 통상 정보의 효율성(informational efficiency)을 뜻한다. 즉, **효율적 자본시장이란 현재의 주가가 모든 이용가능한 정보를 반영하고 있으며 새로운 정보가 나오면 이를 즉시 가격에 반영시키는 시장**을 의미한다.

새로운 정보와 주가

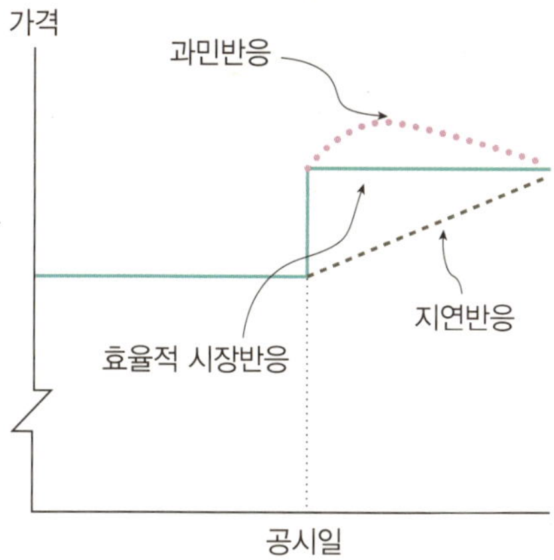

효율적 시장반응 : 가격은 새로운 정보를 신속하고 완전하게 받아들인다

지연반응 : 가격은 새로운 정보를 부분적으로 받아들인다

과민반응 : 가격은 새로운 정보를 과도하게 받아들인다

효율적 자본시장이 되기 위한 조건으로서는, 첫째 이익의 극대화를 꾀하는 합리적인 투자자들이 많이 존재하고, 둘째 정보가 무작위(random)로 창출되며 대가 없이 이용가능하고, 셋째 투자자들이 새로운 정보를 즉각 평가하여 주가에 반영시킨다 등이다.

실제로 증권시장에는 많은 영리한 투자자들이 돈을 벌고자 눈을 반짝거리고 있으며, 정보는 예측할 수 없이 터져 나오고 있고, 투자분석가들은 경쟁적으로 새로운 정보를 신속하게 분석해 내고 있으며, 이러한 자료들을 얻는 것도 그다지 어렵지는 않다. 따라서 **제도적 제한이나 독점적 내부자정보가 없다면 자본시장은 대체로 효율적**일 것이라고 쉽게 짐작할 수 있다.

Section 02 효율적 자본시장의 의미

증시가 효율적이라는 사실은 투자자와 증권분석가들에게 중요한 의미를 갖는다. 첫째, 효율적 시장에서는 **주가를 정확하게 예측할 수 없다.** 정보가 시장에 유입되면 가격조정이 재빠르게 일어나므로 가격변화는 과거나 현재의 가격과 아무런 상관없이 무작위로 들어오는 새로운 정보에 의해 무작위로 일어나기 때문이다. 주가는 귀신도 모른다는 격언이 이에 해당한다.

둘째, 시장이 효율적이면 어느 누구도 **일관성 있게 초과수익을 올릴 수 없다.** 물론 어떤 사람은 뛰어난 예견력이나 평가 내지 판단력을 가지고 있을 수도 있겠으나, 경쟁이 치열한 자본시장에서 언제나 실수 없이 시장을 앞서가는 슈퍼맨은 존재할 수 없다. 경쟁시장에서는 어떤 유용한 정보도 재빨리 전파되며, 어떤 우수한 전략도 금방 모방된다. 그러므로 초과수익을 계속적으로 올린다는 것은 불가능하다고 할 수 있다. 공짜 점심이 없다든가 눈먼 돈이 없다는 격언이 여기에 해당한다.

셋째, **무작위로 주식을 사고팔아도 전문가만큼 좋은 성과를 거둘 수 있다.** 전문가도 시장을 이기기가 매우 힘이 드는 치열한 경쟁에서 한정된 지식과 뒤늦은 정보 또는 어설픈 분석으로 투자하면 눈감고 아무거나 종목을 선택하는 것보다 못하기 십상이다. 남보다 우수하다고 확신하지 못할 바에야 차라리 시장평균수익률을 달성하는 것이 낫다. 선무당이 사람 잡고 반푼수가 집안 망친다는 격언이 여기에 해당한다.

넷째, 시장이 효율적이라는 것은 모든 자산들이 적정하게 평가되고 있다는 것을 뜻하므로, **시가는 그 회사의 내재가치를 반영**하게 된다. 따라서 현시점에서 어떤 종목이 고평가 또는 저평가되었다는 것은 의미가 없는 이야기가 된다. 주식시장은 완전경쟁시장이다. 여기서 결정되는 시장가격이 최선이므로 특정인이 분석한 가격이 적정하다고 하기 어렵다는 뜻이다.

이와 같이 시장이 효율적이면, 기업의 기본적 요인이 변할 경우에 한해 주가는 이를 즉각적으로 충분하게 반영한다. 따라서 특별한 정보를 수집하였다 하더라도 이는 이미 반영된 낡은 정보일 가능성이 높다. 또한 기업이 회계처리를 달리 하여 장부상 이익이 많이 나게 하더라도 이는 기업의 기본적 요인이 아니므로 주가에 영향을 줄 수 없다. 한마디로 재무적 포장(window dressing)은 작동하지 않는다는 것이다.

증권시장은 완전하지는 않지만 상당히 효율적이므로, 이러한 시장효율성의 의미를 염두에 두면 정보입수가 상대적으로 불리하더라도 안달하지 않고 **느긋하게 투자**에 임할 수 있을 것이다.

효율적 시장의 의미

> **"If you see a bandwagon, it's too late."**
> (남들이 다 살 때 구입하는 것은 이미 늦었다.)
> – Sir James Goldsmith –
>
> **"Don't try to buy at the bottom and sell at the top.**
> **It can't be done except by liars."**
> (바닥에서 매입해서 천장에서 팔려고 하지 말라.
> 그것은 거짓말쟁이를 제외하고는 할 수 없다.)
> – Bernard Baruch –

Section 03 효율적 시장의 세 가지 유형

현재의 가격이 어떤 범위의 정보까지를 반영하고 있느냐에 따라 증권시장의 효율성의 정도가 달라진다. 가격에 반영되는 정보의 성격에 의거하여, 파마(Eugene Fama) 교수는 자본시장의 효율성을 약형(weak form), 준강형(semi-strong form), 강형(strong form)의 세 가지 유형으로 구분한 바 있다.

약형 효율적 시장은 과거의 모든 역사적 정보를 반영하고 있는 시장을 지칭한다. 시장이 약형 효율적이면 과거의 가격, 거래량 등의 행태를 도표로 분석함으로써 증권의 **매매시기를 포착하고자 하는 기술적 분석**(technical analysis)**은 소용이 없다.**

기술적 분석가들은 어떤 유용한 정보가 내부자로부터 일반대중에게 알려지기까지는 다소 시간이 걸리므로 이 정보에 의한 가격의 조정도 점진적으로 일어난다고 믿는다. 따라서 그들은 가격이나 거래량이 왜 변하는지에는 관심을 두지 않고 그저 이들의 움직임 그 자체를 예의주시함으로써 미래가격의 향방을 파악하여 남보다 빨리 사고 팔아 투기이익을 얻고자 한다.

반면, 시장이 약형 효율적이면, 과거의 역사적 정보는 이미 반영되어 소용이 없으며 새로운 정보가 시장에 유입되면 즉시 가격조정이 재빠르게 일어나므로 가격변화는 과거의 변동양상과는 무관하며 기술적으로 매매시기를 포착한다는 것은 때늦은 일이 된다.

준강형 효율적 시장은 과거의 역사적 정보는 물론 **공개적으로 이용가능한 모든 정보를 반영하고 있는 시장**을 말한다. 시장이 준강형 효율적이면 각종 경제 및 산업기사를 분석하고, 대차대조표, 손익계산서 등의 재무제표를 연구함으로써 **기업의 실**

질가치를 파악하고자 하는 기본적 분석(fundamental analysis)은 도움이 안 된다.

기본적 분석가들은 시장가격은 궁극적으로 그 회사의 실질가치, 즉 내재가치(intrinsic value)를 반영하게 된다고 믿는다. 따라서 그들은 어떤 회사의 미래수익과 배당금 등을 추정하여 주당 내재적 가치를 산정한 후 이를 현 시가와 비교하여 그보다 높으면 저평가된 종목으로 생각하여 구입하게 되고 현 시가보다 낮으면 고평가되었으므로 팔게 되는 것이다.

그러나 준강형 효율적 시장에서는 증권분석에 사용되는 모든 공개된 정보들이 이미 반영되어 있으므로 시가는 바로 그 회사의 내재적 가치를 적정하게 나타내고 있으며 저평가되었다든가 고평가되었다든가 하는 종목이 있을 수 없게 된다.

강형 효율적 시장은 공개된 정보뿐만 아니라 비공개된 내부정보 또는 독점적 정보까지도 반영하고 있는 시장을 일컫는다. 시장이 강형 효율적이면 특권적 위치에 있는 내부자나 뛰어난 능력을 가진 투자전문가 또는 펀드관리자도 초과수익을 올릴 수 없게 된다.

효율적 시장의 세 유형

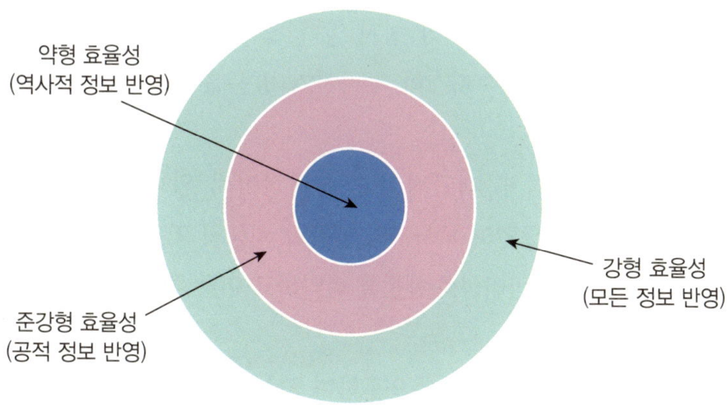

Section 04 투자심리와 행동금융

사람이 많이 다니는 길에서 만 원권을 주울 수 있는 가능성이 얼마나 있겠는가? 거의 없을 것이다. 비록 누가 떨어뜨렸다 할지라도 바로 누군가가 주워갈 것이기 때문이다. 이런 맥락에서 오만 눈이 번뜩이는 주식시장은 효율적이다. **공짜 점심이 없다는 경제학 격언처럼 눈먼 돈이 없다**는 것이다. 그렇게 저평가된 주식이 있다면 누군가가 얼른 매수함으로써 더 이상 저평가의 메리트가 없도록 할 것이다.

그런 시장에서 돈을 벌려면 **시장이 아직 모르는 특별한 정보를 먼저 알고 있거나 미래를 볼 수 있는 혜안이 있어야** 할 것이다. 전자는 미공개정보거래로 기본적으로 불법이며 후자는 미래가 신의 영역이라 쉽지 않다. 그런데 우리는 많지는 않지만 초과이익을 꾸준히 실현시키는 슈퍼스타 투자자가 있음을 볼 수 있다. 어찌된 일일까?

만일 투자자들이 냉철하게 객관적이고 합리적이지 않다면? **행동금융**(behavioral finance)**은 심리적 요인이 투자자의 행동과 시장의 가격결정에 미치는 영향을 분석**하고 있다. **투자자들의 비이성적 행동을 파악하고 이를 투자에 활용한다면 초과수익**을 올릴 수 있다.

투자자들은 **최근의 경험에 지나치게 의존**하며 **자신의 능력을 과대평가**하는 경향이 있다. 새로운 증거로 **기존 신념을 바꿀 때는 지나치게 느리게** 반응한다. 그리고 **작은 표본으로 전체를** 너무 쉽게 믿어버린다.

또한 같은 크기의 이득보다 같은 크기의 **손실을 더 크게 인식하는 손실회피 경향**이 있다. 손실 보고 있는 투자를 털어버리는 손실실현을 꺼리며, 투자실패를 감추기 위해 우량한 투자를 처분하여 **이익을 실현하는 성향**이 있다. **돈을 벌고 있을 때 기꺼이 더 많은 위험을 부담**하려 하고, 관행에서 벗어난 결정으로 잘못되면 더 많이 자책하므로 **후회를 줄이기 위해 관행에 치우치는** 경향이 있다.

따라서 붐이 일어날 때는 시장이 **비이성적 과열**(irrational exuberance)로 자산 가격에 거품(bubble)이 생기게 된다. 닷컴 붐, 모기지 붐 등이 좋은 예들이다. 이러한 가격 왜곡은 **자원의 비효율적 배분**을 가져오고 나아가 **금융위기**를 초래할 수 있다.

그리고 불황이 있을 때는 투자심리가 **지나치게 위축**되거나 심지어 두려워하기까지 된다. 뱅크 런이나 패닉(bank run or panic), 대공황(Great Depression), 주가대폭락 등이 그런 예들이다. **금융시스템의 붕괴는 경제전체의 붕괴로** 이어질 수 있다. 이럴 경우 정부의 개입으로 시스템의 안정성을 복구하고 유효수요를 창출함으로써 경제를 회복시키게 된다.

행동적 투자편의

- 투자 실수를 초래하는 행동편의에 유의
- 버튼 마키엘(Burton Malkiel), "내 자신이 투자의 최대의 적"

행동편의(오류)의 유형

- 과신(overconfidence) : 자신의 능력을 과신
- 확인편의(confirmation bias) : 자기 주장을 뒷받침하는 정보만 찾음
- 보수적 편의(conservation bias) : 늦게 반응하거나 수정하지 않으려 함
- 손실/후회회피(loss aversion) : 손실종목을 장기간 보유
- 쏠림현상(herding) : 군중심리에 편승
- 통제착각(illusion of control) : 통제가능하다고 착각
- 기타 심리적 함정(other psychological pitfalls)

Section 05 시장은 효율적인가?

펀드매니저에게 시장효율성은 반갑지 않다. **시장이 효율적이라면 그들의 전문성은 별 쓸모가 없으며 오히려 비용만 지출하면서 분산투자를 불완전하게** 만들기 때문이다. 그렇다면 실제로 **시장은 효율적인가 그리고 얼마나 효율적인가**라는 질문과 해답은 중요한 의미가 있다.

실패한 펀드매니저는 시장에서 사라지고 성공한 펀드매니저만 성공적인 투자기법에 대해 목소리를 낸다. 그런데 확률적으로 어차피 성공 반, 실패 반이라고 한다면, **성공의 결과가 행운에 따른 결과인지, 실력에 따른 결과인지 알기 힘들다.** 그 **성공**

1월 효과

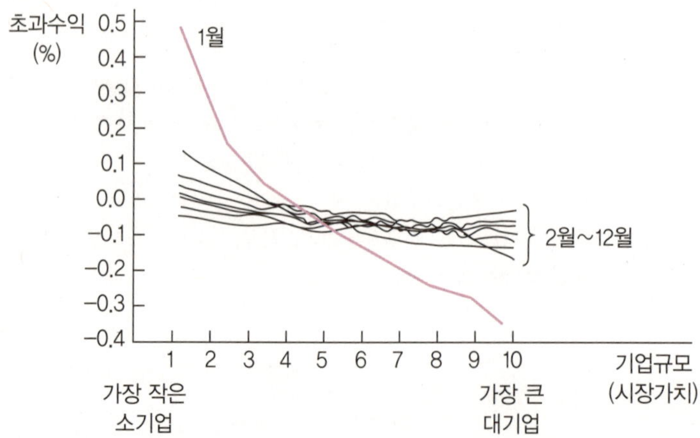

자료 : Mustafa N. Gultekin and N. Bulent Gultekin, "Stock Market Seasonality: International Evidence," *Journal of Financial Economics*, 1983.

이 상당한 장기간 계속 반복될 수 있어야만 실력이 검증될 수 있다.

실증적 분석결과에 따르면, 한 기간에서 좋은 성과와 나쁜 성과가 그 다음 기간에서도 계속 이어지는 관성효과(momentum effect)가 단기적으로 존재하였다. 그런데 장기적으로는 한 기간에서 좋은 성과와 나쁜 성과가 다음 기간에는 반대되는

주말효과

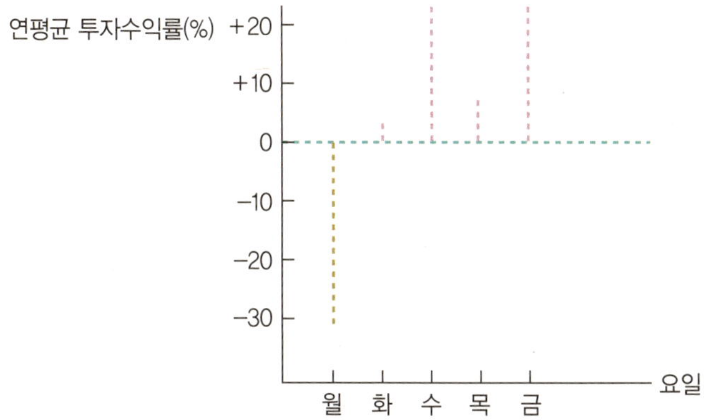

자료 : Michael R. Gibbons and Patrick Hess, "Day of the Week Effects and Asset Returns," *Journal of Business*, 1981.

각 PER 주식군의 성과차이

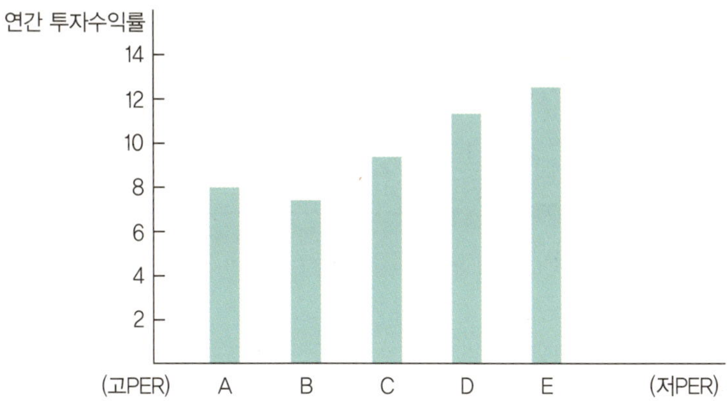

자료 : S. Basu, "Investment Performance of Common Stocks in Relation to Their Price-Earnings Ratios: A Test of the Efficient Market Hypothesis," *Journal of Finance*, 1977.

젠센지수로 위험이 조정된 성과차이

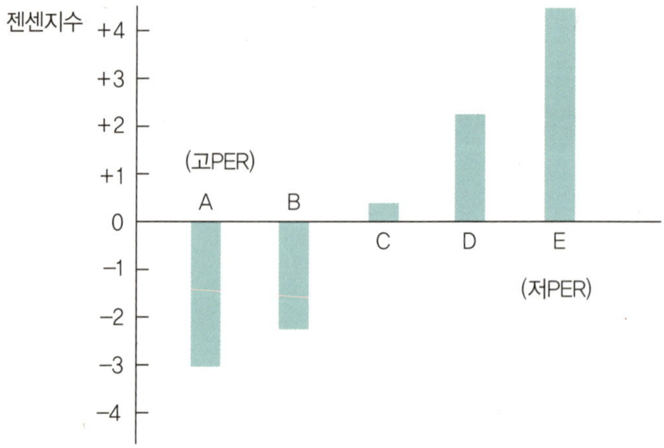

자료 : S. Basu, 앞의 논문

PBR그룹의 성과차이

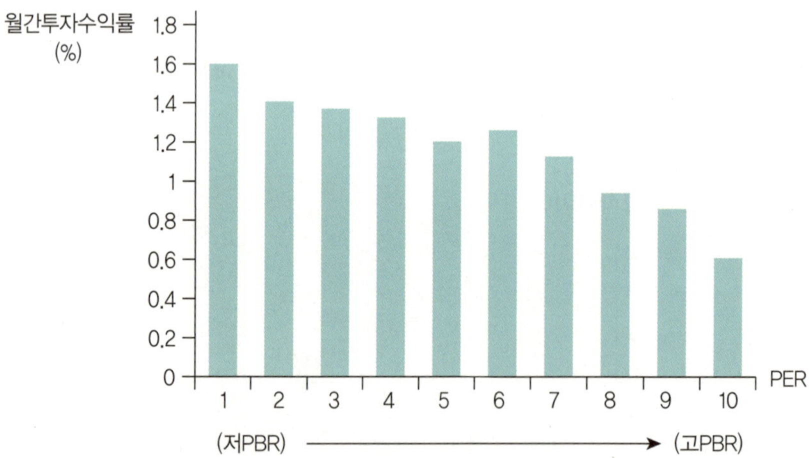

자료 : S. Basu, 앞의 논문

성과를 나타내는 **반전효과**(reversal effect)가 나타났다. 이러한 단기 관성과 장기 반전은 단기적으로 과잉반응이 있으며 장기적으로는 시장이 오류를 인식하고 수정하기 때문으로 해석될 수 있다.

그리고 시장효율성과 배치되는 것으로 보이는 다양한 현상이 발견되었는데 이를 시장이례현상(market anomaly)이라고 한다. **저PER 종목, 소기업, 소외기업** 등이 초과수익을 올린다든지 **1월 또는 연말연초**에 초과수익을 낼 수 있다는 발견들이다. 또한 **장부가치 대비 시장가치의 비율이 높은 주식**이 초과수익을 낸다는 연구도 있다. 그러나 이러한 이례현상이 유동성 위험 등 다른 위험요인 또는 거래비용을 고려하지 않았거나 초과수익을 추정하는 방법이 문제가 있어서 생긴 현상인지 일시적인 것인지 시장이 비효율적이라서 그런지는 알 수가 없다.

대규모 펀드매니저는 규모의 효과로 인해 시장가격이 공정한 가치로부터 조금만 벗어나더라도 이를 이용하여 거래이익을 얻을 수 있다. 따라서 **총명한 펀드매니저의 행동은 시장가격이 계속 공정한 가치로 접근하도록 하는 원동력**이 된다. 아이러니컬하게도 그들의 존재가 시장을 효율적으로 만든다.

종합하면, 내부자는 초과수익을 얻고 있어 시장이 강형으로 효율적이라고 하기는 어렵지만 그 외의 경우에는 **대체로 시장효율성을 뒷받침**하고 있다. 그러므로 이례현상을 참조하되 **기술적 도표나 전문가 의견에 지나치게 의존하는 것은 지양**할 필요가 있다고 하겠다.

Section 06 자산평가와 미인 콘테스트

경제학자 케인즈는 1930년대에 저서 『고용, 이자 및 화폐에 관한 일반이론』에서 당시 영국 미인 콘테스트 사례를 통해 주식투자 심리를 설명한 적이 있다. 당시 관행은 신문에 여성 후보들 사진을 싣고 독자투표를 통해 미인을 선발하는 방식이었는데, 우승한 미인에게 투표했던 독자들에게는 사후 추첨을 통해 상금을 주는 인센티브를 도입하고 있었다.

"이 콘테스트에서는 자신이 아름답다고 생각하는 여성이 아니라 다른 사람들이 아름답다고 생각할 것 같은 여성에게 투표하게 될 것"이라고 케인즈는 갈파하면서, 자산시장에서 투자행태도 이와 같다고 지적하고 있다.

어떤 자산의 거래가격이 상식적인 수준을 훨씬 뛰어넘고 있는데도 바보처럼 이 자산에 투자하는 사람들이 있는 이유는 **향후 더 높은 가격에 사들일 사람, 즉 '더 큰 바보'가 존재할 것이라는 믿음** 때문이다. 그 믿음이 맞아떨어지면 자산가격은 더 오르고 자신은 바보가 아닌 게 되는 것이다. 경제학에서 **'바보이론**(Greater Fool Theory)'으로 더 잘 알려진 이야기인데, **미인 콘테스트처럼 자산가치에 대한 본인 판단 여부를 떠나서 다른 투자자들이 이 자산가치를 어떻게 평가할 것인지에 기준한 사람들의 투자행태**를 일컬음이다.

자산가격이 오르는 이유는 그렇게 기대하는 투자자들 심리 때문이고, 대다수 투자자가 그렇게 생각하면 가격은 반드시 오른다. 혹자는 이를 버블이라 부를 수도 있을 것이다. 17세기 네덜란드에서는 희귀한 튤립 한 뿌리가 몇 달치 월급에 달하는 가격에 거래되었고, 필자가 살고 있는 싱가포르에는 현재 한 채에 100억 원을 넘나드는 아파트들이 수두룩하다. 그러나 버블 붕괴로 언젠가는 가격이 폭락할 수 있겠지만, 어느 누구도 현재 상태가 버블인지 아닌지를 단정할 수는 없다. **자산에 대한 '객관적 가치'를 규정할 수 없는 상황에서 '가장 큰 바보'만 아니면 된다는 투자자심리** 때문이다.

재미있는 것은 이 투자심리가 자산의 객관적 가치가 명확히 규정되는 사례에서도 발견된다는 것이다. 행동경제학자 캐머런은 만기 액면가가 100달러로 명확히 정해져 있는 가상 채권을 사고팔게 하는 실험을 통해서 이를 증명한 바 있다. 한 시간 후에 만기가 도래하는 부실 확률 제로인 이 채권에는 매 10분당 5달러씩 배당금 지급이 약속되었다. 이 가상 채권의 합리적 가치는 첫 10분 동안 130(=100+5×6)달러에서 시작하여 10분마다 5달러씩 하락하고 마지막 10분 동안은 105달러여야 한다. 실험결과는 어땠을까.

실험 참가자들은 놀랍게도 만기 직전 10여 분 동안에도 채권의 실제가치를 훨씬 상회하는 125달러 내외에서 채권을 사고 또 팔고 있었다. 실험 참가자들에게 이유를 물었을 때 대답은 미인 콘테스트의 바보이론과 정확히 일치하고 있었는데, '비싸게 사더라도 더 비싼 가격에 되팔면 이익'이라는 바로 그 심리적 믿음이었다.

자산가격은 변동한다는 것만이 명확한 사실일 뿐, 오르고 내리고는 투자자 심리 문제라는 것이 경제학의 단순한 결론이다. 경제학은 여전히 암울한 학문이라고 부른다 해도 어쩔 수가 없다.

자료 : 조승규 싱가포르국립대 경영대 교수, 매일경제, 2013. 12. 30.

Section 07 노벨상 세일러 교수, 20년 수익률 '838%'… "역발상에 투자하라"

올해 노벨 경제학상 수상자인 리처드 세일러 미국 시카고대 교수는 투자의 대가이기도 하다. 세일러 교수가 이끄는 펀드가 시장수익률을 능가한 것으로 나타나면서 그의 투자기법에 관심이 쏠리고 있다.

『승자의 저주』와 『넛지』라는 저서로 국내에도 친숙한 세일러는 인간 행동이 종종 합리적이지 않고 편향을 보인다는 점을 실험을 통해 규명한 공로를 인정받아 지난 9일 노벨 경제학상 수상자로 선정됐다. 그는 주류 경제학이 설명하지 못하는 사람들의 비이성적인 행동의 원인을 경제와 심리를 접목한 '행동경제학'으로 풀어냈다.

세일러 교수는 2013년에 노벨 경제학상을 받은 로버트 실러 예일대 교수와 함께 대표적인 행동경제학자로 꼽히며 행동금융의 창시자로도 불린다. 그는 경제학자로는 드물게 자산운용사를 운영하고 있다. 워싱턴주립대 재무학과 학장을 역임한 47년 투자 경력의 러셀 풀러 박사와 의기투합해 1999년 '풀러앤세일러'라는 자산운용사를 설립했다. 올해 2월 말 기준 운용자산은 85억 7,000만 달러다. 이 회사의 이사회에는 역시 행동경제학자로 2002년 노벨 경제학상을 받은 대니얼 카너먼 프린스턴대 명예교수도 참여하고 있다.

심리적 특성을 접목한 투자기법을 활용한 세일러 교수의 '투자 성적표'는 어느 수준일까? 29일 글로벌 펀드평가사인 모닝스타 자료를 보면, 풀러앤세일러 자산운용의 대표펀드 격인 '언디스커버드 매니저스 비헤이비어럴 밸류 펀드(UBVLX)'는 1998년 말 설정 이후 현재까지 838.44%의 수익률을 기록 중이다. 소형 가치주에 초점을 맞춰 투자하는 이 펀드의 최근 3년 누적수익률은 40.08%로, 비교대상

(벤치마크)인 미국 소형주 가치펀드 평균수익률(33%)과 에스앤피(S&P) 500지수 상승률(36.07%)을 앞질렀다. 10년 성과 기준으로 펀드 순위 상위 1% 안에 들어갔고 최고등급인 별 5개를 받았다.

또 다른 펀드인 '풀러앤세일러 비헤이비어럴 스몰캡 에쿼티 펀드(FTHSX)'는 2011년 9월 출시 이후 192.52%의 수익률을 냈다. 자산의 80% 이상을 소형주에 투자하는 펀드로 5년 성과가 상위 2%에 올랐으며 역시 별 5개를 받았다. 3년 누적

풀러앤세일러 미국 소형가치주펀드(UBVLX) 성과 추이

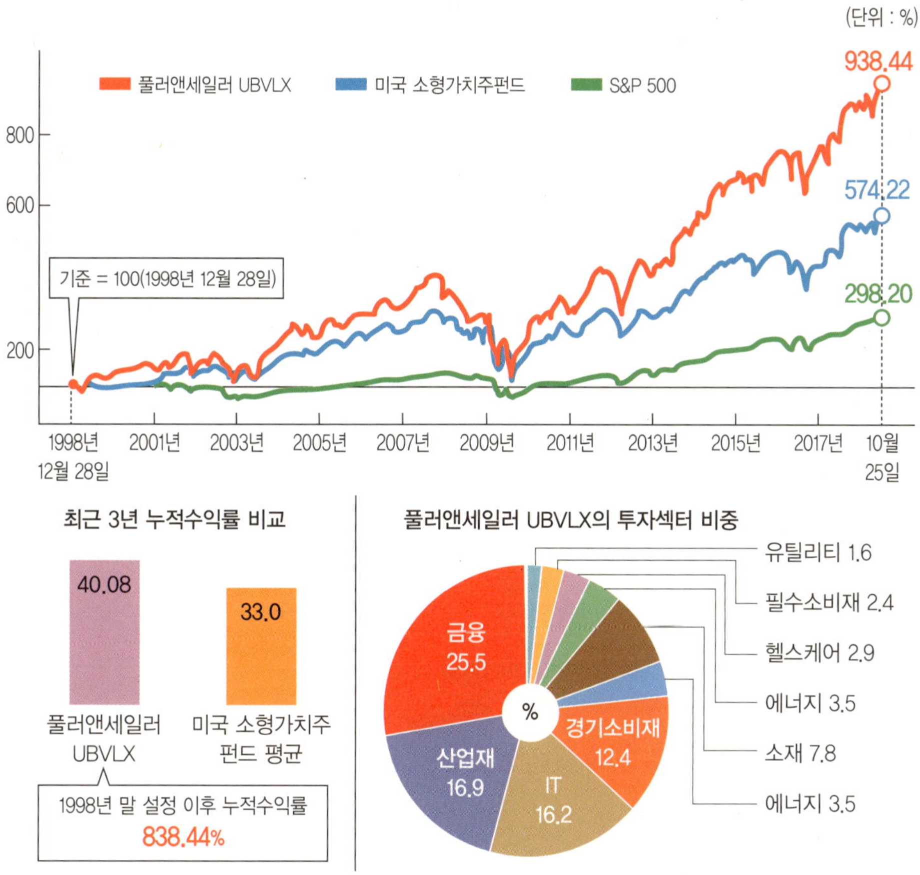

※UBVLX : 세일러 교수가 설립한 풀러&세일러 자산운용사의 대표펀드
자료 : 모닝스타

수익률은 49.45%로 비교대상인 미국 소형주 펀드(33.0%)를 크게 앞질렀다. 최근 대형주 중심의 장세에도 1년 수익률이 28.20%로 S&P 500(18.61%)을 능가하는 성과를 보였다.

'세일러펀드'의 성과가 탁월한 이유는 무엇일까? 전문가들은 행동경제학 관점에서 투자자의 오류에 주목한 '역발상 투자'가 효과를 발휘한 것으로 평가한다. 인간의 비이성적 측면에 주목하는 행동경제학은 시장이 항상 합리적이지는 않다고 본다. 시장에서 종종 거품이나 바겐세일이 일어나기 때문에 **다수의 투자심리와 거꾸로 가는 역발상 투자**에서 기회를 찾을 수 있다는 것이다. 역발상 투자로 유명한 펀드매니저 데이비드 드레먼은 투자자들의 과잉반응을 이용해 시장에서 헐값에 거래되는 소외주와 위기에 처한 종목을 주워담아 우수한 성적을 거뒀다.

세일러펀드의 전략도 유사하다. **'깜짝 실적'을 발표했는데도 투자자들이 밋밋한 반응을 보이면 주가에 충분히 반영되지 않았다고 보고 추가로 주식을 사들인다. 반면, 내부자의 주식 매수나 자사주 매입 공시 등 호재에 시장이 열광할 경우 그 회사 주식을 매도해 차익을 실현한다.**

세일러의 행동경제학 맞은 편에는 역시 노벨 경제학상을 받은 유진 파마 시카고대 교수의 '효율적 시장 가설'이 위치한다. 이 이론은 시장 참여자가 합리적이라는 전제를 깔고 있다. 사용가능한 모든 정보는 시장에 즉각적으로 유입돼 가격에 충분히 반영된다. 따라서 주식투자자는 정보를 이용한 거래로 시장평균을 초과하는 수익을 얻지 못하게 된다. 파마 교수가 시장의 지수를 따라가는 인덱스펀드의 유용성을 주장하는 배경이다. 그는 자신의 포트폴리오를 묻는 질문에 주식형 인덱스펀드를 주로 보유하고 있다고 답한 바 있다. 반면, 과감한 종목 선정으로 시장을 이길 수 있다는 액티브펀드에 대해 파마는 펀드매니저의 능력을 들먹이며 부정적인 태도를 보였다.

세일러 교수는 개인투자자에게도 자신처럼 행동경제학에 기반한 투자를 권유할까? 노벨 경제학상 수상 직후 외신 인터뷰와 지난해 강연 등을 종합하면 전혀 그렇지 않다. 그는 먼저 개인투자자에게 스스로를 과신하지 말라고 했다. **투자자들의 최대 실수는 실제 능력보다 더 잘할 수 있다고 생각하는 것**이라고 경고했다. 우연히 발생한 투자성과가 연속되면 이를 실력으로 착각해 공격적 투자와 잦은 거래에 나서는 오류를 지적한 것이다.

그는 또 개별 종목에 투자하는 것은 실수하는 게 거의 확실하다고 했다. 심지어 "지금 일하고 있는 회사라고 해도 그 회사 주식을 사는 일은 절대 하지 말아야 한다"고 강조했다. 세일러는 개인적으로는 개별 주식을 한 주도 가지고 있지 않다고 말했다. 하지만 '월가의 영웅' 피터 린치의 생각은 다르다. 투자는 자신이 잘 알고 있는 것부터 시작해야 한다는 원칙을 갖고 있는 그는 자신이 속해 있거나 업무와 관련된 특정 산업에 대한 전문성이나 소비자로서 안목을 갖추면 투자성과를 올릴 수 있다며 일반투자자에게 용기를 심어줬다.

세일러는 **손절매(손실 확대를 막는 매도)의 중요성을 특별히 강조**했다. 개인은 대개 주가가 떨어지면 손실을 확정짓는 주식 매도를 꺼리기 마련이다. 세일러는 이를 두고 주식을 산 가격에 집착해 함정에 빠지는 것이라고 진단했다. "당시 산 가격에 지금 다시 살 생각이 없다면, 그 주식을 팔아야 한다"고 조언했다. 손절매에 대해서는 투자 대가들의 의견이 일치한다. '가치투자의 아버지' 벤저민 그레이엄은 주식시장에서 차익을 얻는 것보다 손실을 줄이는 것이 훨씬 중요하다고 생각했다. 성장주 투자의 대가 윌리엄 오닐도 주가가 하락할 경우 손절매를 철저히 단행해 손실을 줄여야 한다고 강조했다.

세일러의 결론은 과욕을 버리고 시장의 흐름에 따르라는 것이다. 행동경제학을 활용한 전문적인 투자는 개인이 따라하기 힘들기 때문이다.

✔ **개인투자자를 위한 조언**

1. 우연히 몇 번 투자에 성공했다고 자신을 과신하지 말라
2. 개별 종목은 내가 다니는 회사라고 해도 절대 사지 마라
3. 당시 산 가격에 지금 다시 살 생각이 없다면 당장 팔아라
4. 과욕을 부리지 말고 시장의 흐름을 따라가라

자료 : 한겨레, 2017. 10. 30.

Section 08 증시의 맹목성

레밍(Lemming)이라는 북극산 쥐는 우두머리를 맹목적으로 따르는 것으로 잘 알려져 있다. 예를 들어, 번식이 지나쳐 수가 너무 많아지면 우두머리를 좇아 우르르 바다를 향해 집단자살을 함으로써 무리의 수를 조절한다고 한다.

십여 년 전 주한 미 고위인사 한 분이 우리네를 이 레밍에 비유하여 물의를 일으킨 적이 있었다. 오늘날 우리를 뒤돌아 볼 때, 과연 우리가 그렇지 않다고 떳떳하게 이야기할 수 있을까? 우리 사회 전반에 걸쳐 얼마나 행위에 대해 합리적인 정당성이 부여되어 있을까? 직분에 걸맞은 행동규범이나 옳고 그름을 떠나 단순히 남이 그렇게 하니까 하는 맹목성 논리에 빠져 있지나 않을까?

앙드레 지드(Andre Gide)는 1936년 여름 소련방문 후 쓴 『소비에트기행』에서 개성 말살의 획일주의로 인한 공산사회의 모순을 일찍이 간파한 바 있다. 오늘날 공산주의사회의 붕괴도 이데올로기의 좋고 나쁘고를 떠나 그저 당의 지시에 따르기만 하는 맹목주의가 주원인이 아닌가 싶다.

주식시장에서도 회사의 자산가치, 수익성, 성장성 등을 감안하여 장기적으로 투자하기보다는 그저 가만히 있지를 못해 세계에서 가장 높은 회전율을 기록하고 있다. **열심히 사고팔면 그만큼 수수료 및 거래세를 뜯기기 때문에 장기적으로 보면 투자자는 그다지 남는 장사가 되기 어렵다.**

주가의 움직임도 가관이다. 갑자기 어느 회사의 주가가 각광을 받아 매도물량도 없이 연일 상한가를 치기도 하고, 어떤 주식은 연일 곤두박질을 치기도 한다. 그 회사가 어제 바로 설립된 회사가 아니라면, 내일 당장 망하는 것이 아니라면, 왜

갑자기 새삼스럽게 주가가 그렇게 수직적 움직임을 보여야 하는지 알다가도 모를 일이다.

엄청난 매수잔량으로 상한가를 치며 끝난 주가가 다음 날에는 큰 폭으로 하락하기도 하니, 밤새 안녕하시고 별고 없었는지 문안할 일이다. 물론 주가란 끊임없이 움직이게 마련이지만 그 주식의 기본적 요인들이 하룻밤 사이에 그렇게 엄청나게 바뀌었는지 생각해 볼 일이다. 우리 시장이 여전히 어떤 줏대를 가지고 회사의 내재가치에 바탕을 둔 장기적 투자를 하기보다는 **어떤 재료에 의한 특정 세력의 주도하에 맹목적으로 움직이는 투자심리**에 따라 움직이지 않나 의구심이 드는 대목이다.

이러한 맹목주의가 사대주의로 발전하게 되면 문제는 상당히 심각해질 수 있다. 투자자가 **맹목적으로 그저 외국인투자자들의 행태를 뒤좇는다면, 이는 피땀 흘려 쌓아올린 우리의 결실을 고스란히 갖다 바치는 꼴**이 되기 십상이다. 정신을 차려야 한다. 이제는 **실력을 갖춰 해외에서 돈을 벌어들일 수 있어야** 한다.

자료 : 김석진, 주간산업증권 제17호 시평, 1991. 11. 4.

Section 09 투자정보와 투자조언

우리 경제의 전망이 불투명함에 따라 국내주가가 계속 극심한 등락을 거듭하고 있다. 이에 투자자들은 여느 때보다 투자정보와 투자조언에 민감한 반응을 보이고 있다. 이러한 정보와 조언은 궁극적으로 한 가지에 귀결된다. 그것은 **현재의 주가가 저평가되었느냐 또는 고평가되었느냐**이다. 먼저, 의미 있는 우화 하나를 소개한다.

오랜 도시생활에 영악해진 어느 늙은 쥐가 어느 날 저녁 자기가 즐겨 다니던 벽구멍 근처에 군침 도는 음식을 발견했다. 그 쥐는 욕심스럽게 바로 달려가지 않고 한 젊은 친구를 불렀다. “여보게, 어떤 착한 사람이 우리에게 만찬을 베풀었다네. 마음껏 들게.” 그 순진무구한 젊은 쥐는 게걸스럽게 배불리 그 음식을 먹었다. 그런데 수 분이 지나자 그 쥐는 데굴데굴 뒹굴더니만 죽어버리는 것이 아닌가. 그 음식에 쥐약이 섞여 있었던 것이다. 늙은 쥐는 “휴우, 오랫동안 증권가 주변에서 생활해 온 덕분에 살았군. 투자판에 모든 걸 던지느니 다른 친구들한테 기회를 주고 수수료나 챙기는 것이 안전하거든”이라고 중얼거리며 쥐구멍으로 사라졌다.

거래가 이루어지는 이유는 반드시 의견이 다른 두 집단이 있기 때문이다. 한쪽에서 어떤 주식이 싸다고 지금이 매입적기라고 판단 내지 조언하고 있다면, 거래가 있다는 객관적 사실은 그 주식의 현 시가가 고평가되어 있다고 믿고 팔려고 하는 다른 한편이 있다는 것을 말한다. 이와 같이 주식은 **서로 다른 주관적 판단에 의해 거**

래되며 누가 옳았느냐는 그 뒤 시장에서 결판지어진다.

물론 어떤 유의한 정보를 혼자 먼저 알고 있다면, 그 투자자는 적정가격을 판단하는 데 있어 상대적으로 유리하다. 원칙적으로 내부자거래는 불공정하므로 금지되고 있다. 하지만 현실적으로 내부자거래를 모두 가려내기란 불가능하다. 따라서 평범한 투자자는 상대적으로 정보싸움에 불리하다. 즉, 시장에서 흘러 다니는 정보에 의해 투자결정을 한다면 뒷북치는 꼴이 되기 십상이다.

우리 증시가 냄비처럼 격동적인 것도 투자자들의 귀가 너무 얇기 때문이 아닌가 한다. 정보의 비대칭과 거래수수료의 희생양이 되지 않기 위해서는 거시적 경제환경, 업종별 전망, 기업의 내재가치 등에 바탕을 둔 소신 있는 투자행위가 요청된다고 하겠다.

자료 : 김석진, 매일경제신문 전문가 시각, 1991. 2. 11.

Chapter 07

파생상품

Section 01 파생상품이란?

파생상품(派生商品, derivatives)은 **기초자산 또는 지수로부터 파생된 것으로 경제적 가치를 갖게 되는 교환이나 약정**이다. 여기에는 **특정 상품(기초자산)을 미래의 특정**

선물거래와 현물거래

구분	현재시점	미래시점
현물거래	상품수도 ↕ 대금수수	
선물거래	매매계약	상품수도 ↕ 대금수수

선물거래와 선도거래

구분	선물거래	선도거래
거래장소	거래소	특정 장소 없음
거래조건	표준화	당사자 간 결정
가격형성	매일 형성	한 번 형성
일일정산	매일 평가손익 정산	없음
청산소	있음	없음

시점(만기시점)에 미리 정해진 가격(행사가격)으로 사거나 팔 것을 미리 약정하는 선도(先渡, forward), 선도물을 거래소에서 정형화된 상품으로 거래하는 선물(先物, futures), 특정 상품을 현재 정한 가격으로 특정 기일 또는 기일 내에 사거나 팔 수 있는 권리인 옵션(option), 거래 쌍방 간에 상품 또는 경제적 조건을 서로 맞바꾸는 스왑(swap) 등 네 가지의 기본 형태가 있다.

선물계약은 일일물 선도계약의 연속이며 스왑은 기간 선도계약의 포트폴리오이고 선도는 옵션들, 즉 살 수 있는 권리인 콜(call)과 팔 수 있는 권리인 풋(put)의 조합이며 옵션은 선도, 선물 또는 스왑과 무위험자산의 조합이다. 따라서 플라스틱 블록 장난감처럼 이들을 서로 조합하여 다른 것 또는 새로운 것을 만들 수 있다. 이러한 원리를 이용하여 복잡 · 다양한 고객의 요구(needs)를 위해 각종 혁신적인 금융상품 또는 금융과정이 고안, 개발 및 적용되고 있다. 이러한 과정은 금융공학(financial engineering)이라고 일컬어지는데 금융공학의 발달로 파생상품의 활용 범위는 더

콜옵션의 권리행사

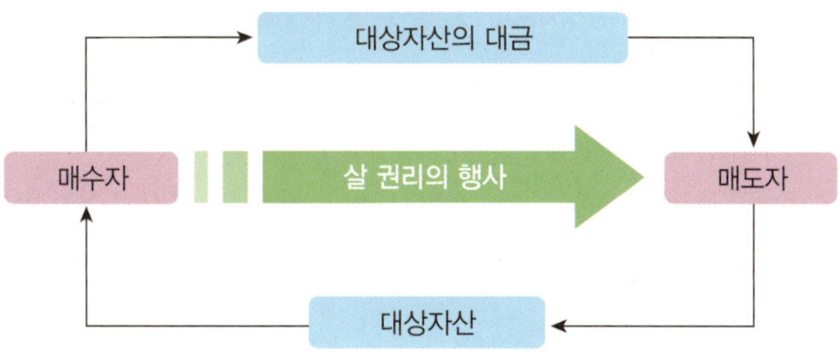

풋옵션의 권리행사

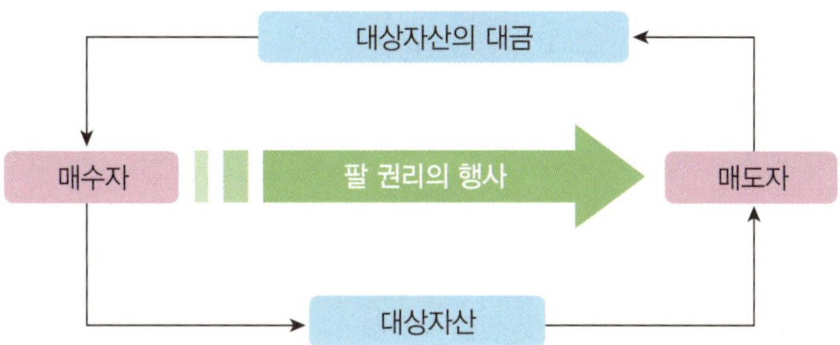

금융공학(Financial Engineering)

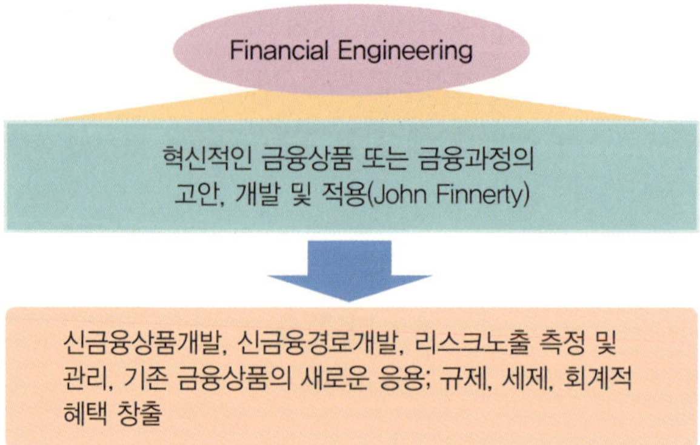

욱 넓어지고 있다.

향후 규제완화, 경쟁심화, 정보통신기술의 발달, 소프트웨어의 개발 등으로 금융공학은 발전을 지속할 것으로 보인다. 미국의 경우 증권전문가, 재무분석가, 공인회계사, 조세전문가, 변호사, 프로그래머, 수학자, 물리학자, 공학도 등 각 분야의 인재들이 금융공학팀을 구성하여 그 활동영역을 넓혀나가고 있다.

한국도 1996년 5월 3일 처음으로 주가지수선물시장을 개설하였고, 1997년 7월 7일에는 주가지수옵션시장을 개설하였다. 1999년 4월, CD금리선물, 미국달러선물 및 옵션, 금선물 등 네 가지 파생상품의 거래를 개시하였으며 동년 9월에

금융빌딩 블록

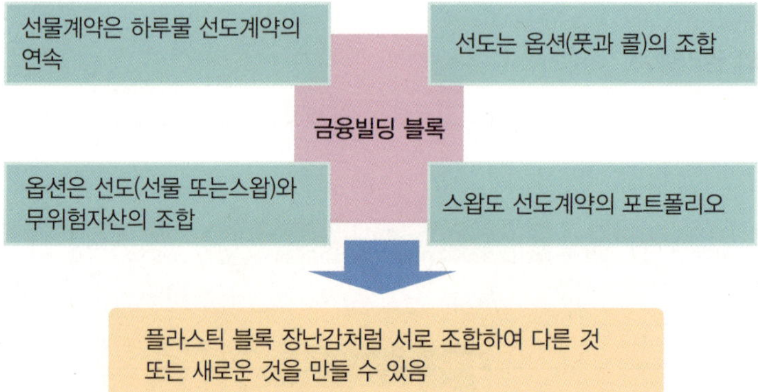

는 국채선물을 도입하였다. 2000년 1월에는 주식옵션을 도입하는 등 일천한 역사에도 불구하고 한국의 파생상품 거래실적은 괄목할 만한 성장을 해왔다. 그 결과, KOSPI 200 옵션의 거래량은 세계 1위를 차지하고 있으며, KOSPI 200 선물과 3년 국채선물의 거래량도 높은 순위를 차지하고 있다.

그러나 국내 은행이나 기업의 위험관리를 위한 파생상품의 활용은 아직 미미하며 선물과 옵션의 거래에서 개인이 차지하는 비중이 매우 높은 불안정한 구조를 띠고 있다. **파생상품시장은 운이 작용하기보다는 실력으로 판가름하는 냉혹한 시장**이다. 따라서 이에 대해 과학적이고 체계적으로 철저하게 준비하고, 복잡하고 다양한 노하우를 축적한 자만이 승자가 될 수 있다. 그리고 많은 금융공학도가 배출되어 부가가치가 높은 금융서비스 내지 맞춤금융을 제공할 수 있어야 한다.

Section 02 파생상품의 성장배경

전 세계적인 추세인 자율화 내지 규제완화 등 정책과 경제환경의 변화로 환율과 금리의 변동폭이 확대되어 그만큼 경제가 가격위험을 안게 되었다. **금융위험의 증가**가 기업에 미치는 영향은 크게 **거래노출**(transaction exposure)과 **경제적 노출**(economic exposure)로 나눌 수 있다.

거래노출은 금융가격의 변화가 제품가격에 영향을 미쳐 수입 또는 지출을 변화시키는 것으로 기업의 재무제표(특히 손익계산서)에 직접적으로 반영되므로 회계적 노출(accounting exposure)이라고도 한다. 환율변동의 경우 **외국자산을 자국통화로 환산할 때 대차대조표상에 반영되는 기업가치의 변화는 환산노출**(translation exposure)

파생상품의 성장배경

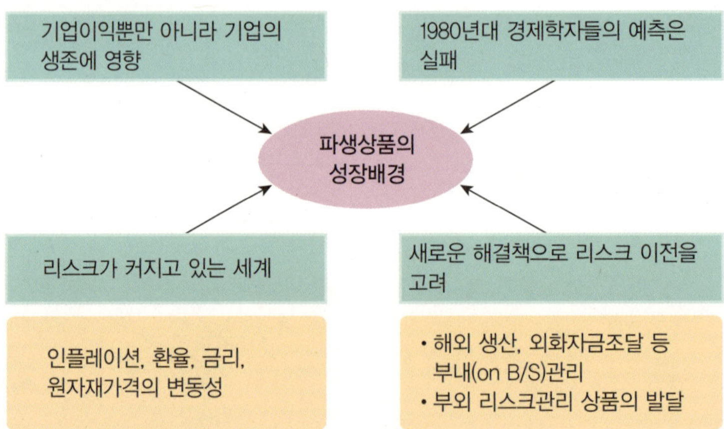

이라고 한다. 경제적 노출은 금융가격의 변화가 **판매 또는 구매량에 영향을 미쳐 매출액 및 시장점유율을 변화시키는** 것으로 경쟁력에 영향을 끼치므로 **경쟁적 노출**(competitive exposure)이라고도 한다.

환율변화로 새로운 경쟁상대가 대두하고, 금리변화는 재무적 곤경을 초래하고, 상품가격변화는 투입요소가격의 변화를 가져와 대체재의 경쟁력을 증가시킨다. 예측할 수 없는 환율, 금리, 상품가격의 변동은 기업이익뿐만 아니라 기업의 생존에 영향을 미쳐 가장 진보적인 생산기술, 가장 값싼 노동력과 최고의 마케팅을 보유하더라도 금융가격위험에 의해 도산할 수 있게 된 것이다.

물론 환율, 금리, 상품가격 등의 미래가치를 예측할 수 있다면 문제는 쉽게 해결된다. 그러나 피터 드러커(Peter Drucker)나 폴 사무엘슨(Paul Samuelson) 같은 대학자들도 예측을 하지 않거나 피하는 것에서 알 수 있듯이 예측이란 결코 쉬운 일은 아니었다. 실제로 유수한 전문가나 기관들이 환율, 금리, 물가에 대한 예측에서 실패하였다. 특히, 1980년대 중반에는 경제학자들이 각종 예측모형으로 각광을 받았으나 이들의 예측은 대체로 실패하였다. 자본시장이 효율적인 것을 생각하면 정확한 예측은 사실상 처음부터 불가능한 일이었다.

이러한 **예측실패는 새로운 해결책으로 위험이전**(risk transfer)을 고려하도록 하였다. 이를 위해 기업들은 해외생산, 외화자금조달 등을 모색하였다. 그러나 이러한 **부내**(簿內, on the balance sheet)**관리는 많은 비용과 정치적 위험을 동반**하였다. 이에 대한 대안으로 각종 **부외**(簿外, off the B/S) **위험관리상품**이 발달하게 되었다.

꼬리가 몸을 흔드는 파생상품

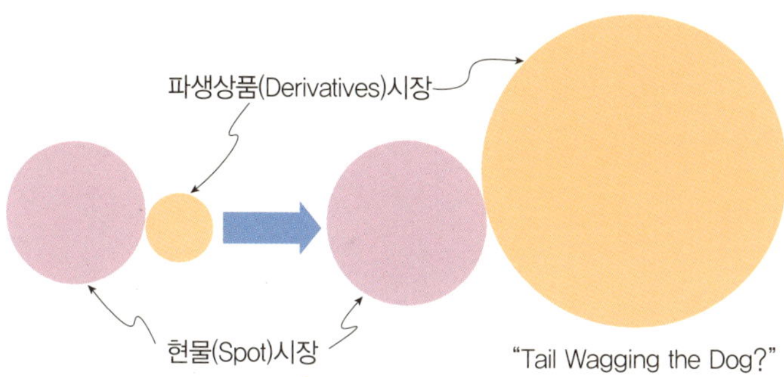

이들은 매우 적은 비용으로 이용가능하며 서로 결합하여 새로운 것을 만들 수도 있어 매우 편리한 수단이었다. 이러한 배경으로 파생상품, 특히 금융파생상품의 거래가 전 세계적으로 급속히 늘어나게 되었다.

세계화와 개방화가 진행됨에 따라 환율, 주가, 금리 등이 국내적 요인은 물론 해외적 요인에 의해서도 영향을 받게 되어 그만큼 가격변동위험 등 불확실한 환경을 가지게 되었다. 따라서 파생상품의 거래에 대한 성공적인 거래와 이를 이용한 위험관리의 중요성은 기업의 이익관리는 물론 기업의 생존 차원에서 더욱 절실해지고 있다.

Section 03 파생상품의 기능

불확실성하에서 파생상품의 발달은 시장을 보다 완성되게 하며 완성시장(complete market)에서는 위험부담(risk bearing)이 최적으로 배분되어 실물자원의 최적배분이 달성될 수 있음이 애로우(Kenneth Arrow, 1964), 로스(Stephen Ross, 1976) 등이 증명한 바 있다. 밀러(Merton Miller)는 "효율적인 위험공유가 선물과 옵션이 지금까지 이룩한 일 중에 가장 큰 의미를 가진다"고 주창하였다. 파생상품으로 인해 매우 저렴한 비용으로 위험을 거래할 수 있어 효율적인 위험의 관리, 분산, 이전과 회피가 가능하게 된 것이다. 그 결과 사회 전체의 후생증대와 위험감소를 달성할 수 있다.

게다가 파생상품은 기초자산 가치의 일부분만으로 투자할 수 있는 레버리지된 투자기회를 제공하며 적정수익 확보의 수단이 되기도 한다. 나아가 경제적인 위험요소와 가격요소에 대한 정보는 파생상품시장에서 보다 효율적으로 반영될 수 있

파생상품시장의 기능

- 효율적 리크관리/분산/이전
- 현물시장의 유동성, 안정성 제고
- 미래가격에 대한 정보 제공
- 투자기회 및 적정수익 확보의 수단 제공
- 대리문제 및 도덕적 해이 해결
- 절세, 세금감면효과 확대
- 파산확률 감소, 재무적 곤경비용 축소 등

어 파생상품시장은 블랙(Fisher Black)이 주장하였듯이 미래가격에 대해 정보를 제공하는 가격발견기능을 가지며 현물시장의 유동성과 안정성이 제고될 수 있다.

또한 파생상품은 대리문제(agency problem)와 그에 따른 도덕적 해이(moral hazard)를 해결할 수 있는 훌륭한 수단이 될 수 있다. 그리고 오염배출권을 기초자산으로 하는 스모그선물처럼 파생상품은 시장경제를 확산하는 수단이 된다. 파생상품의 활용으로 이전에는 가능하지 않았던 새로운 거래가 성립되며 시장경제로 문제를 해결할 수 있게 되었다. 멕시코 등 남미 국가의 금융위기 시에 등장한 브래디채권(Brady bond)이 대표적인 예이다.

기업은 파생상품의 활용으로 현금흐름이나 수익의 변동성을 완화함으로써 세금을 절약할 수 있으며 파산확률과 재무적 곤경비용을 줄일 수 있다. 이러한 수익 변동성의 관리는 기업의 자금조달능력을 향상시킨다. 그 결과 헤징(hedging)을 하지 않을 경우보다 추가로 부채를 사용할 수 있어 부채의 세금감면효과를 더욱 누릴 수 있다. 또한 자금조달 시 옵션을 감미제(sweetner)로 제공함으로써 자금조달을 용이하게 할 수 있다.

뿐만 아니라, 파생상품은 각종 장벽이나 규제를 무너뜨리는 수단이 되기도 한다. 서로 다른 규제체계를 가진 국가 간의 스왑거래가 그 예이다. 파생상품을 이용하면 규제 차익거래(regulation arbitrage)를 쉽게 성사시킬 수 있다. 또한 파생상품의 등장으로 한 나라의 외환정책이나 금융정책의 유효성이 크게 떨어지고 있으며 섣불리 시장에 개입하다가는 큰 화를 입을 수 있다. 영란은행(Bank of England)이 조지 소로스(George Soros)에게 크게 당한 사례가 좋은 예이다. 그 결과 파생상품의 발달은 전 세계적으로 증권화를 가속화하고 규제완화를 촉진시키고 정부의 정책적 개입을 축소시키고 있다.

Section 04 헤징과 차익거래

헤징(hedging)이란 현재 보유하고 있는 자산의 가격이 하락하거나 미래에 보유할 예정인 자산의 가격이 상승하는 가격변동위험을 없애거나 줄이기 위한 행위를 일컫는다. 선물을 이용할 경우 **기존의 또는 예정된 현물포지션(spot position)에 대해 선물시장에서 반대포지션을 취하는 것**을 말한다.

여기서 기대하는 효과는 미래에 현물포지션에서 발생할 수 있는 손실을 포지션이 반대인 선물포지션(futures position)의 이익으로 상쇄하여 가치변동을 없애는 것이다. 이때 헤지거래는 미래의 불확실한 가격변동위험에 효과적으로 대응하지만, 그 대가로 이익의 기회도 잃게 된다. 다시 말해 미래에 현물시장에서 이익이 발생하더라도 이는 선물시장에서의 손실로 상쇄되는 것이다.

금융리스크의 종류와 내용

구분		내용
신용리스크		거래상대방이 약속한 금액을 지불하지 못하는 경우 손실이 발생하는 리스크
시장리스크	금리리스크	시장이자율의 변동으로 인한 리스크
	환리스크	환율의 변동으로 외화표시 자산 및 부채의 순포지션에서 손실이 발생하는 리스크
	주가리스크	주식가격의 변동으로 인한 리스크
유동성리스크		포지션을 마감하는 데서 발생하는 리스크

헤지의 유형에는 **선물을 매수하는 매수헤지**(long hedge)**와 선물을 매도하는 매도헤지**(short hedge)가 있다. 매도헤지는 보유상품의 가격이 미래에 하락하더라도 선물가격이 동시에 하락하므로 당초 선물의 매도가격보다도 싼 가격으로 선물을 되사는 매매이익으로 현물의 손실을 보전하는 전략이다. 반면 매수헤지는 상품의 현물가격이 구입 전에 상승해서 기회손실이 발생하더라도 이미 구입한 선물을 보다 비싼 가격으로 되파는 것에 의해 얻어지는 이익으로 그것을 상쇄하는 전략이다.

환리스크관리의 목적

■ 환리스크관리 ≠ 환차익 극대화
⇒ 환리스크 최소화

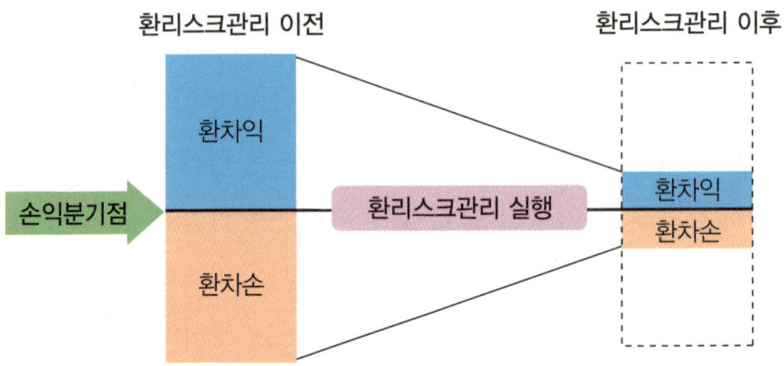

차익거래(arbitrage)**는 자기자본을 투여하지 않고 무위험이익을 얻기 위해 동일 또는 동등한 금융상품을 동시에 사고파는 것**을 일컫는다. 선물의 경우 선물가격이 **이론적으로 산출된 공정가격을 상회 또는 하회하는 때에는 차익거래에 의해서 가격괴리만큼의 무위험차익을 얻을 수 있다.** 이러한 차익거래는 실제선물가격이 이론선물가격보다 높을 경우 선물매도와 현물매수를, 반대로 실제선물가격이 이론선물가격보다 낮을 경우 선물매수와 현물매도를 수반한다.

현물시장의 균형가격은 선물시장의 헤지거래자(hedger)와 투기자(speculator)의 활동이 차익거래자(arbitrageur)에 의하여 현물시장에 전달되므로 선물시장의 영향을 받는다. 선물가격과 현물가격은 독립적으로 움직일 수 없으며 차익거래에 의해 대상상품의 가격에 연결되어 있다. 따라서 차익거래자는 현물시장과 선물시장을 연결시키고 통합시키는 역할을 한다.

차익거래는 눈먼 돈과 마찬가지로 **먼저 본 사람이 임자**이다. 따라서 **여러 상품을 신속하게 거래하기 위해 통상 그 거래를 자동으로 처리하는 컴퓨터 프로그램을 사용함으로써 실행**한다. 다시 말해, 컴퓨터에 선물가격모형을 프로그램으로 집어넣고 현재의 선물가격과 상품가격이 계속적으로 입력되다가 컴퓨터가 모형으로부터의 괴

회사 환리스크관리 시 유의점

- 회사 현황을 분석
- 가장 신뢰할 수 있는 전문가 선정
- 쉽고 간단한 헤지방법으로 먼저 접근
- 가장 유리한 헤지수단 선택
- 헤지 목표환율 설정
  - 적정 영업이익 확보가 가능한 환율을 바탕으로 목표환율 산정
  - 목표환율 도달 시 헤지거래 실시
- 중도청산 내지 변경이 가능하도록
  - 외화수급의 정확한 날짜를 확정하기 곤란
- 헤지 이전에 유동성관리(현금흐름)가 중요
- 환리스크관리 조직의 구성 및 규모 결정

우수 환리스크관리 기업의 시사점

- **성공요인**
  - 리스크관리 기간을 중기적인 관점에서 설성
  - CEO의 적극적인 의지를 바탕으로 상당기간 내부 준비
  - 중소기업은 정보가 부족하므로 외부기관의 도움을 받음
- **주의할 점**
  - CEO가 선물거래 헤지를 완벽하게 이해해야
  - 투기적으로 변질되지 말아야
  - 단기적 환율변동에 현혹되지 말아야
  - 의사결정권자를 규제할 수 있어야

리를 포착하면 전산화된 주문처리시스템을 통하여 매매주문을 내어 즉시 체결되도록 하고 있다. 이러한 거래를 **프로그램거래**(program trading)라고 일컫는다.

Section 05 주가지수선물, 애물인가 보물인가

주가지수선물은 주식시장에 상장되어 있는 전체 또는 일부 주식의 평균적인 움직임을 나타내는 주가지수를 거래대상으로 하는 선물이다. 주가지수선물이 여타의 선물에 비해 특이한 점은 거래대상이 유형의 실물이 아니라 기술적으로 수도(受渡)가 불가능한 **무형의 지수**라는 것이다. 따라서 반대매매를 통하여 **만기일 전에 포지션**(position)**을 청산**(淸算, clearing)**하든지 아니면 만기일에 가서 그 차액을 현금으로 결제**한다.

주가지수선물을 이용하면 지수에 포함된 전 종목을 사고파는 것이나 다름없으므로 적은 **비용으로 보유포트폴리오의 시장위험을 관리**할 수 있다. 뿐만 아니라, **투기자금흡수, 시장유동성향상, 가격예시 등으로 위험의 최적배분은 물론 자원배분의 효율성이 제고**될 수 있다.

선물지수의 선정은 시장대표성의 충족과 유동성의 확보라는 양립하기 어려운 두 목적을 만족시켜야 한다. 주식시장의 흐름을 잘 반영하기 위해서는 구성종목수가 많아야 하나 종목수가 너무 많으면 거래가 어려워져 시장충격(market impact)의 비용이 매우 커진다. 시장대표성과 유동성이 결여된 종목의 포함은 지수조작의 가능성을 높인다.

선물거래는 주식거래보다 훨씬 투기적이다. 주식시장에서 승자가 4~5명이고 패자가 5~6명이라면 선물시장에서는 승자가 1~2명이고 패자가 8~9명이라 할 수 있다. 또한 주식시장과는 달리 **선물시장은 제로섬경기**나 다름없다. **시장 전체적으로 승자가 얻는 만큼 반드시 잃은 패자가 있다.**

더구나 주식시장의 참여자는 신용거래가 아니라면 회사가 망하지 않는 한 시장에 남아 있을 수 있으나 **선물시장의 참여자는 장기적으로 아무리 옳다고 하더라도 단기적으로 일일정산에 의해서 경제적 파탄을 일으켜 시장에서 축출될 수 있다.** 따라서 선물은 잘 관리되면 보물단지가 되겠지만, 잘못되면 지금 금융회사가 안고 있는 평가손의 주식은 비교도 되지 않을 애물단지가 될 수도 있다.

금융환경이 정부의 간섭과 통제에서 시장논리를 존중하는 쪽으로 변화함에 따라 주요 금융가격인 환율, 금리 및 주가의 변동폭이 확대되고 그만큼 경제가 위험을 안게 되었다. 또한 경쟁의 격화로 그동안 규제하에서 안정적이던 금융회사의 수익기반이 지속적으로 악화되고 있다. 이에 위험회피의 수단으로서 또는 적정수익 확보의 수단으로서 파생상품(派生商品, derivatives)의 거래가 전 세계적으로 급속히 늘어가고 있다.

파생상품은 칼과 같이 유용한 도구지만 잘못 쓰면 매우 해로울 수 있다. 한 사람(trader)의 과욕으로 막대한 손실을 입게 되고 심지어 유수한 금융회사가 일순간에 망하는 경우도 종종 있다. 실력을 갖춰 제대로 활용할 수 있어야 하며 잘못 사용하는 것에 대해 감시 · 감독이 필요한 이유가 여기에 있다.

Section 06 주식연계증권과 주식워런트증권

주식연계증권(ELS : equity linked securities)**은 개별주식의 가격이나 주가지수에 연동하여 수익률이 결정되는 상품으로 투자원금 중 일부는 우량채권 등 안전자산에 투자하여 만기에 투자원금 상환에 충당하고, 일부는 옵션복제 재원으로 사용하여 수익을 추구하는 구조**로 되어 있다. 즉, 주식연계증권은 제한된 위험하에서 일정한 수익을 추구하는 구조로 되어 있다.

주식연계증권은 상품을 판매하는 기관에 따라 다른 이름을 사용하고 있다. 은행은 정기예금 상품에 주가를 연계해서 ELD(equity linked deposit)라고 하고 금융투자회사가 펀드형식으로 판매하면 ELF(equity index linked fund)라고 부른다.

주식연계증권은 2003년에 도입되었다. 도입 초기에는 KOSPI나 KOSPI 200 등 주가지수를 기초자산으로 한 원금보존형 상품이 대부분이었으나 최근에는 보다 높은 수익을 추구하기 위하여 원금비보존형 및 개별종목을 기초자산으로 하는 상품이 주류를 이루고 있다.

주식워런트증권(ELW : equity linked warrant)**은 주식이나 지수상품을 특정한 가격에 사거나 팔 수 있는 권리로서, 주로 주가의 상승 또는 하락을 예상할 때 높은 레버리지효과를 기대하면서도 손실을 제한할 수 있도록 설계**된 상품이다.

특히 주가가 높은 우량주식을 직접 투자하려면 많은 자금을 투자해야 하지만, 주식워런트증권은 상대적으로 적은 자금으로 더 높은 수익률을 실현시킬 수 있다. 다만, 주식워런트증권은 투자자의 예상과 달리 주가가 변동하면 투자자금 전액의 손실을 볼 수도 있는 상품이라는 점도 염두에 두어야 한다. 가령 1년 뒤에 A라는 주식을 6만 원에 살 수 있는 권리를 1만 원에 샀는데 1년 뒤에 주가가 10만 원이 됐다면 그 차익 4만 원에서 원금 1만 원을 빼고 3만 원을 벌게 된다. 300%의 수익률인 셈이다. 물론 주가가 6만 원이 안 되면 원금 1만 원을 고스란히 날리게 된다.

이와 같이 주식워런트증권의 개념 및 운영은 개별주식옵션이나 주가지수옵션과 행사가격 및 만기가 존재한다는 점에서 비슷하지만 몇 가지 차이점이 존재한다. 첫째, 주식옵션은 발행주체가 불특정 다수인 반면 주식워런트증권은 **금융투자회사가 발행**을 한다. 둘째, 옵션의 경우 거래소가 만기 시 결제이행을 책임지지만 주식워런트증권은 **채권과 마찬가지로 발행주체의 신용위험이 존재**한다. 셋째, 발행금액에 있어 지수옵션의 경우 그 금액에 제한이 없으나 주식워런트증권은 **발행총액이 미리 정해져 발행**된다. 주식워런트증권 시장은 2005년 12월에 개설되었다. **최악의 경우에도 증권의 매수금액을 잃을 뿐이므로 증권으로 분류**된다.

Section 07 파생상품투자의 세계

옵션투자는 냉혹한 프로의 세계이다. 김진완 코리아투자자문 대표는 1996년 선물시장 개설 때부터 국내 파생상품시장에서 차익거래를 시작하면서 전문 선물·옵션 딜러로서 자신의 영역을 구축해 나갔다. 김 대표는 이제 새로운 꿈을 꾼다. 옵션매매기법을 활용한 주식투자로 자신만의 헤지펀드를 세우는 것이다.

■ 돈은 얼마나 벌어봤나?

▶ 1998년 외환위기 당시 경제적 사정은 개인 빚 1억 원에 전세금 2,600만 원, 증권계좌와 남은 돈 45만 원이 전부였다. 그 돈으로 선물·옵션시장에 투자했는데 지수가 불과 3개월 만에 530으로 두 배 가까이 올랐다. 그때 45만 원으로 10억 원을 만들어 봤다. 한창 땐 800억 원까지 운용해 봤다. 손털고 나올 땐 200억 원 정도 수중에 있었던 것 같다.

■ 어떻게 그것이 가능한가?

▶ 선물과 옵션은 모두 본원 상품인 주식에서 파생된다. 주가지수선물과 옵션에 투자하려면 결국 주가지수를 구성하는 모델종목을 이해해야 한다. 이를 잘 알고 있다면 그만큼 투자가 쉽다. 선물은 방향성에 투자하는 것이지만 옵션은 방향성뿐만 아니라 변동성도 함께 고려해야 한다. 이 중에서도 콜옵션 매수는 기초자산 가격이 상승하면 기하급수적으로 그 가치가 오른다. 선물에 속도가 붙는다면 옵션은 거기에 더해 가속도까지 붙는 셈이다.

■ 파생상품 특성상 거래가 잦았을텐데 특별한 매매원칙이 있었나?

▶ 원칙을 지키는 게 가장 중요하다. “작전에 실패한 지휘자는 용서할 수 있지만 경계에 실패한 지휘자는 용서할 수 없다”는 이야기를 자주 한다. 종목을 잘못 고르거나 매매시점(타이밍)을 잘못 잡아 손해를 볼 수 있다. 그러나 우리가 정한 원칙을 절대로 어기면 안 된다. 예측이 틀리더라도 시장에 순응하고 우리가 할 수 있는 일들을 해야 한다. 그것이 바로 손절매이다.

■ 손절매로 큰돈을 벌 수 있었다는 말인가?

▶ 그렇다. 내가 성공할 수 있었던 것은 일단 운이 좋게도 시장이 대세상승했다는 것이고 동시에 손절매를 잘했기 때문이다. 주변에서 파생상품에 투자해 실패한 사람들을 보면 대부분 “내가 옳고 시장이 틀렸다”는 착각을 한다. 오산이다. 절대 시장에 대항해서는 안 된다. 선물이나 옵션은 주식과 달리 부도위험(디폴트 리스크)이 훨씬 높다. 주식에 투자해 기업이 망한다면 주식만 날리고 말겠지만 선물·옵션은 6~7배 레버리지를 사용하기 때문에 추가로 마이너스가 발생한다. 그런 부도위험을 감수하려면 손절매를 일상화해야 한다. 주가가 하락한다고 “내일 오르겠지”라며 ‘물타기’를 하다가는 자칫 엄청난 위험을 맞을 수 있다. 나는 주가가 오르는 종목을 더 사면 더 샀지 절대로 하락하는 주식을 저가매수하지 않았다. 시장은 전지전능한 ‘빅 브러더’이다. 시장에 덤벼서는 안 된다. 내가 잘못 선택했다고 판단하면 손절매 이후 그 주식이 좋아지는 것을 확인하고 그때 투자해도 늦지 않다.

■ 내년 시장에는 어떻게 대응해야 하나?

▶ 시장을 아웃퍼폼할 수 있는(성과가 더 좋은) 개별종목을 발굴해야 한다. 톱다운 방식으로 자산분배나 체계적 위험관리를 하고 동시에 보텀업으로 개별 종목을 찾아 대응해야 한다. 또 기대수익률을 낮춰야 한다. 투자자들이 장기불황시대에 접어들었다는 것을 받아들여야 업체 입장에서도 대화가 통할 텐데 개인들은 대부분 이를 쉽게 인정하지 못하고 있다. 기준금리 플러스 3% 수준의 목표수익률을 제시하는 것이 합리적인 것 같다. 통화, 금, 원자재 선물시장에서 다양한 전략을 펼칠 수 있는 헤지펀드나 헤지형 상품도 대안이 될 수 있다고 본다.

■ 김 대표가 생각하는 선물 · 옵션투자전략은?

▶ 무엇보다도 살아남아야 한다. 그리고 꾸준히 자산을 늘려나가면서 마지막으로 잭팟을 노려야 한다. 그런데 일반 개인투자자들은 '잭팟'을 생존보다 우선순위에 둔다. 어떤 사람들이 파생상품에 투자하는지 아는가? 선물 · 옵션투자자 중 다수가 1억 원 이상 주식투자하다가 잃고 약 1,000만 원쯤 남았을 때 이 시장에 진입한다. 이미 심리적으로 패배한 사람들이다. 게다가 10~20배씩 이익을 낼 수 있다는 헛된 희망에 무섭게 베팅한다. 금세 망해버린다. 개인의 선물 · 옵션계좌 잔존수명이 채 석 달이 안 된다고 한다. 3년간 생존하는 것을 목표로 흐름을 탄다면 이익을 낼 수 있을 텐데 잭팟을 우선순위에 두니 성공할 수가 없다.

■ 선물 · 옵션투자를 하려는 개인들에게 해주고 싶은 말은?

▶ 절대 하지 말라. 나는 "당신의 영혼이 파괴될 것"이라고 말해 주고 싶다. 이 시장은 도박판이다. 투기적 성향이 있는 사람이라면 더더욱 하지 말아야 한다. 절대 중간에 이익 내고 손을 털 수가 없다. 우리끼리는 이것을 "뽕 맞았다"고 표현한다. 성공확률? 한 0.001% 정도 될 것이다.

■ 지금 선물 · 옵션에서 김 대표처럼 성공하는 게 어렵다고 생각하나?

▶ 그렇다. 과거에 비해 시장상황이 완전히 바뀌었다. 내가 성공할 수 있었던 까닭은 당시 파생상품에 대한 일반투자자들의 이해도가 낮았고 외국인들도 별로 참가하지 않았기 때문이다. 무엇보다도 증시가 대세상승기였다. 지금은 상황이 달라졌다. 한국의 선물 · 옵션시장은 거래규모에 있어서 세계 2위이며 대부분 이익은 외국인이 가져가고 있다.

■ 지금도 파생상품에 투자하나?

▶ 취미 삼아 가끔 할 때도 있지만 예전처럼 큰 돈을 운용하지는 않는다. 과거에 나는 투기꾼이었다. 내 나름의 작은 세계도 만들었다고 생각한다. 선물 · 옵션 딜러는 철저하게 고립된 삶을 산다. 남들과 평화롭게 어울리며 살아가는 사람은 절대 성공할 수 없는 곳이다. 나는 한창 선물 · 옵션에 투자하던 20년간 하루에 4시

간도 안 자고 하루하루 시장에서 경쟁했다. 점심은 무조건 김밥이나 컵라면으로 때웠다. 그러다 보니 건강이 안 좋아졌다. 이제는 선보다는 면으로 살고 싶다. 나의 매매 경험을 살려 헤지형 펀드를 운용하는 게 지금의 목표이다.

자료 : 매일경제, 2012. 12. 30.

Chapter 08

금융의 기본

Section 01 금융시스템

금융시스템(financial system)이란 금융시장, 금융기관, 금융회사, 금융상품, 금융관련법 및 규제, 금융수단 등을 포괄하는 넓은 개념으로, 주식이나 채권을 포함한 여러 종류의 직·간접 증권이 거래되고 이들의 가격이 결정되는 총체적인 금융체제를 일컫는다.

하나의 경제체제 안에서 금융시스템은 인체 내의 혈관조직에 비유될 수 있다. 혈관이 막히거나 굴절됨 없이 혈액을 인체 내 구석구석까지 순조롭게 운반할 수 있을 때, 우리는 건강한 육체를 유지할 수 있다. 마찬가지로, 체계적이고 효율적인 금융시스템의 운용은 경제의 성패를 좌우하는 주요 요인으로 작용한다.

금융시스템은 자본 잉여자에게 자본의 축적을 가능하게 하고, 이 축적된 자본을 투자로 연결하는 수단을 제공하는 한편, 자본 부족자에게는 소비나 투자를 위한 재원을 조달할 수 있는 수단을 제공한다. 나아가 재화나 용역의 교역을 위한 지급수단 및 지급경로를 제공한다.

기업부문은 대개 자금 부족자이다. 기업부문은 재화나 용역의 판매를 통하여 자금을 벌어들이며, 생산경비의 지출이나 투자활동을 통하여 자금을 지출하게 된다. 성장하는 기업의 경우, 대부분이 경영활동을 통하여 벌어들인 자금의 크기가 투자나 경비지출을 위한 자금의 크기를 감당하지 못한다.

주로 자금 잉여자는 가계부문이다. 가계는 노동이나 토지의 대가로 벌어들인 소득을 모두 소비하지 않는다. 미래를 위하여 소득의 일부를 남겨놓는다. 이 잉여자금은 저축이나 투자의 형태로 모습이 바뀌게 되는데, 이는 금융거래의 원천이 된다.

흑자단위의 가계는 잉여자금을 수익력이 높은 곳에 저축하거나 투자하고 싶어 한다. 반면, 적자단위의 기업부문은 채권이나 주식 등의 증권을 발행하여 자금을 직접 모집하거나 금융회사를 통하여 싼 비용(이자율)으로 자금을 빌리고 싶어 한다.

금융시스템이 경제 전반에 미치는 영향은 다양하다. **금융자원의 효율적인 재분배를 통하여, 기업으로 하여금 저렴한 비용으로 자금을 조달케 하여 확대 재생산을 지원하며, 가계부문의 저축과 투자에 대한 더 큰 보상을 가능하게 하여 경제 전반에 기여**하는 바가 크다.

만약 금융시스템이 효율적이지 못하면 기업은 필요한 자금을 구하지 못하거나 비싸게 구하게 되고, 개인은 잉여자금에 대한 적절한 보상을 얻지 못할 뿐만 아니라 때로는 신용을 얻기 어렵게 되어 소비활동이 위축된다. 이는 기업비용의 상승을 유도하고, 판매활동의 부진을 가져와 기업이익을 축소시킨다. 기업의 생산활동이 축소되고 실업률이 증가되어 경제 전반적인 성장이 저하된다.

반대로 금융시스템이 효율적이어서 싸고 손쉽게 자금을 얻을 수 있으면, **투자와 소비가 증가하고 실업률이 줄어들고 경제성장이 촉진**된다. 이와 같이 금융시스템은 경제시스템의 중요한 일부이며 따로 분리하여 생각할 수 없는 부분이다.

금융중개(Financial Intermediary)

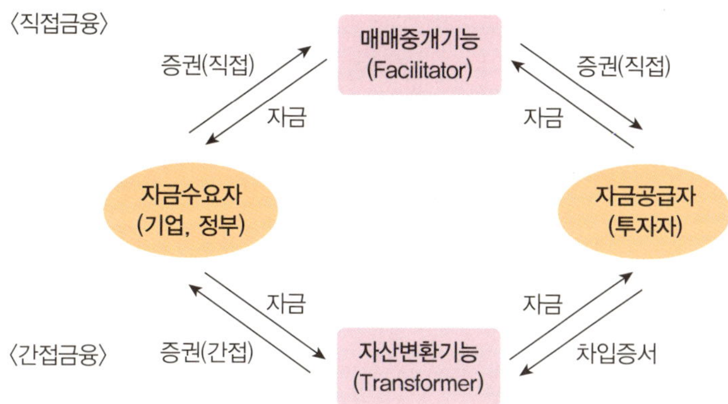

Section 02 금융의 역할

실물상품시장은 완전경쟁시장의 요건을 갖추기가 매우 힘들거나 불가능하다. 자본주의는 이러한 **실물경제의 불완전성**과 그에 따른 불편과 비효율을 제거하기 위하여 금융경제를 발전시켜 왔다. 금융자산은 **실물자산의 청구권**(claims on real assets)으로서 그 가치를 가지며 스스로의 **내재가치**(intrinsic value)는 거의 없다. 그럼에도 불구하고 실물경제의 필요에 의해 금융자산은 발명되어 왔다.

금융시장이 존재하면 개인의 소비선호도에 관계없이 생산이 최적으로 이루어진다는 어빙 피셔(Irving Fisher)의 **분리정리**(Separation Theorem)에서 알 수 있듯이 **금융시장은 실물부문의 최적분배에 기여**하게 된다. 또한, 금융시장은 쪼개기 힘

금융의 역할

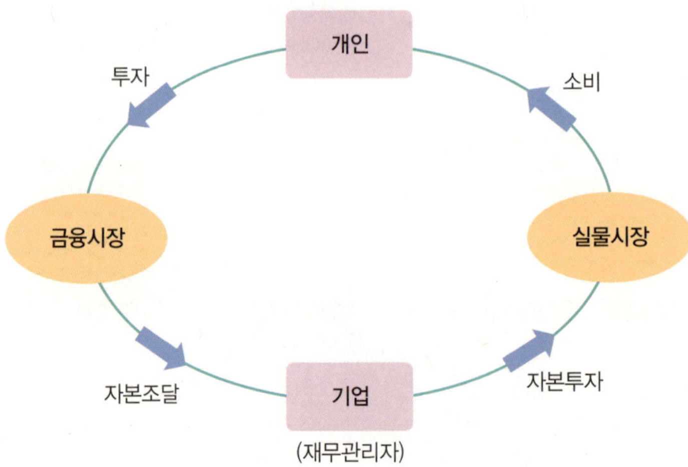

들고 거래되기 힘든 실물자산이 시장에서 거래될 수 있게 함으로써 **유동성을 제공하고 끊임없이 가격에 대한 정보를 제공하여 가장 생산적인 곳에 자원이 배분되도록 해주고 사회 전체적으로 위험을 부담할 능력을 제고**시켜 준다.

제1의 혁명적 금융자산은 돈(money)이다. 만일, 돈이 없다면 실물거래가 얼마나 비효율적이고 불편할 것인가는 쉽게 짐작할 수 있다. 돈이 없는 물물교환에서는 필요한 물건을 필요한 수량만큼 갖고 있으면서 자기가 갖고 있는 물건과 교환하기를 원하는 상대방을 찾는 정보비용을 포함하여 시장의 거래비용이 엄청날 것이다. 그런데 돈은 이러한 문제를 쉽게 해결하여 교역이 활발해지고 경제가 번영하게 한다.

그러나 돈을 잘못 관리하여 남발하게 되면 파멸을 맞이하게 된다. 모든 제국의 멸망의 뒤에는 초인플레이션(hyperinflation)이 있었으며, 로마제국이 돈의 신용을 상실하여 멸망한 뒤 유럽 대륙은 물물교환 시대로 표류하게 되고 경제가 긴 암흑기를 갖게 되었다는 역사적 사실이 돈의 원리와 중요성을 잘 대변한다고 하겠다.

증권(security)은 제2의 혁명적 금융자산이다. 케인즈(John Maynard Keynes)가 화폐부문을 실물부문과 별도로 인식하고 화폐의 경제적 역할을 분석한 첫 번째 경제학자인 반면, 제임스 토빈(James Tobin)은 경제를 실물부문, 화폐부문과 증권부문으로 삼분한 첫 번째 경제학자이다.

증권은 시장에서 거래될 수 없게 여겨지던 자산도 시장화할 수 있게 했다. 주식(stock)으로 인해 회사를 거래할 수 있게 되었으며, 채권(bond)은 부채의 거래를 가능하게 한다. 모기지(mortgage)의 탄생으로 부동산도 쉽게 거래할 수 있게 되었다. 세계는 증권화(securitization)의 물결 속에 있으며 앞으로도 이 추세는 가속화될 전망이다.

공산주의는 금융경제가 매우 낙후되어 있으며 **선진국일수록 금융경제가 발달**되어 있다는 사실만 보더라도 금융의 발전이 경제에 매우 중요함을 알 수 있다. 한국의 금융도 이제는 국내의 경제적 역할은 물론 해외에서도 외화를 벌어들여 국부를 창출할 수 있어야 하겠다.

Section 03 직접금융과 간접금융

시장참여자들은 자신에게 편리하고 저렴한 금융수단을 이용하여 거래욕구를 충족시킨다. 이렇게 **금융수단을 통하여 흑자단위의 자금이 적자단위로 이전되는 것을 금융거래**라 한다. 즉, 기업부문은 부족한 자금을 공급받고, 가계부문은 잉여자금 대신 예금계좌나 채권, 주식 등을 금융자산으로 보유하게 된다.

흑자단위의 잉여자금이 자금을 필요로 하는 적자단위로 옮겨가는 과정은 직접금융과 간접금융의 두 가지 형태로 나누어진다. **직접금융**(direct finance)은 **기업이나 정부기관, 특별법인 등 자금의 최종수요자가 자금조달을 위하여 발행한 직접증권을 매체**로 이루어진다.

자금의 최종수요자가 증권을 발행하고, 자금의 공급자는 증권을 매입함으로써 거래가 이루어진다. 증권의 매매를 중개하는 금융회사, 즉 매매중개기관은 발행된 증권의 형태를 바꾸지 않는 대신 거래를 활발하게 하는 **촉진자**(facilitator)의 역할을 담당한다. 주식이나 채권 등이 직접금융의 대표적인 증권에 해당한다.

반면, **간접금융**(indirect finance)은 **금융중개기관이 자신의 계산과 책임하에 발행한 자산에 대한 청구권인 간접증권을 매체**로 하여 이루어진다. 이때 중개기관은 자금수요자와 공급자 사이에서 자금중개기관(intermediator)의 역할을 한다.

금융회사는 간접증권을 발행하여 흑자단위의 잉여자금을 모으고, 이를 다시 대출이나 투자 등의 다른 형태로 변형시켜 자금을 필요로 하는 적자단위의 최종수요자에게 공급한다. 금융회사가 자금공급자에게 발행하는 대표적인 간접증권에는 은행의 예금증서, 보험회사의 보험증서, 투자신탁회사의 수익증권 등이 있으며 자금수요자로부터 받는 증서에는 차입증서나 투자증서 등이 있다.

Section 04 금융시장

금융시장은 금융상품이 거래되는 장소로 수요와 공급에 따라 금융상품의 가격이나 거래규모가 결정되는 곳이다. 금융시장은 **잉여자금이 손쉽게 이전될 수 있도록 하여 실물시장이 효율적으로 움직이도록** 도와주는 중요한 역할을 한다. 즉, 금융시장은 저축의 형태로 축적된 잉여자금을 투자로 변화시킨다. 이를 통하여 기업부문이나 정부부문의 재투자와 신규 투자활동이 가능해지며, 이는 경제성장의 원동력으로 작용한다.

또한 금융시장은 **금융거래와 관련된 위험을 감소**시켜 준다. 직접금융의 경우, 증권과 파생상품을 통하여 여러 곳에 분산투자하거나 투자위험을 줄일 수 있는 길을 열어주며, 간접금융의 경우에는 자금공급자를 대신하여 금융회사가 투자에 따른 위험을 맡아준다. 금융회사는 여러 기업이나 개인에 대출하거나 투자함으로써 포트폴리오를 형성하여 투자의 위험을 감소시킨다.

그리고 금융시장은 금융거래와 관련된 정보를 제공함으로써 **금융거래비용을 절감**시키는 역할을 한다. 금융시장은 시장에 관한 정보와 거래 상대방에 대한 정보를 생산하고 제공하는 기능을 통하여, 개별 잉여자금 주체가 이를 필요로 하는 상대방을 찾고, 이들의 신용도를 분석해야 하는 비용과 위험을 감소시켜 준다.

나아가 금융시장은 **소비활동과 투자활동을 분리시켜 경제적 효용을 증대**시키는 역할을 한다. 각각의 경제주체들은 금융시장을 이용하여 현재의 소득을 미래의 소비를 위하여 이연시키거나, 혹은 미래의 소득을 담보로 현 소득보다 더 많은 소비를 할 수 있게 된다. 그러므로 금융시장을 통하여 소비자들은 상이한 시간선호(time preference)를 만족시킬 수 있고, 생산자는 금융시장을 이용하여 자금을 빌리거나 빌려줌으로써 최적의 생산을 할 수 있다.

금융시장은 만기가 1년 미만인 금융상품을 거래하는 **단기금융시장**과 만기가 1년 이상인 금융상품을 거래하는 **자본시장**으로 분류된다. 또한 발행시장과 유통시장으로 분류될 수 있으며, 유통시장은 다시 거래소시장과 장외시장으로 나누어진다.

발행시장은 1차시장(primary market)이라고도 하며, 자금을 조달하고자 하는 기업이나 정부기관에서 발행한 신규 채권이나 주식 등의 증권이 최초의 투자자에게로 매매되는 시장을 가리킨다. 이 시장을 통하여 증권의 발행자는 필요한 자금을 조달한다.

유통시장은 이미 발행된 증권이 투자자들 사이에서 거래되는 시장을 말하며 **2차시장**(secondary market)이라고도 한다. 유통시장은 발행된 증권에 유동성을 부여하고, 환금성을 높임으로써 금융시장 전체를 활성화시키는 역할을 한다. 뿐만 아니라 유통시장은 발행시장에서의 신규 발행증권의 가격결정을 도와준다.

이러한 유통시장은 장내시장인 **거래소시장**과 장외시장으로 구분된다. **장외시장**은 일정한 장소나 시설이 없다. 그리고 거래대상 주식, 거래시간, 거래단위 등에 대한 엄격한 제한이 없어, 상대적으로 비정형화된 비조직적 시장이다.

금융시장의 분류

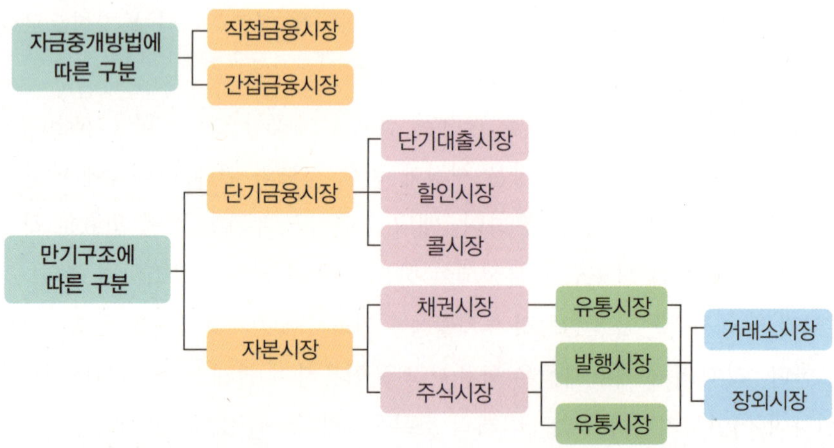

Section 05 금융시장의 개방

실물시장이 개방되면서 외제품에 대한 선호로 비록 외제품을 비싸게 주고 수입하였다 할지라도 기술이 없는 우리로서는 소비자잉여(consumer surplus)가 있어 효용적 측면에서 여전히 이익이 될 수가 있다. 사실 한국 등은 그렇게 도입된 기계 및 설비로 기술을 축적하는 한편 값싼 노동력으로 물건을 만들어 수출함으로써 오늘의 번영을 가져왔다고 할 수 있다.

금융시장은 금융상품을 거래하는 곳이고 금융상품은 실물상품에 대한 청구권이다. 따라서 **금융시장의 개방은 곧 실물자산의 매매를 개방하는 것**이 된다. 효율적인 금융시장의 발달은 실물자원의 효율적 배분에 기여한다.

개방은 보다 많은 합리적 시장참여자와 보다 많은 정보의 반영으로 시장을 보다 효율적으로 만든다. 뿐만 아니라, **외국자본의 유입은 보다 많은 국내 실물투자와 생산을 가능하게 하여 국부를 증가**시킬 수 있다. 또한 주식시장의 개방에 따른 **기업지배권시장의 활성화로 구조조정을 통한 경쟁력강화를 도모**할 수 있다.

그리나 후발국가는 적절한 보호와 더불어 내국산업의 성숙 정도에 따라 개방의 시기와 폭을 선택해야 하며, 개방의 순서도 **대외개방보다는 대내개방**을, **시장개방보다는 산업개방**을 먼저 해야 한다. 자본주의의 핵심인 시장의 장악권을 완전히 외국인에게 줄 수는 없기 때문이다.

특히, 금융시장의 개방은 **피와 땀과 눈물로 쌓아올린 우리의 결실을 고스란히 갖다 바치는 국부의 유출을 초래**할 수 있다. 물론 개방의 대가가 선진금융기법을 배우는 수업료이기도 하겠지만, 그 대가가 국민경제를 위태롭게 할 정도로 클 수도 있다.

열악한 환경 속에서 일하는 현장근로자의 희생은 경제의 기반이기에 이러한 기반이 무너지거나 이들의 희생에 의한 결실을 그냥 넘겨주는 일이 일어나지 않도록 해야 한다.

제조업과는 달리 금융업의 개방은 포커게임에 비유될 수 있다. 포커 도사와 포커 초보와 같이 게임을 하면 룰은 공정하나 결과는 뻔하지 않은가. 뿐만 아니라, **단기 투기성 자금의 급작스런 유출입에 따른 경제교란으로 국가 유동성 위기와 국가 주권의 침해를 유발**할 수 있다. **외국투자자가 막대한 자본과 노하우를 바탕으로 부당이익을 취할 여지** 또한 매우 많다.

금융시장의 개방은 그 나라의 거시적 안정성을 해치지 않으면서 더욱 효율적이고 생산적인 배분을 유도하는 윈-윈(win-win) **상황에서 정당화**될 수 있을 것이다. 그렇지 않으면, 조셉 스티글리츠(Joseph Stiglitz)가 우려한 대로 거친 바다 위에 있는 조그만 보트(small rowboats on a wild and open sea) 신세가 될 수 있을 것이다. 시장원리에 입각한 투명하고 공정한 제도를 확립하고, 적절한 규제와 감독, 위험관리시스템의 구축, 전문인력의 양성은 물론, 공정한 과세체계로 외국투자자의 이익에 대해 적절하게 과세할 수 있어야 한다.

Section 06 금융규제

제조업은 기본적으로 자기 돈으로 물건을 만들어 파는 업이다. 남의 돈을 빌리더라도 자기 책임하에 빌린다. 고객의 돈은 물건을 팔면서 받게 된다. 회사가 잘못되면 빌린 돈부터 갚아야 한다. 고객은 그 회사 물건을 살 수 없다는 것 말고는 그다지 손해 볼 것도 없다. 궁극적으로 주인이 자기 돈 날리고 막대한 손해를 보게 된다.

반면, **금융업은 고객의 돈을 끌어들여 운영하는 업**이다. 자기 돈이 있다 하더라도 남의 돈을 빌리더라도 그 비중이 크지 않다. 회사가 잘못되면 물론 빌려준 측도 다 돌려받지 못하는 손해가 있을 터이고 주인도 손해를 보겠지만 문제는 불특정 고객들도 모두 손해를 본다는 사실이다. 제조업에 비해 고객의 돈을 꿀꺽하고 싶은 유혹도 훨씬 크다.

따라서 금융에는 규제가 필수적이다. 금융업은 아무나 하도록 하는 것이 아니라 여러 자격을 갖추어야 할 수 있게 한다. 즉, 정부로부터 **인허가**를 받아야 하는 산업이다. 그러다 보니 인허가를 받은 자체가 가치(chartered value)를 가진다. **진입장벽**에 따른 프리미엄을 갖는다.

진입장벽이 있으므로 **경제적 지대**(economic rent)가 있다. 말하자면, 땅 짚고 헤엄치는 격으로 영업을 하는 측면이 있다. 따라서 정부는 이 경제적 지대가 지나치지 않은지, 영업을 건전하게 잘하고 있는지, **도덕적 해이**(moral hazard)나 **역선택**(adverse selection)은 일어나고 있지 않는지 등 **감독**(monitoring)을 하게 된다.

나아가 제조회사는 망해도 다른 많은 경쟁회사가 있어 경제에 그다지 충격이 없다. 그러나 금융회사는 망하면 수많은 고객이 관련될 뿐만 아니라 다른 경쟁회사도 피차 매일반이라 경제 전체에 주는 타격이 매우 클 수가 있다. 다시 말해, 금융업은 충격의 **외부성**(externality)과 **시스템위험**(systemic risk)이 큰 산업이다. 이와 같이 금융업은 공익성을 띤 인프라와 같아 금융업의 건전성은 그 나라 경제의 건전한 발전을 위해 매우 중요하다.

그런데 **규제가 혁신이나 발전의 발목**을 잡을 수 있다. 또한 **규제의 틀 속에 자기 밥그릇만 챙기는 칸막이 집단이기**도 생길 수 있다. 이에 관련 법률과 기관과 회사를 전향적으로 통합하는 추세를 보여 왔다. 금융상품의 경우 취급할 수 있는 것만 열거하는 **포지티브시스템**(positive system)에서 할 수 없다고 하지 않으면 취급할 수 있는 **네거티브시스템**(negative system)으로 바뀌었다.

규제당국도 **업태별 규제에서 기능별 규제**로 바꾸고자 하였다. **고유한 기능은 변하지 않지만 기능을 제공하는 형태는 진화**하기 때문이다. 이는 마치 옷 자체를 규제한 조선시대에는 내내 옷의 형태가 다양하지도 않고 변하지도 않았으나 옷을 입는 기능만 규제하는 지금은 다양한 형태의 옷을 취향대로 입을 수 있고 계속 발전하는 것과 같은 논리이다.

그러나 이러한 **규제완화**(deregulation)가 **금융종사자의 도덕적 해이와 금융당국의 감독소홀로 금융사기를 낳고 금융위기**로 이어지기도 하여 재규제(re-regulation)해야 한다는 목소리가 힘을 얻고 있다. 항상 금융의 본질을 망각하지 않는 균형된 접근이 중요하다고 하겠다.

Section 07 금융상품

금융상품은 **금융거래 당사자 간의 권리와 의무를 나타내는 증서**이다. "자본시장과 금융투자업에 관한 법률"[1] 에서는 금융시장에서 생산되고 유통될 수 있는 금융상품을 포괄적으로 규정하고 있다. 이전의 개별법에 의한 열거주의를 탈피하여 각 금융상품을 각각의 특성에 따라 포괄적으로 분류하고 있다.

금융상품의 분류

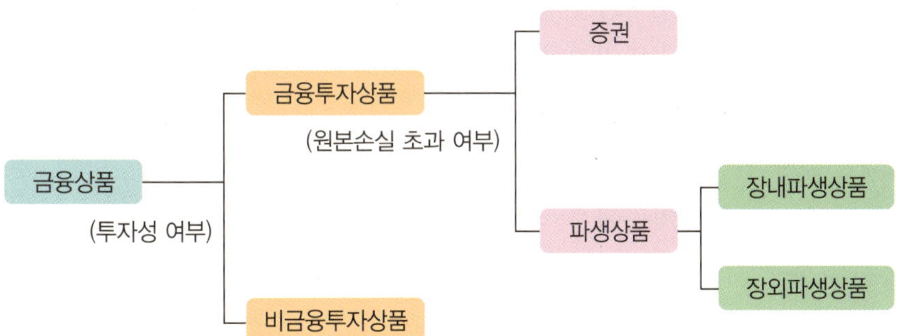

금융상품은 **투자성** 여부에 따라 **금융투자상품**과 **비금융투자상품**으로 나누어진다. 투자성이란 **투자 원본의 손실가능성**으로 '그 권리를 취득하기 위하여 지급하였거나 지급하여야 할 금전 등의 총액이 그 권리로부터 회수하였거나 회수할 수 있는 금

1) 이 법률(자본시장법이라 함)은 "증권거래법", "간접투자자산운용업법", "선물거래법", "신탁업법", "종합금융회사에 관한 법률" 및 "한국증권선물거래소법" 등 6개 자본시장 관련 법률을 통합한 것으로 2009년 2월 4일부로 시행되고 있다.

전 등의 총액을 초과하게 될 위험'을 말한다. 그러므로 일반적으로 비금융투자상품으로 알려진 예금이나 보험상품도 투자성을 가질 경우엔 금융투자상품으로 분류되며 증권과 관련된 규제를 적용받게 된다.

투자성이 있는 금융투자상품은 다시 **원본의 초과손실** 여부에 따라 **증권**과 **파생상품**으로 분류된다. 증권의 경우에는 투자자의 손실이 최대로 커지더라도 증권의 매입금액보다 커지지 않는 반면, 파생상품의 경우엔 기초자산의 가격변화에 따라 추가적인 지급의무를 지게 된다.

금융투자상품 중 증권은 채무증권, 지분증권, 수익증권, 투자계약증권, 파생결합증권 및 증권예탁증권의 6가지로 세분된다. 이 중에서 투자계약증권과 파생결합증권의 개념은 여타 증권의 개념을 포괄하는 개념이어서 6개 증권의 범주가 상호 배타적이지는 않다. 그러므로 특정 증권이 6개 증권 범주 중 반드시 어느 하나에만 속한다고 할 수 없다.

파생상품은 **선도, 옵션, 스왑**으로 구성되며 거래소 시장에서의 거래 여부에 따라 **장내파생상품**과 **장외파생상품**으로 나눈다. 최근 금융공학을 이용한 구조화 증권(structured product)이 급속히 늘어남에 따라 파생상품과 파생결합증권의 구분이 어려우나 이들의 구분은 추가지급 의무의 여부로 한다.

예컨대, 옵션과 주식워런트증권을 비교해 보면 두 상품 모두 행사가격과 만기가 존재하여 유사하지만 옵션의 경우 매도자가 추가지급의 의무를 지는 반면, 주식워런트증권의 경우엔 투자자에게 추가지급의무가 없다는 점에서 상이하다. 그러므로 옵션은 파생상품인 반면, 주식워런트증권은 증권에 해당한다.

이들 금융상품은 그 외에도 거래되는 시장, 투자형태, 자산의 성격, 만기구조 등에 따라 여러 가지 형태의 분류가 가능하다. 금융상품은 거래시장의 성격에 따라 단기금융시장(money market) 상품과 자본시장(capital market) 상품으로 분류할 수 있다.

단기금융시장 상품은 만기가 1년 미만의 증권으로 경제주체 간의 단기적인 자금 과부족을 해소하기 위하여 생겨난 상품이다. 그러므로 유동성이 높고 부도위험이 상대적으로 낮은 특징을 갖고 있다. 이는 주로 금융기관, 기업, 정부에 의하여 발행된다. 대표적인 단기금융상품으로는 금융기관에서 발행하는 양도성예금증서(CD : certificate of deposit), 환매조건부채권 매매약정(RP : repurchase agreement), 기업어음(CP : commercial paper) 등이 있다. 선진국에선 대개 단기금융시장이 잘 발달되어 있다. 예를 들어, 미국에서는 단기재정증권(Treasury bills)이나 연방자금(federal funds), 유로달러 예금증서(Eurodollar deposits) 등이 활발히 거래되고 있다.

자본시장 상품은 만기가 1년 이상인 증권과 파생상품을 가리키며, 대개 기업이나 정부기관의 장기적인 자금수요를 충당하기 위하여 생겨난 상품이다. 이에는 정부기관에서 발행하는 각종 장기국채, 지방채 외에 공사채와 장기 금융채를 포함하는 특수채도 있다. 기업체에서 발행하는 것으로는 회사채와 지분증권인 주식 등이 전형적인 예이다.

Section 08 금융회사

금융회사는 국제통화기금(IMF)에 따르면 크게 **통화금융기관과 비통화금융기관**으로 나누어진다. 통화금융기관은 현금통화를 창출하는 **중앙은행**과 예금통화를 창출하는 은행과 비은행 예금취급기관으로 나누어진다. 은행은 일반은행과 특수은행으로 나누어진다.

일반은행은 은행법에 의하여 설립·영업하는 것으로 시중은행, 지방은행, 외국은행 국내지점 등이 이에 속한다. **특수은행**은 각각의 특수한 목적달성을 위하여 설립된 은행이다. 한국산업은행, 한국수출입은행, 중소기업은행, 농업협동조합, 수

금융회사

업무영역	세부분류
은행업	은행
	비은행 예금취급기관
	여신전문기관
금융투자업	투자매매업
	투자중개업
	집합투자업
	투자자문업
	투자일임업
	신탁업
보험업	보험회사

산업협동조합 등이 있다. 이 중 농 · 수협은 조합형태의 은행이고 나머지는 정부계 은행이다. **비은행 예금취급기관**으로는 저축기관 성격을 가진 상호저축은행과 신용협동조합, 새마을금고, 상호금융을 포괄하는 신용협동기구 및 우체국예금이 있다.

비통화금융기관에는 금융투자회사, 보험회사 및 기타 금융회사가 있다. **금융투자회사**는 자금수요자가 발행한 증권을 자금공급자(투자자)와 연결시켜 주는 역할을 하는 금융회사이다. **보험회사**에는 생명보험회사를 비롯하여 재보험회사와 보증보험회사를 포함한 손해보험회사, 그리고 우체국보험이 포함된다.

기타 금융회사에는 넓은 의미에서 금융중개기능을 수행하거나 금융회사와 관련성이 많은 업무를 수행하는 여신전문금융회사, 자금중개회사, 증권금융회사 등이 있다. 이 중 여신전문금융회사는 수신기능 없이 여신업무만을 취급하는 금융회사이다. 이들이 취급하는 여신업무는 주로 수요자 금융, 리스, 벤처금융 등이다.

법적으로 금융산업은 은행업, 금융투자업, 보험업의 3대 권역으로 분류되어 있다. 고유 업무에 대해서는 자회사를 통해서만 상호진출을 허용하고, 부수 및 주변업무에 대해서는 겸업을 허용하고 있다. **은행업** 관련회사로는 은행은 물론 비은행 예금취급기관과 기타 금융회사의 여신전문금융회사인 리스회사, 할부금융회사, 신용카드회사, 신기술사업금융회사 등이 있다.

금융기능의 분류

- 36개 유형의 금융기능 조합이 가능

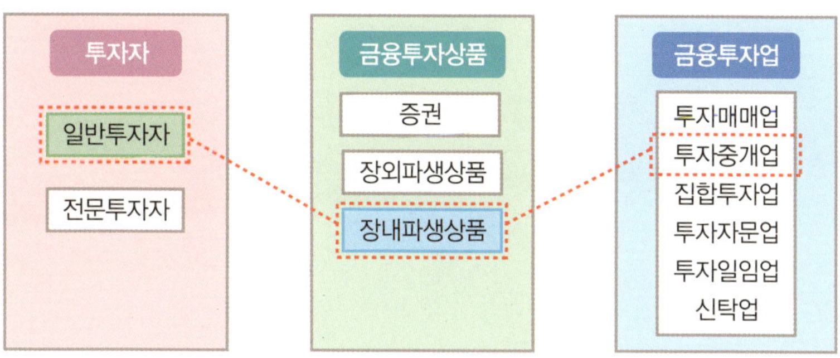

예 '일반투자자'를 상대로 하는 '장내파생상품'의 '투자중개업'

금융투자업은 투자매매업, 투자중개업, 집합투자업, 투자자문업, 투자일임업, 신탁업의 6개 분야로 나누어진다. 집합투자업과 신탁업은 금융투자상품을 만드는 업무를 하며, 나머지 4개 분야는 금융상품을 판매하는 업무를 담당한다.

투자매매업은 자기의 계산으로 금융투자상품을 발행, 인수, 청약의 권유, 매도 · 매수하는 업무를, **투자중개업**은 타인의 계산으로 금융투자상품을 매도 · 매수, 청약의 권유 등의 업을 하는 것을 말한다. **집합투자업**은 2인 이상에게서 자금을 모아 투자자산의 취득, 처분 등을 통하여 운용하고 이를 투자자에게 배분하는 것을 업으로, **투자자문업**은 투자판단에 관한 자문을 업으로, **투자일임업**은 투자자로부터 투자판단의 전부 또는 일부를 일임받아 투자자산을 운용하는 것을 업으로, **신탁업**은 신탁을 업으로 하는 것을 일컫는다.

보험업 관련회사로는 생명보험회사, 외국생명보험회사의 국내지사 및 법인, 손해보험회사, 우체국보험 등이 있다.

Section 09 금융세제

넓은 의미의 금융세제는 **금융과 관련되는 모든 과세**를 포함하는 개념으로 사용되고, 좁은 의미로는 **투자자와 금융소비자가 부담하는 세금**을 말한다. 증권의 취득에 대해서는 원칙적으로 과세적용이 없으며, 매도 시 발생하는 시세차익 역시 현재 자본이득세가 도입되어 있지 않아 과세적용이 없다.

금융투자로부터 발생되는 배당, 이자 등 **금융소득에 대해 연간 2천만 원까지는 분리과세**한다. 금융소득이 연간 2천만 원을 초과할 경우 **초과하는 금액에 대해서 타 소득과 합산하여 누진세율로 과세하는 금융소득 종합과세**를 실시하고 있다.

'**소득공제**(tax deduction)'란 과세표준계산상 과세소득의 일부를 공제해 줌으로써 세부담을 경감시켜 주는 제도이다. '**세액감면**(exemption from tax)'은 특정한 소득에 대해 사후적으로 세금을 완전히 면제해 주거나 또는 일정한 비율만큼 경감해 주는 것을 말한다.

증권거래세는 유가증권 양도 시 부과되는 세금으로 증권양도차익과세의 대안으로서 증권시장의 과열이나 침체에 대한 정부의 조정수단을 확보하려는 취지에서 시행되고 있다. 그리고 한시적으로 유가증권시장에서 거래된 주권의 양도가액에 대해서 0.15%의 **농어촌특별세**가 추가로 부과되고 있다.

상속세 및 증여세의 세율은 최저 10%에서 50%까지 적용된다. 상속인(수유자) 또는 수증자가 피상속인과 증여자의 자녀가 아닌 직계비속인 경우에는 증여세 산출세액의 30%에 상당하는 금액을 가산하는 할증과세를 하고 있다.

비과세저축으로는 장기주택마련저축, 개인연금저축, 고수익고위험 신탁저축, 농어가목돈마련저축, 노인 · 장애인 등의 생계형저축, 세금우대종합저축 등이 있다. 개인연금저축에 대해서는 불입금액의 일정부분을 각각 종합소득금액과 종합소득 산출세액에서 공제할 수 있다. **저율분리과세**의 대상이 되는 저축으로는 세금우대 종합저축, 입주자저축 등이 있으며 이때 10%라는 저율의 원천징수세율을 적용하며 주민세를 별도로 부과하지 아니한다.

우리사주조합 또는 그 조합원에 대여한 경우 그 대여금에 대한 인정이자에 대해서는 비과세 처리한다. 그리고 우리사주조합이 출자하여 증자할 경우에는 그 출자금의 5%를 추가로 과세연도의 소득금액에서 공제받는다.

한국의 금융세제는 자본시장육성이라는 국가적 방침 때문에 다른 조세제도에 비해 혜택을 누려 왔다. 그러나 조세의 형평성에 대한 고려 때문에 금융시장 세제 지원은 점차 줄어드는 경향을 띠고 있다. 또한 그동안 비과세 또는 저율분리과세되어 오던 이자 및 배당소득세도 종합과세되어야 한다는 주장과 함께, 증권거래 시 발생하는 자본이득에 대해서도 과세되어야 한다는 의견이 대두되고 있다.

Section 10 상위 1%가 배당소득의 72%를 가져갔다

상위 1%가 배당소득의 72%, 이자소득의 45%를 차지하고 있는 것으로 드러났다. 대표적인 자본소득(부동산, 주식, 예금 등 자산에서 발생하는 소득)인 배당소득과 이자소득의 100분위 자료가 공개된 것은 이번이 처음이다. 배당 · 이자소득의 이런 쏠림현상은 우리나라에서 주식과 예금 등 금융자산의 보유가 얼마나 소수 부유층에 치우쳐 있는지를 단적으로 드러낸다. 일종의 '불로소득'이라고 할 수 있는 자본소득의 불평등은 근로소득 불평등보다 전체 소득분배를 악화시키는 효과가 더욱 크다.

국세청 '2012년 배당소득 · 이자소득 100분위 자료'를 보면, **배당소득 상위 1%가**

상위 1%와 상위 10% 소득점유율

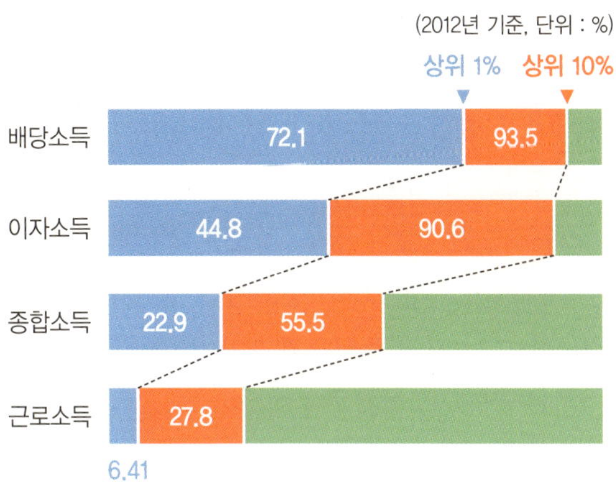

자료 : 국세청, 최재성 의원실

전체 배당소득의 72.1%를 차지했다. 상위 10%로 확대하면 배당소득의 93.5%를 가져가는 것으로 집계됐다. 나머지 6.5%를 90%가 나눠 가지고 있는 셈이다. 배당소득은 기업 주식을 보유한 사람이 기업 이익의 일부를 배분받아 발생하는 소득으로, 주식투자자와 펀드투자자들이 받을 수 있다. 주식 · 펀드 투자가 대중화되면서 882만여 명이 배당을 받았지만, 같은 투자자라도 보유 주식 · 펀드 규모의 격차가 큰 탓에 상위 10%가 대부분의 배당소득을 싹쓸이한 것이다.

예금, 적금, 채권 등에서 발생하는 이자소득도 마찬가지다. 이자소득 상위 1%가 전체 이자소득의 44.8%를 가져갔고, 상위 10%가 90.6%를 차지했다. 이자소득자 중 24~100%에 속하는 사람들은 1인당 평균 10만 원 미만의 이자소득을 받고 있었다. 예금 · 적금 등은 보편적인 금융자산이지만, 규모를 따져보면 역시 대부분 소액이고, 거액 자산은 일부 부유층에 몰려 있음을 알 수 있다.

이런 배당소득과 이자소득의 불균형은 임금 등 근로소득이나 사업소득 중심의 종합소득보다 그 정도가 훨씬 심하다. 국세청 자료를 보면 2012년 기준으로 종합소득은 상위 1%가 전체 소득의 22.9%, 상위 10%는 55.5%를 차지하고 있다. 근로소득은 상위 1%가 전체 소득의 6.41%, 상위 10%가 27.8%를 가져갔다.

금융소득 과세에서 문제가 되는 것은 비과세 · 감면과 분리과세 비중이 높다는 것이다. 정부 분석으로는 금융소득(이자 · 배당소득)의 34%가 비과세 · 분리과세 혜택을 받고 있는 것으로 조사됐다. 이는 아예 세금을 면제해 주거나, 종합과세가 아닌 분리과세를 해서 과세 부담을 낮춰준다는 뜻이다. 현재 이자 · 배당소득은 2,000만 원 미만일 때는 14% 분리과세를 하고, 2,000만 원 초과분에 대해서는 다른 소득과 합쳐 누진세율로 종합과세를 하고 있다.

배당소득과 함께 '주식부자들'에게 큰 수익을 주고 있는 주식양도차익에 대한 과세도 미흡한 상태다. 유가증권시장의 경우 '지분율 2% 또는 시가총액 50억 원 이상'의 대주주에게만 과세(일반기업 20%, 중소기업 10%)를 한다. 이 기준에 충족하는 사람은 약 5,000명으로, 전체 주식투자자의 0.1% 수준이다. 국회예산정책처는 "(대주주만 내는 방식이 아닌) 일정금액 이상의 주식양도차익에 대해 과세하는 방안을 검토할 수 있다"고 제안한 바 있다.

자료 : 한겨레, 2014. 10. 8.

Section 11 [글로벌 경제리포트] "세금 탈루 막자" vs "그래도 구멍은 있다"… 조세회피전쟁 승자는

지난 14일 룩셈부르크에서 28개 유럽연합(EU) 회원국 재무장관들이 마라톤 협상에 들어갔다. 세계 조세당국의 '뜨거운 감자'로 떠오른 '다국적 기업의 조세회피' 관행을 바로잡기 위해서였다. 그 결과 대표적 조세피난처인 룩셈부르크와 오스트리아는 은행 비밀주의를 과감히 포기했고 아일랜드는 다국적 기업들이 이용해온 조세회피의 경로 차단에 나섰다.

세원 잠식을 막으려는 유럽 연합전선이 등장하자 다국적 기업들은 대응책 마련

주요 조세 피난처

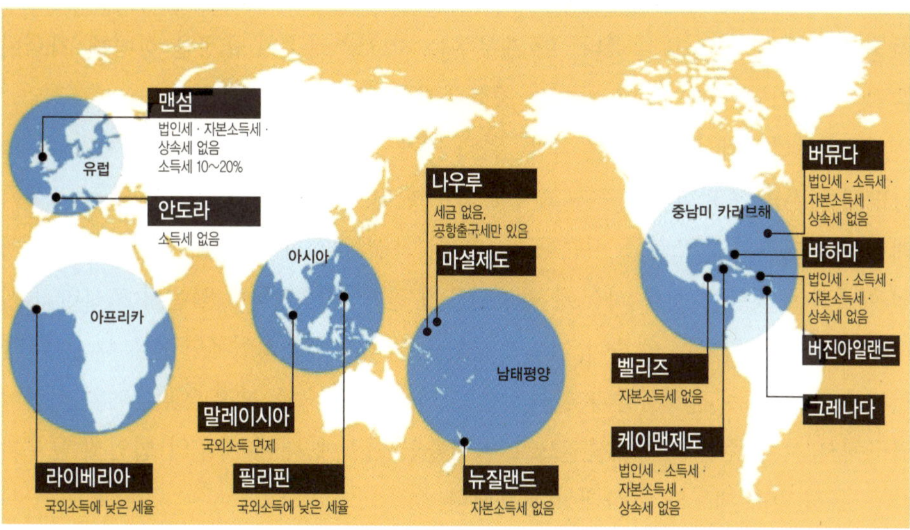

자료 : OECD

에 분주하다. 각국의 세법상 맹점을 이용해 세금을 회피하던 다국적 기업과 적법한 법인세를 물리겠다는 당국 사이의 '조세전쟁'이 본격적으로 시작됐다.

■ 꼼수 손보기에 나선 국제사회

2008년 글로벌 금융위기와 2011년 유럽 재정위기를 겪으면서 재정부족에 시달리던 각국 정부는 조세회피 문제를 해결하려고 팔을 걷어붙였다. 관행으로 여겨지던 역외 조세회피를 손봐 경기침체로 부족해진 세수를 채우겠다는 것이다.

우선 국제사회는 기업들이 활용해온 각종 세금회피수단을 더는 못 쓰게 만들고 있다. 경제협력개발기구(OECD)는 2012년부터 기업들의 **조세회피**를 **'세원침식과 이익이전**(BEPS : base erosion and profit shifting)'이라 부르며 종합적인 대책을 마련하기 시작했다. OECD는 이런 문제를 해결하고자 **디지털 경제, 국제조세조약 남용 방지, 기업과세 일관성 확보, 투명성 확보 등** 주제를 잡고 내년까지 조세 회피 방지책을 도입하겠다는 계획이다.

미국은 올 들어 EU 기업을 인수합병한 뒤 법인 본사를 유럽으로 옮겨(일명 기업 자리바꿈, corporate inversion) 법인세를 줄이는 미국 기업 때문에 골머리를 앓고 있다. 버락 오바마 미국 대통령은 지난 7월 "조세회피를 위해 법인을 옮기는 기업들은 미국 시민권을 포기한 것"이라며 "이런 기업 탈영병을 막기 위해 모든 조치를 마련할 것"이라고 말했다. 미 재무부는 지난달 기존의 규정을 정비해 '자리바꿈'을 통한 기업들의 이익을 줄이는 종합대책을 발표했다.

EU는 기업들의 조세회피를 막기 위해 경쟁법의 칼날을 들이댔다. 회원국들을 압박해 기존의 조세회피제도를 고치게 하는 한편, 기업들과 국가들이 맺는 조세특례협정에 대해서도 조사를 시작했다. EU의 독점 규제당국인 EU 집행위원회는 6월 애플과 아일랜드 정부 사이에 법인세율에 관한 이면계약이 있는지 조사하기 시작했다. 집행위원회는 애플이 이면계약을 통해 2%대의 법인세만 납부해 높은 법인세를 내고 있는 경쟁사들과 불공정한 경쟁을 한 것으로 보고 있다. 이와 더불어 영국에서 시행 중인 지식재산권으로 벌어들인 이익에 대해 저율의 법인세를 부과하는 '특허 박스'제도도 수사대상에 올랐다.

미국 주요 기업 해외 수익 및 납세액

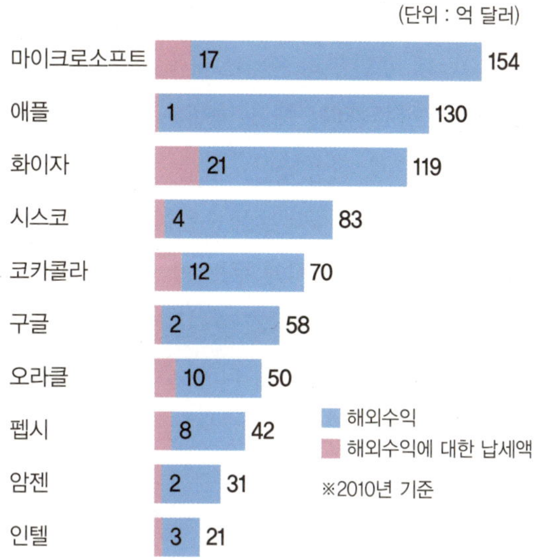

자료 : 슈피겔

■ 기업들 "어떤 불법도 없었다"

다국적 기업들은 경쟁적으로 '세율인하 경쟁'에 나섰던 일부 국가를 활용했을 뿐이라고 항변하고 있다. 이윤 추구가 목적인 기업이 유리한 제도를 활용하는 것은 자연스러운 일이라는 것이다. 팀 쿡 애플 최고경영자(CEO)는 상원 청문회에서 "법인세에 대해 어떤 불법도 없었다"며 "세금은 마지막 한 푼까지 모두 냈다"고 주장했다.

아일랜드, 룩셈부르크 등은 낮은 법인세와 각종 세법상 특례제노를 통해 다국적 기업들을 유치해 왔다. 아일랜드의 법인세는 과세표준의 12.5%로 미국(최대 39.2%)보다 크게 낮다. 제조업 기반이 없는 유럽의 소국들이 법인 유치와 관련된 회계나 법무 등의 산업으로 경제성장을 꾀한 것이다. 회계업계 관계자는 "아일랜드에서 조세회피를 위한 페이퍼컴퍼니 하나를 관리하는 데 드는 비용이 최소 5만 달러에 달할 것"이라며 "이런 기업이 1,000개만 있어도 5,000만 달러의 새로운 시장이 형성된다"고 말했다. 아일랜드는 1990년대 후반부터 유럽 재정위기가 시작되기 직전까지 연평균 6%대의 고성장을 기록했다.

산업 고도화 역시 다국적 기업의 조세회피를 쉽게 만든 요인으로 꼽힌다. 정보통신기술의 발달로 1990년대 후반부터 구글, 애플, 화이자 같은 정보기술(IT) · 제약 기업들이 다국적 기업에 합류했다. 제조 기반이 필요 없던 이 기업들의 조세회피에는 지식재산권이 적극적으로 활용됐다. 애플, 구글 등은 **법인세율이 낮은 아일랜드에 해외사업 총괄 법인을 세워 지식재산권 수입을 몰아주는 방식으로 이익을 집중시킨 뒤 해당 법인의 근거지를 조세회피처에 두는 방식**을 선택했다. 아일랜드 세법상 두 개의 법인이 필요해 **'더블 아이리시'**라고 불리는 이 방법을 활용해 기업들은 수천억 달러에 달하는 이익에 대해 법인세를 피할 수 있었다. 다수의 국가에서 사업하는 다국적 기업들이 세금 낼 국가를 고르는 '세금 쇼핑'을 한 것이다.

■ 정부가 다국적 기업에 이길 가능성 낮아

전문가들은 각국 정부의 세수 확대 노력이 성공할지에 대해 회의적인 반응이다. 세계 세법이 통일되지 않는 한 기업들은 규제가 없는 나라로 법인을 옮겨 조세회피를 지속할 것이라는 분석이다. 더블 아이리시 폐지가 발표되자 구글은 "국가는 제도를 만들고 기업은 그에 따를 뿐"이라며 "유럽지역에서 손해를 보지 않기 위해 새로운 방법을 강구하고 있다"고 말했다.

■ 조세회피 국제규정 강화… 한국 기업들도 '긴장'

조세회피에 관한 국제규정이 강화되면서 **세계에서 세 번째로 많은 자금을 조세피난처에 맡기고 있는 한국 기업**도 긴장하고 있다.

최근 한국은행의 자료에 따르면 지난해 대기업이 조세피난처로 송금한 금액은 821억 달러를 넘어섰다. 이는 6년 새 210% 급증한 규모다. 같은 기간 개인 송금액은 16% 증가했고, 중소기업은 62% 줄었다. 대기업이 2007~2013년 7년간 조세피난처로 보낸 액수는 3,466억 달러에 달한다. 최근 환율로 환산하면 368조 원 수준이다. 대기업이 조세피난처에서 송금받은 돈은 같은 기간 더 큰 폭으로 증가했다. 2007년 166억 3,000만 달러에서 지난해 654억 8,000만 달러로 290% 급증했다.

외국인으로 둔갑한 한국인이 조세피난처에 세운 해외법인을 이용해 증시에 투자하고 있다는 의혹도 커지고 있다. 금융감독원에 따르면 지난 4월 말 기준 국내 증시 외국인투자자 5명 가운데 1명은 조세피난처 설립 법인을 통해 투자하고 있다. 법인 등을 포함한 국내 등록 외국인투자자 3만8,437명 가운데 7,626명이 55개 조세회피지역에서 투자하고 있는 것으로 집계됐다. 투자자는 케이맨제도가 2,944명(7.7%)으로 가장 많았다. 이어 룩셈부르크(1,525명 · 4%), 홍콩(859명 · 2.2%), 영국령 버진아일랜드(748명 · 1.9%) 등 순이었다.

한국인이 **조세피난처에 법인을 세우고 외국인투자자로 국내 증시에 투자하는 것은 불법이 아니다.** 문제는 이들이 **한국 감독당국의 감시를 받지 않는다**는 점을 악용해 주식을 서로 사고팔면서 주가를 올린 뒤 주식을 팔아 차익을 남기는 등 **불공정거래를 할 가능성이 높다**는 점이다. 금감원은 조세피난처에 여러 개의 법인을 세우고 이를 이용해 주식시세를 조종하는 등 불공정거래를 할 경우 과징금을 부과하거나 검찰에 고발할 방침이다.

자료 : 한국경제, 2014. 10. 20.

Section 12 금융의 본질과 사회적 책임

금융은 실물경제가 불완전성으로 인해 시장이 형성되지 못하거나 형성되더라도 완전경쟁시장이 되지 못할 때 시장이 형성되고 완전경쟁시장이 되도록 함으로써 자원배분의 효율성을 제고한다. 예컨대, 돈의 사용으로 거래비용을 엄청나게 줄일 수 있으며 주식을 통해 회사가 완전경쟁시장에서 거래될 수 있게 한다. 또한 파생상품을 통해 불확실한 세계에서 위험을 거래하고 관리할 수 있게 하는 등 금융혁신으로 시장의 영역이 넓어지고 있다.

그리고 금융시스템은 시간에 걸쳐 그리고 국가 간에 경제적 자원을 이전시키는 방법을 제공한다. 예를 들어, 한국의 돈이 베트남 섬유공장 설립에 사용된다면 베트남에선 그렇지 않으면 가능하지 않을 공장을 설립하게 되고 한국은 그렇지 않은 경우보다 높은 수익률을 실현하여 모두가 윈-윈하는 상황이 될 수 있다.

이와 같이 금융은 실물경제에 창의적인 해결책을 제시하고 자원배분의 효율성을 제고함으로써 경제발전에 기여하게 된다. 또한 금융은 하나의 산업으로서 스스로 부가가치를 생산함으로써 이익을 창출하고 그 결과 고용을 창출하는 사회적 역할을 하게 된다. 이러한 금융의 본질적 기능을 제대로 잘 수행하는 것이 무엇보다도 중요한 금융의 사회적 책임이라고 하겠다.

두 번째 금융의 사회적 책임은 금융의 혜택을 모두가 누리는 금융의 민주화를 이루는 것이다. 금융이 초기에 혁신적으로 만들어질 때는 그 혜택을 한정된 소수만 누리게 된다. 그러다가 그 혁신이 표준화되고 시장에서 거래되면 많은 다수가 접근가능하여 혜택을 누리게 된다. 이는 마치 다수의 소비자가 TV의 생산원리를 전혀 모르지만 시장경쟁에 의해 소비자가 누리는 효용에 비해 훨씬 싼 가격으로 구입하여 혜택을 보는 것과 같다.

그러나 실물제품과는 달리 정보비대칭, 무지, 도덕적 해이, 역선택 등으로 금융이 가진 자를 더욱 가지게 하고 가지지 못한 자가 더욱 잃게 되는 양극화를 초래하는 경향도 없지 않다. 따라서 금융당국을 비롯한 금융종사자가(예를 들어, 은행자금결제서비스와 같이) 금융혜택을 모두가 누리고 양극화를 해소하는 금융민주화를 위한 해결책을 모색해야 하겠다.

세 번째 금융의 사회적 책임은 **금융정의를 실현**하는 것이다. 우리 사회의 금융이 신뢰와 존경을 받지 못하는 이유는 금융이 정의롭지 못하다는 인식 때문이다. 주가조작을 비롯하여 각종 금융사기가 난무하여 피해자가 끊임없이 속출하고 있음에도 불구하고 억울하게 당한 피해자가 제대로 배상을 받지 못함은 물론 가해자의 처벌과 재산환수는 미약하다고 할 수 있다. 이 땅에 **금융사기가 발을 붙이지 못하도록** 확실하게 대처방안을 마련해야 하겠다.

이제는 금융이 정부의 면허로 쉽게 수수료 수입에 안주한다거나 갑의 입장에서 금융소비자에 군림하는 것이 아니라 금융이 기업이나 가계의 문제를 해결해 주는 고마운 해결자로서 금융혁신을 통해 새로운 부를 창출하는 기업가로서 금융민주화를 통해 모두가 금융의 혜택을 누리게 되는 시장경제의 엔진으로서 나아가 보다 좋은 사회를 위한 창의적 해결책 제공자로서 사회적 책임을 다함으로써 신망과 사랑을 받도록 해야 하겠다.

Chapter

09 기업금융

Section 01 재무관리

재무관리(financial management)란 **기업의 운영과 실물자산 취득의 경제성을 분석하고, 필요한 자금을 조달하고, 자금흐름을 효율적으로 운용하는 활동**이다. 다시 말해, 기업경영을 위해 **자금의 조달과 자금의 사용을 효과적으로 관리하는 활동**이다. 재무관리의 목표는 주주의 부를 극대화시키는 것이다. 기업의 주식가격은 그 기업의 시장가치를 나타내므로 주주의 부를 극대화하는 것은 곧 기업가치 극대화를 의미한다.

기업가치 극대화를 위한 재무관리자의 활동은 다음과 같이 나눌 수 있다. 첫째, 기업이 장기적으로 어디에 투자해야 하는지 결정해야 하는데, **장기투자에 대한 의사결정** 과정을 **자본예산**(capital budgeting)이라 한다. 둘째, 투자활동이 결정된 후 투자에 필요한 **자금의 조달** 방법을 선택해야 하는데, 이는 기업의 자본구조(capital structure)를 결정한다. 끝으로, 인체의 피와 같이 기업의 일상적 활동을 위해 필요한 **단기자금에 관한 의사결정** 과정인 **운전자본**(working capital)관리이다.

이와 같이 기업의 재무관리자는 기업금융과 관련된 주요한 의사결정을 책임지는 자이다. 장기적인 금융결정(financial decisions)에는 **자본예산결정 또는 투자결정**(investment decisions)과 **자본구조결정 또는 자본조달결정**(financing decisions)이 있으며, 전자의 결과가 **자금의 사용으로서 재무상태표의 차변인 자산항목**이며 후자의 결과가 **자금의 원천으로서 재무상태표의 대변에 부채 및 자본항목**으로 표시된다.

운전자본은 기업의 단기자산과 부채, 즉 유동자산과 유동부채를 일컫는 말이다. 유동자산은 1년 동안 앞으로 사용할 수 있는 자산이고 유동부채는 1년 동안 갚아야 하는 부채이다. **유동자산에서 유동부채를 차감**한 것을 **순운전자본**(net working capital)이라 한다. 운전자본관리의 목표는 **적절한 유동성을 유지하여 지급불능위험을 감소시키며 동시에 수익성을 제고**하는 것이다.

기업이 유동자산을 적게 보유하면 수익성은 제고되나 유동성이 부족하여 단기채무를 지급할 능력을 상실하는 지급불능상태에 빠질 수도 있는 것이다. 1997년 말 IMF 구제금융 이후 많은 기업이 흑자도산(黑字倒産)한 경우를 보면 대부분 운전자본관리의 잘못에 기인한 유동성 부족 때문이라고 할 수 있다.

요약컨대, 재무관리자가 의사결정을 잘했느냐 못했느냐는 바로 기업경영의 목표인 기업가치의 극대화와 연결된다. 재무관리자가 잘못하면 기업이 망할 수도 있게 된다. 그러므로 자본예산, 자본구조 및 운전자본을 관장하는 재무관리는 기업경영에 있어서 핵심적인 부문이다. 기업가치를 극대화하기 위한 기업의 의사결정 과정과 그에 따른 활동의 결과는 재무제표(financial statements)에 기록된다.

금융 의사결정

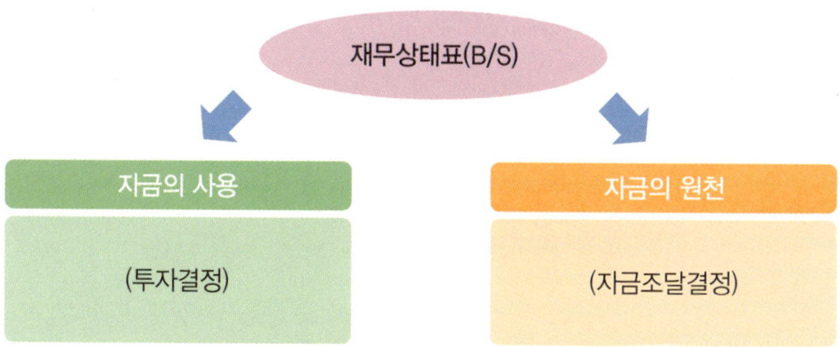

Section 02 사업성분석

재무관리자는 먼저 해당 투자안으로부터 미래에 실현될 **현금흐름을 추정**하여 수익률을 산정하고 필요한 자본의 조달가능성과 그 비용을 예측한 후, 이를 토대로 여러 개의 투자안 중 기업가치를 증가시킬 수 있는 투자안을 선택해야 한다.

기업은 대개 대규모, 장기적인 투자안을 수행하고 있으며 투자효과도 장기에 걸쳐 나타나므로, 그 결정의 합리성 여부가 기업에 미치는 영향은 매우 크다. 경쟁적인 기업환경과 급속한 기술변화를 고려할 때 이러한 장기투자는 **기업의 생존을 좌우**할 수 있으므로 투자안에 대해 올바르게 사업성을 분석하는 일은 매우 중요하다.

사업성분석 과정

1단계 : 투자대상의 선정

↓

2단계 : 투자안의 기대현금흐름 추정

↓

3단계 : 투자안의 경제성분석

↓

4단계 : 최적투자안의 선택

↓

5단계 : 투자안의 재평가

현금흐름을 추정한 후, 특정 투자안이 얼마나 가치가 있는지 그 경제성을 분석해야 한다. 투자안의 경제성분석에는 회수기간법, 회계적이익률법, 순현가법, 내부수익률법, 수익성지수법 등의 기법이 있으나 여기서는 이론적으로 가장 올바른 순현가법과 투자사업의 적정할인율을 추정할 필요가 없고 소통이 쉬운 내부수익률법을 위주로 설명한다.

순현가(NPV : net present value)는 투자로 인하여 발생할 미래 현금유입액(cash inflows)의 현재가치에서 현금유출액(cash outflows)의 현재가치, 즉 투자원금을 뺀 값을 말한다. 현재가치 개념은 돈의 시간가치(time value of money), 엄밀히 이야기해서 시간의 돈가치를 감안하는 개념이다. 현재가치는 미래가치(future value)를 위험프리미엄(risk premium)이 반영된 적정한 이자율로 현재의 시점까지 할인한 가치이다.

순현가법을 이용한 의사결정에서는 상호배타적 투자안의 경우 순현가가 큰 투자안을 선택하고, 독립적 투자안의 경우에는 순현가가 0보다 큰 모든 투자안은 투자가치가 있는 것으로 평가한다. 순현가가 0보다 크다는 것은 투자안으로부터 얻는 수익이 자본비용보다 큰 것을 의미하며, 이러한 투자안의 선택으로 주주 부와 기업가치는 순현가만큼 증가하게 된다.

내부수익률(IRR : internal rate of return)이란 투자로 인해 발생하는 현금유입의 현재가치와 현금유출의 현재가치를 일치시키는 할인율을 말한다. 따라서 내부수익률법은 현금유입의 현재가치와 현금유출의 현재가치를 일치시켜 투자안의 순현가를 0으로 하는 할인율 IRR을 구한 후 이를 요구수익률과 비교하여 투자 여부를 결정하는 방법을 말한다.

내부수익률법을 통해서 투자안의 채택 여부를 결정할 때에는 내부수익률이 미리 설정된 요구수익률을 초과하면 채택하고 반대로 내부수익률이 요구수익률보다 낮으면 채택하지 않게 된다. 상호배타적인 여러 투자안을 놓고 내부수익률법으로 의사결정을 할 때에는 내부수익률이 가장 큰 투자안을 선택하게 된다.

Section 03 자본예산과 현금흐름 추정

자본예산이란 기업가치를 증가시킬 수 있는 투자기회를 찾는 과정이다. 자본예산에 있어 현금흐름의 개념은 현금의 유입과 유출의 차이, 즉 **현금흐름의 변화를 의미한다. 현금흐름의 변화를 추정하고, 현금흐름의 변화가 기업가치에 어떠한 영향을 미치는지 판단하는 것이 자본예산의 핵심**이라 할 수 있다.

현금흐름의 변화를 추정할 때는 몇 가지 고려할 사항이 있다. 먼저 **매몰비용**(sunk cost)이다. 이는 **과거의 의사결정에 의하여 발생된 비용**이며 이미 엎질러진 물이므로 현재의 투자안에 대한 의사결정에 영향을 미치지 않는다. 예를 들어, 어떤 투자안을 검토하기 위해 외부 컨설팅회사에 이를 의뢰하여 돈을 지불하였다면 이 비용은 투자안의 현금흐름 추정 시 **고려해서는 안 된다.** 왜냐하면, 이미 발생한 비용이며 투자안의 채택이나 기각 여부와 관련하여 추가적으로 발생하는 비용이 아니기 때문이다.

둘째, **기회비용**(opportunity cost)**을 고려해야** 한다. 기회비용이란 **특정 투자안을 채택할 경우 포기해야 하는 최선의 대안**이다. 예를 들어, 아이스크림과 청량음료를 동시에 생산할 수 있는 기계설비가 있다고 가정하자. 기업이 아이스크림 생산을 채택한다면, 이는 청량음료 생산을 포기하는 것이며, 이때 청량음료의 생산으로 발생할 수 있는 수익은 아이스크림 생산에 대한 기회비용이 되는 것이다. 이는 특정 투자안의 채택이나 기각 여부와 관련하여 현금흐름에 영향을 미치므로 투자안 평가 시 반드시 고려해야 한다.

셋째, **잠식효과**(erosion effect)**를 감안해야** 한다. **새로운 사업안을 시행하게 되면**

기존의 사업이 잠식되는 효과가 생길 수 있다. 예컨대, 자동차회사가 신차종을 도입하면 기존 차종의 판매량은 감소할 수 있다. 따라서 신차종의 사업 타당성을 분석할 때는 이러한 잠식효과를 고려하고도 경제성이 있어야 한다는 것이다.

넷째, 투자안의 경제성 평가 시 재무제표상의 회계적 이익(accounting profit)을 그대로 사용해서는 안 된다. 자본예산의 평가대상은 현금흐름인데, 재무제표상의 이익은 실제 현금흐름과는 무관한 항목들을 포함하고 있기 때문이다. 예로, 감가상각비는 실제 현금유출이 없음에도 손익계산서상에서 비용으로 처리되기 때문에 조정되어야 한다. 반면, 법인세는 손익계산서상의 당기순이익에는 포함되지 않는 항목이나, 분명한 현금유출이므로 평가 시 고려되어야 한다. 이자비용은 실제 현금유출이며 재무제표상에서도 현금유출로 처리되지만, 평가 시에는 이를 현금유출로 보아서는 안 된다. 왜냐하면, 이자비용은 자본의 기회비용으로 감안되기 때문이다.

다섯째, 순운전자본의 변동을 고려해야 한다. 대부분의 새로운 투자안은 기계설비와 같은 고정자산에 대한 투자뿐만 아니라 매출채권이나 재고자산 같은 운전자본에 대한 추가적인 투자를 필요로 한다. 이러한 추가적인 자금수요는 투자안 평가 시 고려되어야 한다.

현금흐름 추정 시 고려사항

- 매몰비용(sunk cost) : 이미 발생한 비용
- 기회비용(opportunity cost) : No free lunch!
  - 특정 투자안을 채택할 경우 포기해야 하는 최선의 대안
- 잠식(erosion)과 같은 부대효과 감안
- 회계적 이익을 그대로 사용해선 안 됨
- 순운전자본의 변동 고려

Section 04 자금조달방법

사업을 새로이 시작하거나, 기존기업의 성장을 위하여 기존사업을 확장하든 또는 신규프로젝트에 진출하든 이를 위해서는 먼저 필요한 자금을 마련하여야 한다. 사업을 영위하기 위하여 소요되는 자본을 조달하는 방법은 크게 **기업 내부에서 조달하는 내부자금조달과 기업의 외부에서 조달하는 외부자금조달**로 나누어진다.

외부자금조달은 다시 **은행 등의 간접금융기관에서 대출을 받는 방법과 증권시장에서 증권을 직접 발행하여 불특정 다수의 투자자들에게 이를 매각함으로써 자금을 조달하는 방법**으로 나누어지며 증권발행은 다시 **회사채발행과 주식발행**으로 분류된다. 이를 항목별로 좀 더 부연하여 설명하면 다음과 같다.

- **차입** : 은행 등의 금융기관에서 차입하는 방법으로 거의 모든 기업이 사용하는 보편적인 자본조달방법이다. 차입금에 대해서는 이자와 원금을 어떤 조건으로 지급한다는 약속을 해야 하며, 이를 어긴 경우에는 회사는 부도처리된다.

기업의 자금조달

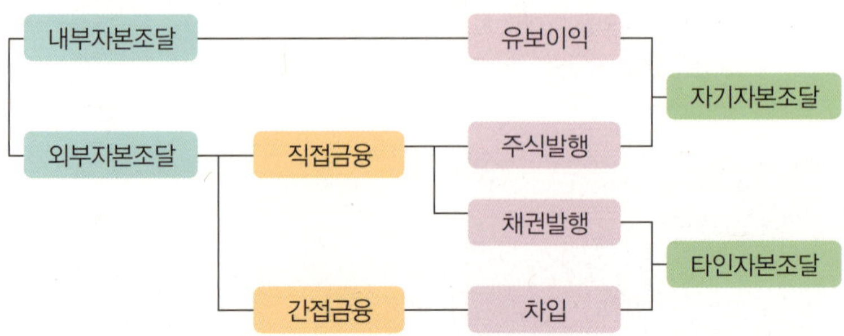

- **회사채발행** : 회사채를 발행하여 소요자금을 조달하는 방법으로 통상 증권회사가 대행기관이 되어 회사채를 인수하여 기업에 자금을 먼저 제공하고 증권회사는 이를 개인투자자나 기관투자자에게 인수한 회사채를 매출함으로써 이를 소화한다. 회사채는 주기적으로 이자지급이 발생하는데 이러한 이자지급이나 원금지급에 차질이 빚어지면 회사는 부도처리된다.
- **주식발행** : 주식을 추가로 발행하여 필요한 자금을 조달하는 방법으로 주식회사에서 이용할 수 있는 방법이다. 사채와는 달리 정해진 이자지급이나 원금상환의 부담은 없으나, 배당금이나 주가의 상승을 통한 이익전망이 있어야만 주식을 구입할 사람이 나타날 것이다.
- **유보이익** : 기업의 이익은 기업의 영업활동으로 창출된 수익에서 종업원에 대한 보수와 부채에 대한 이자지급 등 제반비용을 차감한 것으로 기업의 소유주인 주주의 몫이다. 유보이익은 이러한 이익을 주주에게 배당금으로 바로 지급하지 않고 미래의 투자 등을 위하여 기업 내부에 유보해 둔 이익을 말한다.

차입이나 회사채발행에 의한 자금조달은 대출기관이나 사채권자에 대하여 회사가 채무를 갖게 되며 회사의 재무상태표에서 **부채**로 계상된다. 반면, 내부유보이익은 기존주주의 부로 간주되며 주식발행에 따라 주식을 구입하는 자는 회사의 새로운 주주가 된다. **내부유보이익이나 주식발행**에 의한 자본조달은 회사의 재무상태표에서 자본으로 계상된다.

따라서 자본조달은 **부채**(debt)**에 의한 타인자본조달과 지분**(equity)**에 의한 자기자본조달**로 대별되기도 한다. 자기자본은 부채와는 달리 원리금상환의 부담은 없으나, 기업의 이익이나 재산에 대하여 잔여청구권을 행사하고 기업위험을 최종적으로 부담하게 된다.

기업의 자기자본이익률에 대한 부채의 역할을 **재무레버리지**(financial leverage)라 한다. **부채의 사용으로 기업의 이익과 손실이 모두 크게 확대**될 수 있다는 점에서 부채가 지렛대 역할을 한다는 의미이다. 예를 들어, 자기 돈 1억 원을 들여 연간 30%인 3천만 원이 남는다면, 이를 담보로 1억 원을 10%의 이자율로 빌려 사업을 배로 하여 6천만 원을 남겨 이자 1천만 원을 지급하고 나면 1억 원 투자에 무려 5

천만 원의 수익을 얻게 되어 50%의 수익률을 올리는 결과가 된다. 반면, 투자수익률이 이자율보다 낮으면 이제는 거꾸로 손실이 확대된다.

Section 05 자본구조결정

여러 가지 조달방법 가운데 어떤 것이 가장 유리한가? 한 가지 방법이 절대적으로 유리한 위치를 차지하는 것이 아니라면 자본조달원천별로 어떤 비율로 결합하는 것이 자본비용을 가장 적게 함으로써 기업가치를 극대화하는가?

앞에서 제기한 문제의 해답은 간단하지 않다. 이 문제의 해답을 과학적으로 모색하기 위하여 완전시장(perfect market)을 가정해 보자. **완전시장이란** 추상적 개념으로 **거래가 완전경쟁적**(perfectly competitive)**으로 이루어지고, 모든 유용한 정보도 비용 없이 구할 수 있으며, 거래비용, 세금, 파산비용, 대리비용 등 제반 불완전성**(imperfections)**이 존재하지 않는 시장**을 일컫는다. 이는 물리학에서 마찰 없는 상태를 가정하는 것과 유사하다고 하겠다.

모딜리아니와 밀러(MM : Modigliani & Miller)는 **완전시장하에서는 기업이 자본조달을 어떻게 하든 기업가치가 영향을 받지 않는다**는 것을 보였다. 즉, 기업이 차입금으로 투자를 하든 신주를 발행하여 조달한 자금으로 투자를 하든 자기자본과 타인자본의 구성을 어떻게 하든 기업의 가치는 변하지 않는다.

쉽게 이해하기 위해 기업을 피자에 비유해 보자. 여기서 기업의 가치는 곧 피자의 크기가 된다. 피자를 살 때 내 돈으로 사는 경우와 친구로부터 일부 또는 전부 돈을 빌려 사는 경우를 비교해 보자. 피자의 크기는 돈이 총 얼마가 되어 큰 것을 시켰는지 작은 것을 시켰는지에 달려 있지 내 돈이냐 남의 돈이냐에 따라 달라지는 것이 아니라는 것이다.

그러나 우리가 살고 있는 현실의 자본시장은 여기서 전제하고 있듯이 완전경쟁적인 것은 아니다. 현실에서는 우선 세금이 있는데, 기업이 지급하는 이자는 비용으로 인정되어 법인세 공제가 되지만 기업의 내부유보나 배당금은 법인세 공제의 대상이 안 된다. 따라서 **이자를 손비 처리함에 따른 감세효과**(tax shield)로 인해 타인자본을 쓰는 기업의 가치는 감세효과의 시장가치만큼 높아진다.

피자 이야기로 돌아오면, 세금이 없을 경우에는 돈을 낸 채권자와 주주가 피자를 나누어 먹으면 된다. 반면, 세금이 있는 현실의 경우에는 정부가 돈을 내지는 않았지만 피자의 일부분을 가지고 가게 된다. 그런데 남의 돈으로 피자를 샀으면 정부가 피자를 덜 떼어 먹고 내 돈으로 피자를 샀으면 더 많이 떼어 가는 것이다. 그러므로 가급적 남의 돈으로 피자를 사야 피자를 더 많이 먹게 된다.

그런데 기업이 타인자본을 사용하면 이자를 지급해야 하고 만기에는 원금을 상환해야 한다. 그러나 기업의 경영상황이 악화되면 원금상환이나 이자지급을 못하게 되는 채무불이행의 상황을 초래할 수 있다. 이처럼 기업이 부채를 과다하게 사용하면 재무적 곤경에 빠지거나 파산상태에 이르게 된다.

이때 발생하는 제반 비용을 **파산비용**(bankruptcy cost)이라 한다. 이는 **변호사비용, 공인회계사비용, 소송비용 등과 같이 파산의 법적 처리나 관리에 따른 직접파산비용과 직원의 기업이탈, 정상적인 가격 이하로의 기업자산의 매각, 보다 높은 금융비용 부담하의 자금대출, 매출액 감소, 투자기회의 상실 등으로 인한 추가적인 손실을 나타내**

부채사용과 자본구조

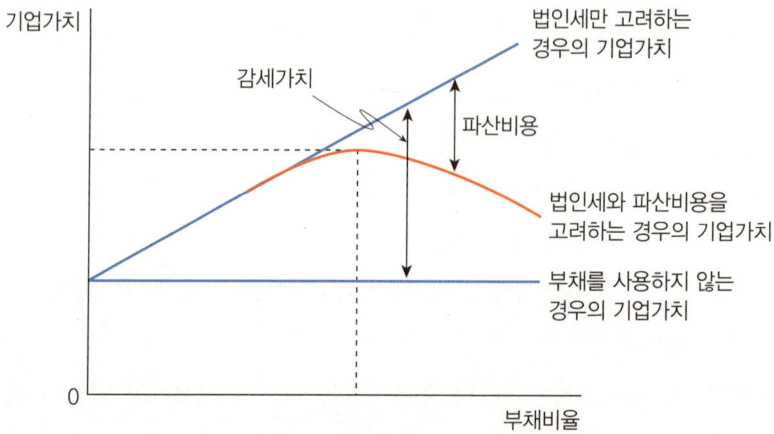

는 간접파산비용으로 분류된다. 이러한 파산비용의 존재는 결국 기업가치의 감소를 초래하게 되며 대개의 경우 파산은 부채를 사용한 시기보다 훨씬 후에 나타날 것이기 때문에 이 **파산비용의 현가만큼 기업의 가치가 감소**할 것이다.

피자 이야기를 계속하면, 부채를 쓸 경우 정부가 피자를 덜 떼어가는 것은 좋은데 부채를 너무 많이 쓰면 변호사 등이 돈은 내지 않았지만 피자를 떼어갈 가능성이 있게 되어 부채가 마냥 좋은 것은 아니라는 것이다. 현실의 세계에서는 이와 같이 부채사용에 따른 다양한 효과를 감안하여 기업가치를 최대화하는 최적의 자본구조를 결정하게 된다.

Section 06 배당정책

배당(dividend)은 이익을 분배하는 것을 말한다. 통상 현금으로 지급되는데 이를 현금배당(cash dividend), 그 현금을 배당금이라고 한다. 그리고 주식으로 지급하는 배당을 주식배당(stock dividend), 주식배당률이(25% 이상) 크면 주식분할(stock split)이라고 한다.

배당금의 시장가격 대비 비율을 배당수익률(dividend yield), 장부가격 대비 비율을 배당률, 주당순이익(EPS : earnings per share) 대비 비율을 배당성향 또는 배당지급률(dividend payout ratio)이라고 한다. 한국에서는 배당률로 발표하나 투자자에게 중요한 것은 투자금액에 대한 배당수익률이다.

밀러와 모딜리아니(Miller & Modigliani)는 완전시장하에서는 기업이 배당성향을 얼마로 하는가 하는 배당정책도 기업가치에 아무런 영향이 없다고 주창하였다. 다시 말해, 순이익 중에서 얼마를 배당으로 지급하고 얼마를 기업 내부에 유보하든 기업의 가치는 변함이 없다는 것이다.

피자 이야기로 비유하면, 피자를 사서 오늘 많이 먹고 내일 적게 먹든지(높은 배당성향, 낮은 유보율) 오늘 적게 먹고 내일 많이 먹든지(낮은 배당성향, 높은 유보율) 먹는 피자의 총 크기는 변하지 않는다는 것이다.

물론 현실의 세계에선 완전시장이 아니다. 우선 세금이 있다. 투자자가 배당금을 받으면 배당소득세를 납부하게 되지만 회사의 순이익이 배당으로 지급되지 않고 사내에 유보되어 주가의 상승으로 이어지면 투자자에게는 시세차익이 발생하게 되는데 주식의 매매차익에 대해서는 과세하지 않거나 세율이 낮아 유리하다. 이에 현금

배당 대신 자사주매입(stock repurchase)을 선호하는 경향이 최근 나타났다.

본질적으로 기업의 가치는 그 기업이 창출하는 미래의 현금흐름의 크기와 그 현금흐름의 불확실성(위험)의 정도에 달려 있다. 이는 그 기업의 자산구조에 달려 있지 자본구조나 배당정책으로 변하지 않는다. 그러나 주가는 미래 배당금의 현재가치이므로 배당금이 증가하면 주가는 증가한다. 다만 주어진 금액을 시간적으로 다르게 배분하는 것은 의미가 없다는 말이다.

배당의 예기치 않는 변화는 기업의 미래현금흐름에 대한 신호(signal)일 수 있다. **배당증가는 기업이 나아질 것이라고 경영자가 시장에 보내는 신호로 인식되어 주가가 상승**한다. 이를 **배당의 정보효과**(information content effect)라고 한다. 경영자는 일반적으로 배당삭감을 아주 꺼려하기에 기업의 미래이익 내지 현금흐름이 일시적으로 좋아지는 것이 아니어서 배당이 나중에 줄어들 가능성이 작을 때만 배당을 올릴 것이기 때문이다.

배당은 세후순이익에서 지급되기 때문에 **법인세는 아무 관련이 없지만 배당소득세는 투자자별로 세율이 다르다.** 따라서 한계세율이 높은 투자자는 저배당을, 한계세율이 낮은 투자자는 고배당을 선호할 것이다. 기관투자자는 배당소득세가 면제되기도 한다. **배당성향에 따라 투자자가 달라지는 것을 배당의 고객효과**(clientele effect)라고 한다. 현실의 세계에서는 이와 같은 다양한 사항을 감안하여 배당정책을 결정하게 된다.

Section 07 운전자본관리

운전자본(working capital)은 기업의 단기자산과 부채, 즉 유동자산과 유동부채를 일컫는 말이다. 유동자산에서 유동부채를 차감한 것을 순운전자본(net working capital)이라 한다. 일반적으로 운전자본이라고 할 때에는 순운전자본을 가리키는 것이 보통이며 순운전자본은 기업의 유동성(liquidity)을 측정하는 지표로 사용된다. 유동성은 자산이 적정한 가격으로 얼마나 빨리 현금화될 수 있는가를 의미하는데, 흔히 기업이 단기부채를 갚을 수 있는 능력이란 의미로 사용된다.

기업이 유동자산을 적게 보유하면 수익성은 제고되나 유동성이 부족하여 단기채무를 지급할 능력을 상실하는 지급불능상태에 빠질 수도 있는 것이다. 대부분의 기업활동은 뚜렷한 계절변동과 순환변동의 요소를 가지고 있다. 따라서 기업은 계절적 또는 순환적 변동을 고려하여 적절한 운전자본정책을 수립하고 실행해야 한다.

이를 위해서는 유동자산에 대한 투자규모를 얼마만큼 할 것인가와 어떻게 유동자산에 대한 자금을 조달할 것인가를 고려해야 한다. 첫 번째 문제는 유동자산의 비율을 높게 유지하느냐 낮게 유지하느냐의 문제이고, 두 번째 문제는 유동부채와 장기부채의 비율을 어떻게 정하느냐의 문제이다.

유동자산관리에는 현금관리, 유가증권관리와 매출채권관리가 포함된다. 현금관리는 자금이용을 원활하게 하면서도 현금의 보유에 따른 기회비용을 최소화하는 데 목적을 둔다. 이를 위해 최적 현금잔고를 유지하고 적절한 현금의 수납과 지출방법을 설계하여 적용해야 한다. 현금유입은 촉진시키고 현금유출은 통제하여 적은 현금으로도 경영활동에 필요한 유동성을 확보하여야 한다.

현금을 너무 많이 보유하는 것은 수익성을 떨어뜨리기 때문에 기업은 현금화할 수 있는 유가증권(有價證券, securities)에 투자하게 된다. 특히 계절적 변화가 심한 기업은 여유현금이 발생할 때 시장성 있는 유가증권을 보유함으로써 수익을 올리고, 현금이 부족할 때에는 유가증권을 매도하여 현금을 확보하면 된다. 즉, 기업은 현금의 대체수단인 동시에 일시적 투자수단으로서 유가증권을 보유한다. 유가증권을 선택하는 데에 있어서는 채무불이행위험(default risk), 시장성(marketability), 만기(maturity) 등을 충분히 고려해야 한다.

매출채권(receivables)은 매출액 중에서 아직 대금이 회수되지 않은 부분을 말한다. 매출채권은 신용판매(credit sales)로부터 수금까지의 시차 때문에 발생한다. 따라서 매출채권의 크기는 신용판매액이 많을수록, 수금기간이 길수록 증가한다. 일반적으로 매출채권관리를 위한 정책을 신용정책이라고 한다. 그런데 신용정책을 구성하는 신용기간, 신용기준, 현금할인정책과 매출채권 회수정책의 변경은 항상 비용과 편익을 수반하므로 이를 잘 고려하여 최적의 매출채권수준을 결정하여야 한다.

중소기업이나 수금과정이 매우 복잡한 기업은 팩토링(factoring)제도나 신용보험(credit insurance)을 이용할 수 있다. 팩토링제도는 매출채권의 관리를 전담하는 전문기관인 팩터(factor)가 기업의 매출채권을 할인매입하여 매출채권 만기일에 고객으로부터 대금을 직접 회수하는 방법을 말한다. 신용보험이란 대손가능성이 있는 매출채권에 대하여 보험을 들면 매출채권이 회수불가능하거나 지정된 회수날짜를 지났을 때 보험회사가 이를 보상해 주는 제도이다.

유동부채관리는 매입채무, 은행단기대출, 기업어음 등의 단기부채를 관리하는 것이다. 통상 단기부채는 장기부채에 비하여 융통성과 비용 면에서 이점이 있다. 그러나 단기부채에 너무 의존하면 차입과 상환을 자주 해야 하고 예기치 못한 일로 매우 어려운 상황에 빠질 수도 있다.

매입채무(payables)는 상품이나 원재료를 외상으로 구입하였기 때문에 발생하는 단기금융으로 거래신용(trade credit)이라고도 한다. 은행단기대출(bank loan)은 기업의 단기자본조달원천 중에서 가장 널리 이용되고 있는 수단이다. 기업어음은 자금이 필요한 기업이 일정한 날짜에 지급을 약속한 어음을 발행하여 단기자본을 조달하는 금융수단이다.

이상에서 본 바와 같이 운전자본관리의 목표는 적절한 유동성을 유지하여 지급불능위험을 감소시키며 동시에 수익성을 제고하는 것이다. 재무관리자는 기업이 처해 있는 상황을 고려하여 수익성과 위험이 조화를 이루도록 운전자본정책을 수립하는 것이 중요하다.

Section 08 주주 자본주의와 이해관계자 자본주의

주주 자본주의(shareholder capitalism)란 미국, 영국 등 주식시장이 발달한 사회에서 정착되어 있는 제도로서 **주식회사를 주주의 사적 재산으로 인식**하는 모델이다. 이 관점에 의하면 **기업은 주주의 이익을 위하여 경영**되어야 하며, 경영자는 기업의 투자수익을 극대화하기 위해 영업활동을 수행해야 할 임무가 있다.

주주 자본주의(미국식)

구분	내용
장점	• 위험분산으로 인한 기업투자 촉진 • 소유와 경영의 분리로 인한 경영효율성 증대
단점	• 경영자가 단기성과에 집착할 우려 • 고용 불안정성 증대 우려
근거	• 상법규정에 의한 주주결의 규정 • 주주가 회사의 주인이라는 자본주의경제 근거

주주가 이러한 권한을 가지는 이유는 그들이 **잔여청구권자**(residual claimants)의 위치에 있기 때문이다. 회사가 망했을 때의 손실이 가장 큰 집단이 주인으로서의 권한과 책임을 가져야 손실을 피하기 위하여 효율적 경영을 하게 된다.

이 모델에 입각한 기업경영의 장점으로는, 첫째 **광범위한 주식분산으로 투자위험의 분산이 용이해지므로 일반인의 기업투자를 촉진**하며, 둘째 **소유와 경영의 분리로 경영자의 독립성과 전문성이 제고**됨으로써 경영효율이 제고된다는 점을 들 수 있다.

하지만 이 모델에서는 우선 **주주와 경영자 간의 이해상충**으로 인한 **대리문제**(agency problem)가 발생할 가능성이 있다. 경영자가 단기 경영성과에 집착하게 되고 주주의 이익보다는 자기 자신의 고용안정을 도모하고 임금과 부가급여 및 각종 부수혜택(perquisite)을 증가시키기 위해 행동할 수가 있는 것이다. 또한 **종업원의 고용 불안정성**이 높아지고, 근로자의 기업특수적 지식과 기능향상을 위한 노력이 약화될 수 있다.

이해관계자 자본주의(stakeholder capitalism)는 **주식회사를 주주, 경영자, 종업원, 채권자, 거래기업, 소비자, 정부 등 다양한 이해관계자로 구성되는 공공이익의 연합체로 인식**하는 자본주의 모델이다. 이는 독일, 일본 등과 같이 주식시장이 발달하지 않았거나 주식회사가 제대로 뿌리내리지 않은 사회에서 성행한다.

이해관계자 자본주의(유럽식)

장점	• 안정적 지배구조로 인한 중 · 장기적 경영가능 • 이해관계자 간의 조화로 인한 유지비용 감소
단점	• 기업목표의 다원성으로 인한 의사결정 지연 • 오판 경영의 인식 속도 저하로 비효율성 증대
문제점	• 공동주권형이 가장 민주적(이상) • 기업은 민주적이 아닌 효율적 조직(현실)

이해관계자 자본주의 모델에 의하면 **경영자는 주주뿐만 아니라 다양한 이해관계자의 이익을 극대화하는 한편 기업의 사회적 책임도 수행**해야 할 임무가 있으며, 이해상충을 조정하기 위한 방안으로 **다양한 이해관계자들이 기업경영에 참여**하는 형식을 취한다. 독일에서는 주식회사는 사회적 조화(social harmony)를 창출하고 유지하기 위해 경영되는 것으로 간주되어 왔으며, 주식회사의 감사회는 주주가 아니라 회사에 책임을 지는 것으로 되어 있다.

이 모델에서는 기업들이 **자금을 주로 은행차입을 통해 조달**함에 따라 은행이 기업경영에 상당한 영향력을 행사하며 이해관계자들은 **내부상호감시**를 통해 대리문제를 해소하고 이해관계자 전체이익의 극대화를 추구한다.

이 모델에 입각한 기업경영의 장점으로는, 첫째 안정적인 지배구조를 바탕으로 **장기적인 안목에서 경영이 가능**하며, 둘째 이해관계자 간의 이해상충을 조화롭게 해소할 수 있을 때 **체제유지비용이 감소**한다는 점을 들 수 있다.

반면 그 단점으로는 기업이 추구하는 목표가 다원적이어서 **의사결정이 지연**되고, 잘못된 경영에 대한 인식이 늦고 그 **책임소재가 불명확하여 경영효율이 저하될 우려**가 높다는 점이 지적된다.

Section 09 경영자 감시와 보상

경영자의 경영방침 및 경영성과에 불만이 있을 때 주주는 관계를 단절한다. 제도상으로 보면 **기업의 임원(경영자)은 주주총회에서 선임**되는 것이기 때문에 주주가 현 경영진에 대해서 불만을 가지면 이들을 다른 경영자로 교체할 수 있는 것이다.

주식이 다수 소액주주에게 분산되어 있으면 경영진 교체가 어렵다. 소액주주들의 **무임승차자**(free rider) 성향 때문이다. 이들은 주주총회에 참석하여 현 경영진을 교체하도록 직접 노력하기보다 누군가 다른 사람이 그러한 노력을 해주면 그 이익을 향유하려고 행동하는 것이다.

주주가 주주총회에 참석하지 않을 경우에는 **이사회에 투표권을 위임**할 수 있도록 규정하고 있지만 이사회는 현 경영진에 불만을 가진 주주들과는 다르게 투표할 가능성이 농후하다. 특히 대주주가 경영권을 장악하고 있을 경우에는 다수의 소액주주가 모여 불만스런 경영진을 교체하기는 매우 어렵다.

정보의 비대칭에서 발생하는 경영자의 도덕적 해이(moral hazard) 문제를 최소화하고 경영자가 주주의 이익에 보다 충실하도록 통제하려는 의도에서 도입하고 있는 또 다른 제도로 **사외이사제도**를 들 수 있다.

사외이사(outsider director)란 사내이사와 함께 주식회사 이사회의 구성원이 되지만 법률적으로 사용자의 지위를 가지지 않는 사람을 말한다. 이들은 **회사의 일상적 업무에는 간여하지 않으나 이사회에서 회사의 주요 안건을 심의하고 의결**하는 데 참여한다.

사외이사제도가 가장 발달되어 있는 나라는 미국이다. 미국에서는 일정 범위 이상(뉴욕증권거래소 3명 이상)의 사외이사를 확보하는 것이 상장기업의 요건이다. 대부분의 미국 상장회사는 이사의 과반수 이상을 사외이사가 차지하고 있다. 한국도 1998년부터 상장기업에 사외이사를 선임하도록 의무화하였고, 1999년부터는 상장기업 이사의 25% 이상을 사외이사로 선임하도록 규정하고 있다.

이사와 대표이사는 원래 주주총회에서 선임하도록 되어 있으나 실제로는 상호감시 · 견제하는 역할을 제도로 수행하지 못하고 있다. 주주의 권익을 대변할 수 있는 사외이사에 의해 사내이사의 견제력 부족을 보완하고 이사회 본연의 임무를 달성하도록 할 수 있다.

경영자가 회사로부터 받는 높은 소득은 경영자들에게 강력한 인센티브로 작용한다. 그런데 높은 최고경영자들의 보수는 대부분이 장기보상금으로서 스톡옵션으로 인한 소득이고 미리 정해진 고정급은 그 일부에 지나지 않는다.

스톡옵션(stock option)이란 (자사)주식매입선택권으로 번역되는데, 일정가격으로 자기 회사 주식을 살 수 있는 권리이다. 스톡옵션을 확보한 다음에 기업의 실적이 좋아지면 주가가 그동안 상승할 것이므로 큰 시세차익을 얻을 수 있다.

경영자에게 스톡옵션을 제공하면 경영자는 주가가 높아질수록 급여 외에 추가 소득을 확보할 수 있다. 그러면 자기의 개인적 이익을 위해서라도 경영자들은 좋은 신규사업을 발굴하고 이를 성공시키기 위하여 전력을 다하게 되는 것이다.

대리문제

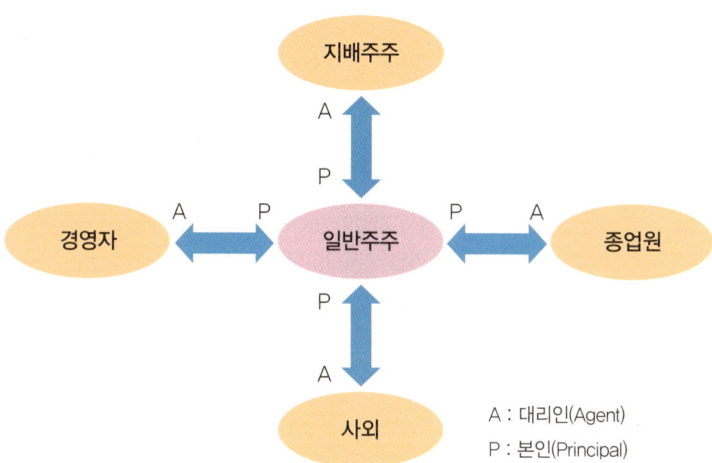

Section 10 기업 합병 · 매수(M&A)

전 세계적으로 기업 합병 · 매수(M&A : mergers and acquisitions)의 열풍이 불고 있다. 경쟁력 강화를 위한 구조조정(restructuring), 규제완화 등이 그 요인이다. 한국의 경우 자본시장육성을 위한 법적 규제, M&A를 기업탈취의 부도덕한 행위로 인식하는 사회적 풍토 등으로 M&A가 활성화되지 못하고 있다.

M&A는 **시너지효과로 인한 효율성 증대, 사업다각화에 따른 위험의 분산, 새로운 기술 및 경영지식 습득, 규모의 경제 구축, 판매망과 인력의 확충, 시장 조기진입 및 마찰회피, 절세효과** 등으로 기업이 단기간에 경쟁력을 강화하거나 성장할 수 있게 해주는 효율적인 경영전략으로 시장경제원리에 충실한 **구조조정을 유도**하고 **자본시장의 활성화**를 가져온다.

M&A의 대상이 되는 기업은 통상 가치가 저평가된 기업으로 M&A가 이루어지면 주가가 상승하여 특히 소액주주에게 정당한 **부의 증대**를 가져다준다. 따라서 M&A

기업의 합병 · 매수

확대지향적 구조조정

- 합병(mergers) : 둘 이상의 기업이 하나로 결합
- 매수(acquisitions) : 타 기업의 자산이나 주식을 취득
  → 기업지배권 획득
- 긍정적 효과 : 투자자본의 생산성, 자원배분의 효율성 제고
- 부정적 효과 : 시장지배력 강화, 경제력 집중

의 활성화는 내재가치에 기초한 합리적인 투자관행을 정착시키는 효과가 있다.

그러나 M&A가 마냥 달콤한 것만은 아니다. M&A는 지분확보에 따른 대규모 자금동원으로 과도한 부채를 안게 되며 상이한 기업문화와 조직체계로 인한 마찰 및 노사관계 악화와 종업원의 사기저하를 초래할 수 있으며 연구개발투자 및 시설투자가 위축되고 경영권이 투기화될 우려가 있다.

또한 M&A의 결과 시장지배력이 강화되거나 경제력이 집중되면 각종 폐해와 비효율을 초래할 수 있으며 M&A가 과열되면 주가의 거품현상과 종목별 투기현상으로 증시가 불안하게 될 수 있다. M&A가 자칫 돈장난으로 부당한 초과수익을 올리고 선량한 주주가 엉뚱한 피해를 입을 수도 있다.

실제로 M&A의 성공사례는 생각보다 많지 않다. 맥킨지 컨설팅회사에 따르면 미국의 경우 M&A를 단행한 기업들의 70% 이상이 실패한다고 한다. 피합병기업이 비협조적인 적대적 M&A의 경우 지나치게 많은 프리미엄을 지불하기에 더욱 그러하다.

따라서 M&A의 역기능을 줄이고 순기능을 살려 M&A가 기업경쟁력을 강화하고 가치를 창출하여 국민경제에 기여하도록 해야 하겠다. 아울러 기업들도 M&A를 확장의 수단으로만 생각하지 말고 수익성이 낮은 사업 분야를 처분하는 기업 분리 · 매각(divestitures and sell-offs)의 수단으로 활용하여 구조조정을 통한 경영효율성의 제고를 추구하여야 할 것이다.

경제의 세계화 및 블록화가 진전되면서 국내외 기업 간의 경쟁이 격화되고 기업 간 전략적 제휴가 확산되고 있는 세계적인 조류를 감안할 때 한국도 M&A의 활성화를 기하여야 할 것으로 보인다. 그러나 '잠자는 숲 속의 미녀 찾기'로 비유되는 M&A가 부당한 초과이익을 추구하는 기업사냥꾼(corporate raider)에 의해 미녀를 만신창이로 만들어 아무도 쳐다보지 않는 추녀로 만든다든지 마타도어로 마녀사냥이 되지 않도록 건전한 M&A 풍토가 조성되어야 하겠다.

Section 11 기업구조조정

기업이 무모한 확장과 방만한 경영으로 부실화를 초래하면 생존을 위해 제 살을 깎는 구조조정을 해야 한다. 기업구조조정(corporate restructuring)은 크게 기업분리를 통한 구조조정과 도산 시 회사재건을 위한 구조조정으로 나눌 수 있다.

기업분리(divestitures)는 기업합병 및 매수(M&A : mergers and acquisitions)라는 확대지향적 수단에 대응되는 개념으로 **기업의 일부를 분리하여 외부에 매도하는 축소지향적 수단**이다. 기업분리에는 그 형태에 따라 분리설립(spin-offs), 분리매각(sell-offs), 분리공모(equity carve-outs) 등이 있다.

분리설립은 모회사가 자회사 또는 사업부를 분리하여 독립기업으로 만들고 그 주식을 모회사 주주들에게 지분에 따라 배분하는 형태이다. 따라서 분리설립은 주주들에 대한 배당의 한 형태로 볼 수 있으며 배분된 주식은 세금공제(tax-free exchange)를 받는다. 또한 모회사로의 현금유입은 발생하지 않으며 자회사의 자산은 재평가

분리설립과 지배구조

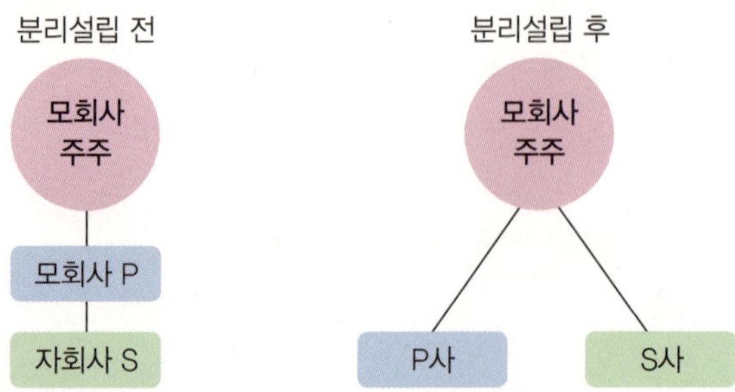

되지 않는다.

분리설립의 변종으로 분할독립(split-offs)과 분할신설(split-ups)이 있다. 분할독립은 일부 모회사 주주가 보유 모회사 주식을 처분하는 대신 자회사 주식을 받는 것이다. 분할신설은 계속되는 분리설립이나 분할독립에 의해서 모회사는 존재하지 않고 다만 새로운 자회사만 존재하게 된다.

분리매각은 기업이 보유한 제품라인, 자회사, 사업부서 등 기업 일부를 제3자에게 매각하는 것이다. 분리매각은 기업 일부를 매도하는 기업 입장에서는 기업축소이고, 매수하는 기업 입장에서는 기업확장의 의미를 가진다. 또한 분리매각은 주식만이 이전 또는 교환되는 분리설립과는 반대로 현금이나 유가증권 혹은 이 두 가지가 모회사에 유입된다.

분리공모는 자회사에 대한 통제권을 유지하면서 자회사의 보통주 일부를 일반투자자에게 최초공모(IPO : initial public offerings)하는 것이다. 모회사 입장에서는 주식을 일반대중에게 매각함으로써 자금을 조달한다는 측면에서는 유상증자(SEO : seasoned equity offerings)와 비슷하다.

분리공모와 지배구조

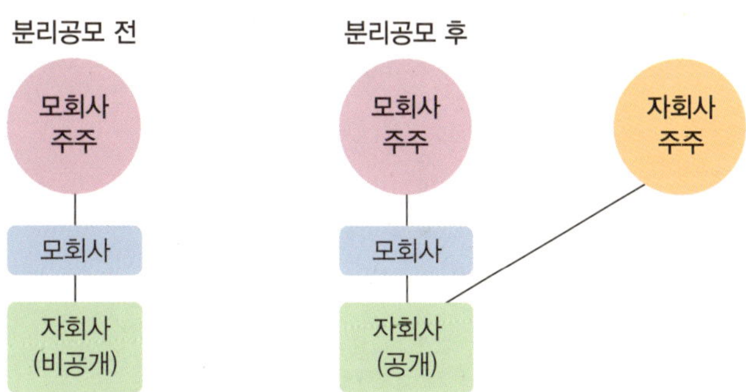

분리공모는 자회사에 대한 지분청구권이 모회사에 대한 지분청구권과 분리된다는 점에서 분리설립과 비슷하나 자회사 자산과 운영에 대하여 통제권을 유지할 수 있다. 그리고 모회사가 자회사의 주식을 시장에 매도하는 대가로 현금을 획득하게 된다는 점에서는 분리매각과 비슷하나 자회사 주식이 거래된다는 점이 다르다.

기업분리 수단별 특징

구분	특징
분리설립 (spin-offs)	• 주식 신규발행을 통해 별도 법인 설립 • 모회사와 동일한 주주구성을 가짐 • 모회사 주주들에 대한 일종의 배당형태
분리매각 (sell-offs)	• 기업 외부의 제3자에게 사업 일부 매각 • 모회사와의 지배관계 종식 • 모회사에 현금이나 유가증권 유입
분리공모 (equity carve-outs)	• 자회사 주식 중 일부를 최초공모(IPO) • 모회사와의 관계는 있되, 지배구조는 다름 • 분리매각과 분리설립의 중간형태

Section 12 회사재건

도산(倒産)은 채무자가 변제기에 있는 채무를 일반적으로 변제할 수 없게 되고 도저히 경제활동을 계속하기가 불가능한 사태에 이른 것을 말한다. 법적 회사도산 절차에는 청산(淸算)을 목적으로 하는 파산법상의 파산, 회사법상의 청산(상법 및 비송사건절차법)과 회사의 정리·재건을 목적으로 하는 회사정리법상의 회사정리가 있다.

회사정리는 가장 보편적으로 사용되어 온 법적 정리수단으로서 회사정리법에 정한 법적 절차에 따라 '관리인'을 파견하여 기업체를 관리하며 통상 법정관리라고 일컬어진다. 회사정리는 재정적 궁핍으로 파탄에 직면하였으나 갱생의 가망이 있는 주식회사에 관하여 법원의 감독 아래 채권자, 주주 기타 이해관계자들의 이해를 조정하며 정리·재건을 도모하는 것을 그 목적으로 하고 있다. 회사정리가 기각되면 기업은 바로 청산절차에 들어간다.

관리인은 정한기한 내에 정리계획안을 작성하여 법원에 제출하여야 한다. 정리계획안 인가 후 정리계획을 실제 수행하며 그 후 종결 또는 폐지의 결과를 가지게 된다. 정리계획안 인가가 결정되면 회사의 모든 정리채권과 정리담보권에 관하여는 책임을 면하여 주고, 주주의 권리와 회사의 재산상에 있는 모든 담보권은 소멸한다.

법원의 중재 없이 도산처리를 하는 회사재건 수단으로 기업개선작업(workout)이라는 사적 정리가 있다. 기업개선작업은 경제적 회생가능성은 있으나 단기유동성 악화로 재무적 곤경을 겪고 있는 기업을 대상으로 법적 정리를 이용하지 않고, 채권금융기관들과 채무자인 기업 간에 협상과 조정과정을 거쳐 채무조건의 완화라는 사적인 화의를 시도하는 것이다.

개시결정 후 외부평가기관에 의한 기업실사를 토대로 5년 내외의 기업개선 계획(workout plan)을 마련하게 된다. 기업개선 계획안이 마련되고 나면 채권행사 유예기간이 만료되기 전에 채권금융기관협의회를 개최하여 기업개선 계획을 확정하게 된다. 기업개선 계획안이 확정되면 이를 기초로 주채권은행은 해당 기업과 기업개선 약정서(MOU)를 체결하게 되며, 이로부터 실제적인 기업개선작업이 개시된다. 기업개선 약정서에는 기업개선 계획의 이행의무와 미이행 시 제재조치(경영권 박탈, 기업개선작업 중단 등)를 담고 있다.

회사재건 수단별 특징

구분	회사정리	기업개선작업
신청권자	기업, 채권자 및 주주	기업 및 주관은행
유예대상채권	상거래채권 포함 모든 채권	협약가입채권 전액
개시결정의 효과	개시결정일로부터 채무변제, 강제집행 금지	소집통보일로부터 채권상환유예
경영권	옛 경영진의 경영권 소멸	협의회 결의로 옛 경영진의 경영권 박탈 가능

Section 13 구조조정 성공 사례

전문가들은 선제적 구조조정의 좋은 사례로 두산그룹을 꼽는다. 두산은 1995년 창업 100주년을 맞으면서 소비재 위주의 사업구조를 중공업 중심으로 바꾸겠다고 선포한 뒤 사업재편 작업을 가속화하고 있다.

1997년 음료사업부문을 미국 코크사에 매각한 것을 시작으로 OB맥주, 전분당 사업, 종가집김치를 줄줄이 매각했다. 두산은 매각대금을 활용해 한국중공업(현 두산중공업), 대우종합기계(현 두산인프라코어), 영국 미쓰이밥콕(현 두산밥콕)에 이어 지난해 영국 수처리업체인 엔퓨어까지 사들였다.

특히 두산그룹은 인수합병(M&A) 후유증이 터진 이후 오히려 시장의 신뢰를 쌓는 기회를 만들었다는 점에서 높은 평가를 받고 있다. 리먼브러더스 파산 사태 이

두산그룹 구조조정 어떻게 했나

구분	내용
매각한 소비재사업	• 한국네슬레(1996년) • 음료사업(1997년) • OB맥주(2001년) • 삼화왕관(2010년) • 버거킹 등 SRS(2012년)
인수한 중공업사업	• 한국중공업(현 두산중공업 2001년) • 고려산업개발(현 두산건설 2003년) • 대우종합기계(현 두산인프라코어 2005년) • 밥캣(2007년) • 스코다파워(2009년)

자료 : 두산그룹

후인 2009년 두산은 2년 전 인수한 밥캣의 차입금 부담이 커지자 그룹의 캐시카우 역할을 해오던 주류사업과 테크팩사업을 과감히 정리했다. 국내 사모펀드(PEF)에 4개 계열사를 패키지로 매각해 6,000억 원이 넘는 유동성을 확보하는 새로운 형태의 구조조정도 단행했다.

이 같은 두산의 발빠른 구조조정은 같은 시기 대우건설 인수 풋옵션 행사로 골머리를 앓던 금호아시아나그룹과 대조를 보여 주목받았다. 금호아시아나그룹은 자구대책이 상대적으로 느리게 실행돼 결국 채권단의 도움(워크아웃)을 받아야 했다.

이랜드그룹 역시 선제적 구조조정으로 위기를 넘긴 경험이 있다. 2008년 이랜드는 36개 홈에버 대형마트를 홈플러스에 매각하고 자금수혈과 노조문제를 동시에 해결했다. 현재 공격적인 글로벌 M&A를 진행할 수 있는 원동력도 제때 환부를 도려내 기업의 체질을 탄탄하게 만든 데서 나온다는 평가다.

자료 : 한국경제, 2013. 10. 5.

Section 14 구조조정 실패 사례

STX그룹과 동양그룹, 두 그룹은 닮았다. 이미 **2년 전 자금사정이 악화**된 점이 그렇다. 그럼에도 불구하고 **구조조정에 미적미적**한 점도 비슷하다. 이후 채권단의 강도 높은 구조조정 요구 등으로 자산 매각에 나섰지만 **경영권 등에 집착하다가 실기**한 점도 닮은꼴이다. 막판에 몰려서야 돈 되는 자산을 팔려고 내놨지만 이미 때가 늦었다는 점도 비슷한 과정이다. **구조조정본부장이 너무 자주 바뀌는 등 구조조정의 컨트롤타워가 없었다**거나, 경영권에 집착하는 오너에게 **'쓴 소리'를 할 수 있는 사람이 없었다**는 점도 비슷하게 나타난다. 결국 선제적 구조조정에 실패한 두 그룹은 해체 과정에 들어섰다.

STX그룹은 작년 5월 재무구조 안정화 계획을 수립했다. 재무구조가 악화된 것이 이미 시장에 알려진 뒤였다. 그해 6월에는 주채권은행인 산업은행과 재무구조 개선 약정을 맺었다. 산업은행 등 채권단은 발전사업을 가진 STX에너지와 해외사업 법인인 STX유럽, STX OSV, STX프랑스 야드 등을 매각해야 한다고 조언했다.

하지만 대부분은 받아들여지지 않았다. STX에너지의 경우에도 처음엔 경영권을 유지하되 일부 지분만 일본 오릭스에 매각했다. 자금사정이 악화된 올 7월에 나머지 지분을 쫓기듯 부랴부랴 넘겼다. OSV도 마찬가지였다. 작년 7월 초 이탈리아 핀칸티에리사를 우선협상대상자로 선정한 뒤에도 인수합병(M&A) 과정에 주가가 상승하자 블록딜을 추진했다. 자연스럽게 매각대금을 받는 시기도 두 달가량 늦어졌다. 캐시플로에 영향을 줄 수밖에 없었다. STX프랑스 매각은 크루즈 사업을 계속해야 한다는 판단 때문에 추진하지 않았다.

채권단 관계자는 “그룹의 자금사정 악화를 경영진이 초기에 과소평가한 탓에 경영권까지 매각하는 데 주저했다”며 “작년 12월부터 급격히 돈줄이 마르자 그때서야 계열사 지분을 담보로 돈을 빌리는 등 마음이 급해졌다”고 말했다. 그는 “하지만 이때부터는 협상력을 상실해 매각 등이 제대로 이루어지기 힘든 상황에 처했다”고 설명했다. 매각 시기를 놓친 것이 사태를 키웠다는 지적이다.

STX다롄도 마찬가지다. 강덕수 STX그룹 회장은 2007년 중국 다롄에 1조 5,000억 원을 투자해 대규모 조선소를 세웠다. 그러나 곧이어 닥친 글로벌 금융위기로 불황이 지속되고 해운업황이 살아나지 못한 채 6년가량이 지났다. 채권단은 작년 11월 STX다롄에 2014년까지 1조 원가량 유동성이 부족해 부실화가 예상된다고 경고했다. 하지만 강 회장은 지난 1월 오히려 국내 계열사의 돈으로 STX다롄에 2,300만 달러 증자를 실시하는 등 지원을 지속했다.

동양그룹의 자금난이 악화된 과정도 STX그룹과 닮았다. 동양그룹은 2011년 KB금융지주가 동양증권을 사겠다는 뜻을 보였을 때 가격 차이로 협상을 중단했다. 또 유동성 위기가 불거지기 시작한 지난해 말 대규모 계열사 정리 등 고강도 구조조정을 통해 2013년 상반기까지 현금 2조 원 등 유동성을 확보하겠다고 발표했다. 당시 매물로 거론되던 사업부는 가전(동양매직), 섬유(한일합섬), 레미콘, 파일, IT사업부 등이었다. 하지만 현재까지 매각에 성공한 것은 동양시멘트의 선박(350억 원), (주)동양이 보유한 부산냉동창고(345억 원), 레미콘공장(830억 원) 등 비핵심 자산뿐이다.

동양그룹은 파일사업부와 IT사업부 매각 계획을 철회했다. 동양그룹은 당초 파일사업부를 매각해 1,500억 원가량의 유동성을 확보하기로 했지만, 1,170억 원을 받고 동양시멘트 자회사로 사업부를 이전했다. 대신 채권 발행으로 유동성을 확보하기로 했다. 동양그룹은 계열사인 동양네트웍스의 주력 사업인 IT서비스 사업부문을 한국IBM에 팔기로 하고 자본유치와 전략적 제휴를 위한 양해각서(MOU) 체결을 검토했지만 가격이 맞지 않는다며 중단했다.

올초엔 갑을상사에 400억 원을 받고 한일합섬을 매각하기로 했지만 계약을 체결하기 전에 사소한 보증문제로 결렬됐다. 동양매직 매각은 우선협상대상자가 교원그룹에서 KTB 컨소시엄으로 왔다갔다하다가 실패하고 말았다. KTB PE 측에서 동양네트웍스의 재출자(600억 원) 등 경영권 일부 유지 조건을 제시한 것이 원인이었다.

구조조정을 진두지휘할 컨트롤타워가 없거나 **금융권의 견제가 제대로 작동하지 않았다**는 것도 공통점이다.

동양그룹은 작년 3월부터 법정관리를 신청할 때까지 구조조정을 총괄하는 전략기획본부장이 네 번이나 바뀌었다. 동양그룹 고위 관계자는 "컨트롤타워를 총괄지휘하는 전략기획본부장이 업무를 파악하기도 전에 자주 바뀌었고, 계열사 매각 등에서는 제 역할을 하지 못한 것으로 알고 있다"며 "그룹 위에 핵심 경영의사를 결정하는 비선조직이 있다는 게 공공연한 비밀"이라고 말했다.

STX그룹은 강 회장에게 '쓴 소리'를 하는 사람이 없었다. STX그룹 관계자는 "그룹이 위기에 처할수록 고언을 하는 사람은 자리에서 밀려나고 오너의 입맛에 맞는 몇 사람만 남아 '인의 장벽'을 치는 경향이 있었다"며 "이들이 기업 경영자가 현실을 정확히 파악하지 못하게 막는 요인이 됐다"고 말했다.

자료 : 한국경제, 2013. 10. 5.

Section 15 중소기업금융

자본주의에서 가장 중요한 조직은 기업이라 할 수 있다. 오늘날 자본주의의 번영은 기업이 이룩한 업적이다. 기업은 현대사회의 '**가장 성공적이고 변화적응적이며 미래지향적인 조직**'이다. 기업을 중심으로 생산과 소비가 이루어진다. 자본주의를 일명 기업 **자본주의**(corporate capitalism)라고도 하는 이유는 바로 이 때문이다.

그런데 기업은 50명 미만의 영세한 소기업에서부터 수만 명을 거느리는 거대기업, 나아가 기업집단에 이르기까지 그 규모가 다양하다. 최근 우리 경제에서 **부익부, 빈익빈의 양극화**현상이 심화되고 있다. **중소기업**의 경상이익률이 떨어져 **대기업과의 격차가 확대**되고 있다. 중소기업인들은 현 상황을 위기로 인식하고 있다.

효율과 성장만을 추구하는 자본주의의 한계일까? 분배와 평등을 어떤 식으로 고려해야 할까? 필연적으로 발생하는 **경쟁의 탈락자와 이에 따른 절대적 빈곤의 존재는 자본주의경제의 가장 심각한 사회문제**이다. 그렇다고 시장경제의 틀을 무너뜨려 하향평준화라는 역사의 후퇴를 초래할 수는 없다. 대신 정부는 **사회안전망을 갖추어 절대적 빈곤을 구제하고 교육과 훈련 등 다양한 기회를 제공**하여 경쟁의 무대에 다시 설 수 있게 해야 한다.

정부는 중소기업 신용보증기금과 정책자금을 늘려 책정하고 중소기업의 기술가치를 평가해 적기에 자금을 공급하는 '기술금융 체계 구축'을 목표로 기술사업화 촉진대책을 추진해 왔다. 또한 직업훈련 컨소시엄 사업과 중소기업 정보화 지원사업을 펼쳐 왔으며, 판로를 뚫지 못하는 중소기업이 공동물류센터를 사용하게 하고 있다.

그럼에도 불구하고 중소기업을 위한 사회안전망은 아직 부족하고 불안하다고 하겠다. **불합리한 규제**도 여전히 존재하며 **자금조달여건도 불안정**하다. 예컨대, **실패한 소상공인**은 재창업을 위한 자금마련이 거의 불가능하다. **창업 소요 일수**가 미국 7일, 영국 11일 등에 비해 한국은 무려 46일이다. 금융회사는 중소기업에 대한 기존의 대출한도를 일방적으로 축소한다는 방침을 거래기업에 통보하고 해당 금액을 상환하든지, 담보를 추가로 제공하라고 요구하기도 한다. 또한 강제저축 내지 보험가입을 강요하기도 한다.

무엇보다도 중소기업이 과연 **공정한 시장경제의 틀 속에서 경쟁**하고 있는지 짚어볼 일이다. 대기업은 힘들여 개발한 **기술을 가로채거나 특정 거래를 강제하거나 부당하게 단가를 낮추는 등** 힘으로 중소기업을 억압 내지 착취하고 있지나 않는지. **대기업이 중소기업의 기술개발과 경영을 지원하는 등 중소기업과의 상생을 통해 경쟁력을 향상**시키는 전략을 도모해야 할 것이다.

일반적으로 **대기업은 관료화 성향이 있어 위험을 회피**하는 보수적 경영을 취하거나 참신한 아이디어가 있다고 하더라도 이를 실행에 옮기기가 힘들 때가 많다. 이와는 달리 **중소기업은 유연한 조직구조로 인하여 기술개발과 혁신을 수행하기가 수월**하다. 실제로 기술력 하나만으로 세계시장을 점유하고 있는 중소기업이 많으며, 이러한 중소기업이 많이 나올수록 국가 경쟁력 차원에서도 큰 이득이 아닐 수 없다.

중소기업은 **고용의 대부분을 차지**한다. 지방의 경우는 더욱 그러하다. 나아가 중소기업의 발전은 **소득계층 간, 지역 간, 부문 간, 기업 간 불균형을 완화해 경제사회의 양극화현상을 해소하는 데 기여**한다. 작금의 **제조업 공동화, 지역 중소기업 공동화현상은 우려할 수준**이다. 공동체가 무너지면 자본주의도 자유민주도 무너지게 된다. 지방은 서울로, 서울은 나라 밖으로 가고 있는 추세를 반전시키는 지혜를 모아야 할 때이다.

Chapter 10

개인금융

Section 01 개인금융설계

대부분의 초보 투자자들은 약간의 여유자금이나 목돈이 생기면 명확한 계획을 세우지도 않고 어떤 주식, 펀드, ELS 등 개별금융상품을 선택하는 게 좋을지부터 생각하기가 십상이다. 하지만 성공적인 개인금융관리를 위해서는 **각자의 특성에 맞는 금융설계**(financial planning)를 수립하고 이를 실행하고 주기적으로 평가해서 수정해 가는 과정을 확립해야 한다.

금융설계의 수립은 각 개인의 **금융목표를 구체적으로 설정**하고, 그 목표의 달성을 위해 **필요한 자산 또는 저축의 규모를 목표수익률 및 허용위험과 함께 확인**하고, 여러 **대안들을 고려하여 최적의 실행계획을 수립**하는 일련의 작업을 통해 이루어진다. 각 개인을 위한 적절한 금융설계가 수립되면 그에 따라 **실천에 옮기고 진행상황에 대한 지속적인 모니터링과 성과 점검을 통해 금융설계를 수정**해 가게 된다.

금융설계의 수립은 무엇보다 **먼저 각자가 처해 있는 금융상황을 정확히 파악**하는 작업으로부터 시작된다. 이를 위해 최근 수개월 또는 1년간의 소득, 생활비 그리고 큰 소비지출과 함께 보유하고 있는 자산 대비 부채를 정확히 파악하도록 한다.

다음 단계에서는 각자가 달성하고자 하는 금융목표를 구체적으로 설정한다. 은퇴 후의 생활보장, 주택구입, 자녀교육 등 일반적으로 제시되는 목표들도 있겠지만 각자의 가치관과 인생의 목표에 따라 가장 달성하고 싶은 목표부터 우선순위를 정하는 것도 좋은 방법이다.

앞서 정한 금융목표를 달성하기 위한 여러 실천방안들을 검토하여 최상의 금융설계를 수립하고 이를 실천에 옮긴다. 자녀의 나이나 배우자의 수입과 같은 개인적 상황과 소비와 여가생활 등에 대한 가족구성원의 생각, 그리고 경제적 여건 등을 감안하여 가장 적합한 금융계획을 세운다. 여기에는 기본적으로 각자가 감당할 수 있고 감당하고자 하는 위험수준과 그에 맞는 수익률 목표, 그리고 그에 따라 필요한 저축금액 등이 포함될 것이다. 수립된 금융계획에 따라 적절한 금융상품과 서비스를 선택함으로써 실천에 옮긴다.

금융계획에 따라 최적의 자산 포트폴리오를 구축했다고 해서 모든 일이 끝난 것이 아니다. 개인적 상황이나 경제적 여건에 예측하지 못했던 변화가 생기거나 투자수익률에 급격한 변화가 발생할 수 있기 때문이다. 적어도 1년에 한 번씩은 그동안 어떤 변화가 있었는지 확인하고 그에 따라 금융설계를 적절하게 수정하는 작업이 필요하다.

자료 : 한국재무학회, 20대를 위한 스마트 금융생활 가이드, 2012, pp.28-29 발췌 · 수정

금융설계의 과정

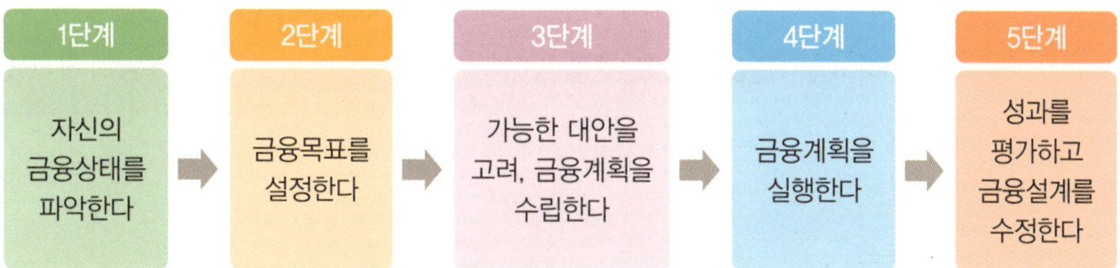

Section 02 생애주기별 금융목표

각 개인은 생애를 통해 **무엇을 원하는지, 무엇을 필요로 하는지에 대한 인식을 바탕으로 금융목표를 설정**하게 된다. 그리고 금융목표와 우선순위는 금융 의사결정을 위한 기준이 된다. 나아가 금융계획 및 실행과 성과를 측정하기 위한 기초가 된다. 따라서 금융 의사결정이 올바르게 이루어지기 위해서는 금융목표가 제대로 설정되어야 한다.

이를 위해 금융목표는 **현실적이고 구체적이어야 하고 시점별로 측정가능하게 기술**

생애투자사이클

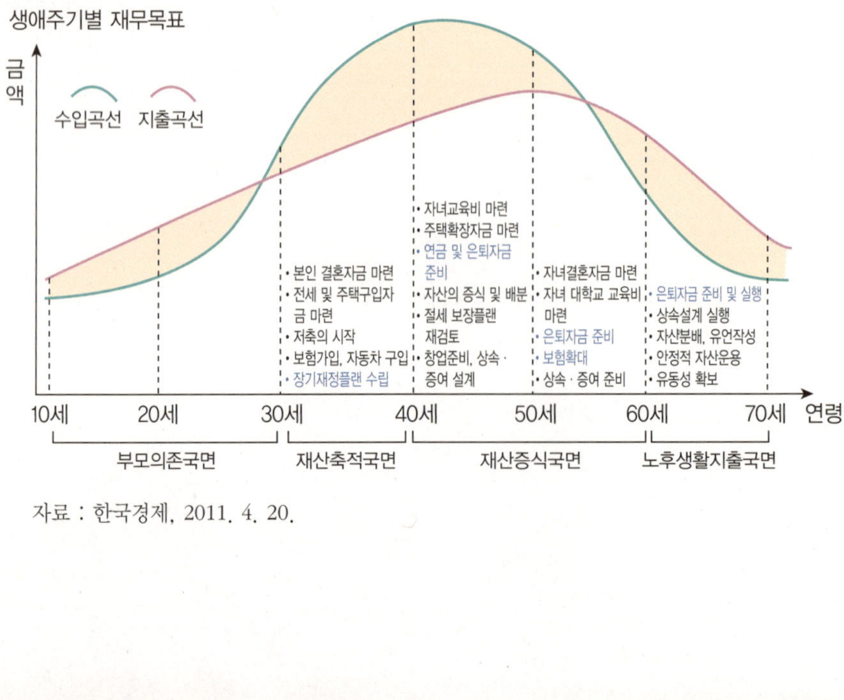

자료 : 한국경제, 2011. 4. 20.

되어야 한다. 통상 개인은 연령별로 금융필요와 금융요구가 달라진다. 또한 나이에 따라 소득과 지출의 규모도 달라지고 소득과 지출 간의 괴리도 달라진다. 그에 따라 저축과 투자의 규모도 달라지고 자산배분과 투자전략도 달라진다. 그러므로 금융목표를 설정하기 위해 개인의 **생애주기별 주요 사건을 파악**할 필요가 있다.

금융감독원은 2012년 2월 체계적인 금융교육을 뒷받침하기 위해 한국의 금융현실에 적합한 한국형 「생애주기별 금융교육 가이드라인」을 발표하였다. 생애주기 단계와 각 단계별로 발생하는 주요 사건과 그에 따라 일반적으로 성취하고자 하는 금융목표는 아래 표와 같다.

생애주기별 금융목표

생애주기	주요 사건	금융목표
Ⅰ. 미혼기	1. 대학진학 2. 부모로부터의 독립 3. 취업준비 및 취업 4. 자동차 구입	경제적 독립 준비 결혼준비
Ⅱ. 신혼기	1. 결혼 2. 주택 마련	새로운 경제생활에 적응 주택자금 마련
Ⅲ. 자녀출산 및 양육기	1. 자녀출산 및 양육 2. 주택 마련	자녀출산자금 준비 새로운 가족원과의 경제생활에 적응 주택자금 마련
Ⅳ. 자녀학령기	1. 자녀 사교육비 2. 자녀 대학등록금 준비 3. 주택 마련 또는 확장	자녀의 교육자금 마련 주택구입 또는 확장자금 마련
Ⅴ. 자녀성년기	1. 자녀의 대학진학 2. 자녀 결혼 3. 조기퇴직	은퇴준비 자녀독립(결혼준비)
Ⅵ. 자녀독립 및 은퇴기	1. 은퇴 2. 가족원의 죽음 3. 건강관리	은퇴생활 영위 상속준비

자료 : 금융감독원, 생애주기별 금융교육 가이드라인, 2012. 2. 27.

미혼기에는 **경제적 독립과 결혼준비**가 금융목표이고 대학진학, 부모로부터 독립, 취업준비 및 취업, 자동차 구입 등이 주요 라이프이벤트이다. **신혼기**에는 **새로운 경제생활에 적응**을 하고 **주택자금 마련**에 집중하게 되는데 결혼을 하고 주택을 마련하는 것이 주요 사건이다.

나이에 따른 투자전략

나이에 따른 펀드 투자전략

- 20대 결혼자금 마련…공격적 투자전략 필요
- 30대 장 · 단기 필요자금 구분해 전략 세워야
- 40~50대 돈 쓸 곳 많을 때…안정적 재산 불리기
- 60대 이후 원금보전 최우선…국공채펀드 바람직

자료 : 조선일보, 2006. 3. 21.

자녀출산 및 양육기에는 새로운 가족원이 생기면서 경제생활이 변화하게 된다. **자녀출산자금**을 준비하고 **주택자금**은 지속적으로 마련해야 한다. 자녀출산 및 양육과 주택마련이 주요 이슈가 된다. **자녀학령기**에는 자녀의 교육이 주요 이슈로 자녀 **사교육비**를 마련하고 **대학등록금을 준비**하기 시작해야 한다. **주택확장**을 위한 자금 마련도 필요하다.

자녀성년기에는 **자녀의 독립 또는 결혼**을 준비해야 한다. 또한 **은퇴준비**가 시작되어야 한다. 자녀의 대학진학, 자녀결혼, 조기퇴직 등이 주요 라이프이벤트가 된다. **자녀독립 및 은퇴기**에는 은퇴생활을 시작하면서 **상속을 준비**하게 된다. 은퇴, 가족원의 죽음, 건강관리 등이 생애 마지막 주요 이슈이다.

행복한 노후설계를 위한 8계명

1. 은퇴 전 30년간 은퇴 후 30년을 준비하라.
2. 노후 예상 생활비 중 약 30~35%는 의료비로 책정하라.
3. 은퇴가 가까워질수록 투자는 보수적으로 하라.
4. 저출산, 고령화로 주택수요가 급감하므로 부동산에 올인하지 말라.
5. 자녀들에게 많은 것을 기대하지 말라.
6. 은퇴 후 평생 즐길 수 있는 소일거리를 찾아라.
7. 노후필요자금을 현실적으로 계산하라.
8. 전문가와 상의해서 투자 포트폴리오를 구성하라.

자료 : 윤태경 외, 행복한 삶을 누려라, 전국투자자교육협의회, 2008.

Section 03 훌륭한 자산운용 주치의, FP를 만나라

몸이 아플 때에 대비하여 주치의가 필요한 것처럼, 자산운용에 성공하기 위해서는 '자산운용 주치의'라고 할 수 있는 FP(financial planner, 금융설계사)를 잘 만나야 한다.

FP라는 명함을 갖고 있다고 해서 모두가 자산운용 주치의라고 할 만큼 실력 있고 신뢰할 만한 전문가라고 단정할 수는 없다. 금융과 관련된 지식뿐만 아니라 고객과의 소통능력을 갖추는 게 쉽지 않기 때문이다. 따라서 다음 몇 가지의 체크포

금융설계사를 고용하는 가장 중요한 10가지 이유

금융설계사를 고용하는 이유	응답빈도(%) – 중복 응답허용
1. 은퇴자금 마련	62
2. 일반적인 개인금융에 관한 도움 필요	48
3. 저축목표 달성	41
4. 투자목표 달성	36
5. 단기목표와 장기목표의 절충	28
6. 상속설계	27
7. 현금 및 부채관리	27
8. 세금설계	21
9. 위험관리	17
10. 학자금 마련	16

자료 : CFP Board, 2009 National Consumer Survey on Personal Finance, 2009.

소비자들이 상담받고 싶어 하는 분야 순위

1. 펀드 등의 간접투자방법
2. 주택마련이나 부동산투자
3. 노후설계방법
4. 주식, 채권 등 직접투자방법
5. 절세방법
6. 목돈 마련을 위한 저축
7. 사업을 위한 자금 마련 및 운용방법
8. 소득 및 생활비관리
9. 위험관리 및 보험설계방법
10. 대출상환 및 개인신용관리방법
11. 상속이나 증여방법

자료 : 한국투자자교육재단, 2007 펀드투자자조사, 2007.

인트를 갖고 실력파 FP를 선별할 필요가 있다.

첫째, 갑작스런 상담에도 대응을 해주는가?

살다 보면 갑작스런 사태가 발생할 수도 있고, 자산운용 계획을 근본적으로 바꾸지는 않는다 하더라도 다소 수정해야 할 일이 생길 수도 있다. 이런 때 부담 없이 연락을 하여 상담할 수 있는 FP여야 한다.

둘째, 시간을 들여 고객을 이해하려고 하는가?

자산운용 조언을 받으려면 투자자 자신의 개인적인 사정을 자세히 이야기해야 하지만 처음부터 그러기가 쉽지 않다. 그런데 만나자마자 성급하게 이것저것 개인적인 사정을 질문하는 FP가 있다면 이는 인간관계의 기본을 잘 모르고 있다는 증거이다. 이런 FP는 피하는 게 좋다. 물론 신뢰할 만한 FP라고 판단된다면 FP의 질문에 대해 솔직하게 대답하는 것이 자산운용에 도움이 된다.

셋째, 고객의 생각을 자연스럽게 끌어내려고 하는가?

만나자마자 “재산이 얼마나 되지요?” “자산 형성의 목표는 무엇이지요?”라고 묻는 FP도 훌륭한 FP라고 할 수 없다. 자연스럽게 신뢰하는 가운데 시간을 들여 고객의 생각을 끌어낼 수 있는 FP가 훌륭한 FP인 것이다.

넷째, 고객의 입장에서 조언을 하는가?

"손님의 인생관에는 문제가 있네요." 이런 식으로 설교를 하려고 하는 FP가 있다면 이 또한 피해야 한다. FP는 자산 형성의 조언자이지 고객의 인생관을 비판할 입장에 있는 사람이 아니기 때문이다. 물론 불가능한 고객의 요구에는 불가능하다고 확실하게 대답해야 하지만, 어디까지나 고객의 입장에서 조언을 해주는 FP여야 하는 것이다.

다섯째, 자신의 방법을 알기 쉽게 설명할 수 있는가?

자신의 투자이념, 운용방법 등을 고객의 눈높이에 맞추어 알기 쉽게 설명해 줄 수 있는 FP여야 한다.

여섯째, 말과 행동이 일치하고 있는가?

가끔 보면 고객에게는 그럴듯한 투자이념을 늘어놓으면서 자신은 딴짓을 하는 FP가 있는데, 이 또한 믿고 맡길 수 있는 FP라고 할 수 없다.

그런데 증권사나 은행에 속해 있는 FP의 경우에는 고객의 입장에 서서 상담을 한다고 하면서도, 구체적인 운용상품을 선택하는 단계에 이르면 어쩔 수 없이 자사 계열의 금융상품을 제시하는 경우가 많다. 다른 금융기관에 더 좋은 금융상품이 있다는 것을 알고 있더라도 그 상품을 추천해 줄 수 없기 때문이다.

따라서 선진국의 경우에는 독립FP가 제도적으로 인정되어 있다. 이들은 특정 금융기관에 속해 있지 않기 때문에 중립적인 입장에서 투자상담을 해준다. 많은 금융상품 중에서 고객의 라이프스타일에 가장 적합한 상품을 제시해 주고, 고객자산의 운용상황을 지켜보면서 그때그때의 형편에 맞는 조언을 해주는 것이다. 기업 내 FP가 소속 금융기관의 금융상품을 파는 판매대리인이라면, 독립FP는 고객을 대신해서 금융상품을 구매하는 구매대리인이라고 할 수 있다. 그뿐만 아니라 선진국의 FP들은 기업 내 FP인 경우에도, 소속회사의 상품을 파는 판매대리인이라는 생각보다는 고객의 구매대리인이라는 생각으로 영업을 하는 FP가 많다. 이들은 고객의 자산운용을 도와준 대가로 고객으로부터 보수를 받는 것이지, 그 보수를 소속 금융기관으로부터 받는 게 아니라는 생각이 철저하다.

한국에는 아직 투자상품에 대한 독립FP가 제도적으로 인정되어 있지 않기 때문에 독립FP의 조언을 받기가 쉽지 않다. 따라서 기업 내 FP이면서도 자세만은 판매대리인이 아닌 구매대리인의 자세로 일을 하는 FP를 만나야 한다.

자료 : 강창희, 인생 100세 시대의 생애설계와 자산관리, pp. 106–108, 미래에셋 투자교육연구소, 2012.

Section 04 펀드

펀드(fund)란 **다수의 투자자로부터 소액의 돈을 모아** 그 돈을 주식이나 채권 등에 **투자하고, 투자로부터 얻은 수익을 투자자에게 배당하는 금융상품**을 말한다. 펀드는 펀드매니저(자산관리전문가)가 투자를 대신해 준다. 따라서 펀드에 투자하는 것을 **간접투자**라고 하고, 주식, 채권 등에 투자하는 것을 직접투자라고 한다. 해외 선진국일수록 간접투자의 비중이 매우 높다.

펀드의 가장 큰 장점은 **전문교육과 투자경험이 많은 투자전문가가 투자**하게 한다는 점이다. 개인투자자가 합리적인 투자를 하기 위해서는 주식, 채권 등에 대한 기

직접투자와 간접투자

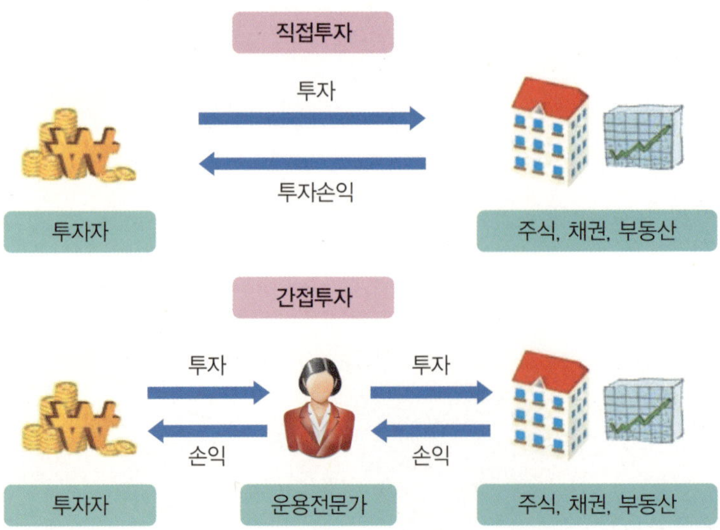

본지식은 물론 최근 정보도 수집하고 분석할 시간이 있어야 한다. 그러나 직장에 다니는 일반투자자의 경우 투자에 할애할 수 있는 시간이 충분하지 못하다. 이에 비하여 투자전문가는 투자에 필요한 전문적인 교육을 충분히 받았을 뿐만 아니라 다양한 정보를 수집 · 분석하고 자산운용에 몰입할 수 있는 위치에 있다. 또한 각 산업별 기업을 분석하는 전문가, 국내외 시장 전반을 연구하는 전문가도 함께한다.

간접투자에 적합한 투자자

- 고정이자수입에 불만족, 직접투자 자신 없음
- 전문적 지식 부족
- 조사 · 연구 시간 부족
- 정보 취득 경로 부족
- 대량거래 불가능한 소액투자
- 전반적 상승 기대하나 종목 선택 어려움

두 번째, **분산투자가 용이**하다는 점이다. 소액의 펀드매입으로도 분산투자가 가능하다. 개인투자자가 직접 투자할 경우 소규모 투자금액으로 분산투자하기는 거의 불가능하다. 그러나 소규모 금액을 펀드에 투자할 경우 합산된 펀드의 총자금은 규모가 커 다양한 증권을 매입할 수 있어 분산투자가 가능하다.

세 번째, 공동투자로 펀드의 자금규모가 크기 때문에 운용함에 있어 **규모의 경제**를 살릴 수 있다. 예를 들어, 정보획득의 비용이 상대적으로 저렴하고, 유가증권 매매 시 대규모 거래로 거래비용도 절감할 수 있다.

네 번째, **펀드자산의 안정성**을 들 수 있다. 펀드는 판매회사, 운용회사, 펀드자산을 보관하는 수탁회사(은행), 사무수탁회사 등 기능별로 독립된 개별회사들이 각각 맡은 기능을 담당한다. 이렇게 펀드의 각 기능을 분리하는 이유는 펀드자산의 안정성을 높일 수 있기 때문이다.[1]

---

1) 한국재무학회(2012), 20대를 위한 스마트 금융생활 가이드, pp. 264-265을 발췌 · 수정

펀드매니저의 정보원천

- 신문, 매스컴, 동시정보 등(개인투자자)
- Bloomberg 등 유료 정보 단말기(개인투자자 ×)
- 애널리스트들의 분석보고(개인투자자 ×)
- 브로커들의 자발적 시장정보 제공(개인투자자 ×)
- 기업탐방에 의한 확인(개인투자자 ×)
- 기타

→ 개인투자자가 경쟁할 수 있는가?

이런저런 이유로 펀드시장이 급속히 팽창되어 현대자본주의를 **펀드자본주의**라고 일컫기도 한다. 그러나 펀드는 간접투자에 따른 단점도 있다. 첫 번째, 자산운영에 대한 대가로 **수수료, 경영보수 등의 비용**을 지급해야 한다. 시장이 효율적이라면 전문가라도 시장을 이기기가 어렵기에 잘못하면 투자수익률이 시장평균보다 못할 수 있다.

두 번째, **대리문제**(agency problem)이다. 다시 말해 펀드매니저가 투자자의 이익을 극대화하기보다 펀드매니저 **자신의 이익을 극대화**하려고 할 것이다. 즉, 책임지는 일은 최소화되도록 하고 수익을 위해 최선을 다하지 않는 도덕적 해이(moral hazard)와 부당하게 위험을 과다하게 취하더라도 자신의 운영보수가 최대화되도록 선택하는 역선택(adverse selection)의 가능성이 있다.

세 번째, 규모가 커서 **운신의 폭이 좁을** 수 있다. 특히 소형주의 매매는 거래량이 적어 매매가 가격에 영향을 미치는 시장충격비용(market impact cost)이 크기 때문에 **소형우량주의 투자는 피하게 되고 대형종목 위주로 투자할 가능성**이 높다.

펀드의 종류는 매우 다양하다. 펀드투자자는 **펀드의 장·단점을 인식하고 자신의 투자성향과 투자목표에 적합한 펀드를 골라 투자**해야 한다. 좋은 펀드를 고르기 위해서는 상담 설명을 듣는 것도 중요하겠지만 펀드평가회사의 홈페이지를 이용하는 것도 좋은 방법이다. 한국의 펀드평가회사로는 제로인(www.funddoctor.co.kr)과 모닝스타코리아(www.morningstar.co.kr)가 있다.

펀드의 종류

	구분	투자대상	특징
증권펀드	주식형 펀드	주식에 60% 이상 투자	고위험 · 고수익 추구
	혼합형 펀드	주식에 60% 이상 투자	채권투자의 안정성과 주식투자의 수익성을 동시에 추구
	채권형 펀드	채권에 60% 이상 투자	안정적인 수익추구
	MMF	단기금융상품에 투자	수시 입출금이 가능한 펀드
	파생상품펀드	선물, 옵션 등 파생상품에 투자	파생상품을 통한 구조화된 수익추구
	부동산펀드	부동산에 투자	환금성에 제약이 따르지만 장기투자를 통한 안정적 수익추구
	실물펀드	금, 선박 등 실물자산에 투자	
	특별자산펀드	수익권 및 출자지분 등에 투자	
	재간접펀드	다른 펀드에 투자	다양한 성격과 특징을 가진 펀드에 분산투자

간접투자의 주의사항

간접투자상품은 예금이 아님!

전문가 운용손실 발생 시 투자자 손실

지나치게 좋은 것은 거짓말!

간접투자상품의 수익률은 직접투자의 수익률을 넘어서기 어려움

알고 투자할 것!

간접투자상품의 선택에 대한 책임은 투자자에게 있음

신탁상품 설명서와 운용성과에 대한 정보를 알아야 함

자산운용에 대한 감독

Section 05 보험

인간은 살아가면서 각종 사고나 위험에 부딪힐 수 있다. **보험**(insurance)은 **위험에 대한 경제적 부담을 남에게 전가**시키는 것이다. 보험계약을 맺으면 **예기치 않은 우발적 사고로 인해 큰 손실을 입을 경우 그 손실을 보상**받게 된다. **보험계약자는** 이를 위하여 **보험료**라는 대가를 미리 보험자에게 지급한다. **보험자**는 다수의 보험계약자들로부터 받은 보험료로 사고 당사자에게 미리 정해진 **보험금을 지급**한다.

생명보험은 신체손해, 즉 조기 사망 또는 고령이나 질병의 위험에 대해 보호를 제공하는 보험이며, **손해보험은 재산손해, 다시 말해 자기 재산상의 손해나 남에게 끼친 손해를 보상**해 주는 보험이다. 전자는 생명보험회사에서, 후자는 손해보험회사에서 해당 상품을 판매한다. 실제로는 구분이 어려운 결합상품이 개발되고 판매되는 등 경계가 점점 모호해지고 있다.

생명보험에는 보장 형태에 따라 사망보험, 생존보험, 양로보험 등이 있다. **사망보험**은 피보험자가 사망하는 경우 보험금이 보험수익자에게 지급되는 상품이며 보험기간이 정해져 있는 **정기보험**과 보험기간이 사망할 때까지인 **종신보험**으로 구분된다. **생존보험**은 보험만기까지 피보험자가 생존하면 보험금이 지급되는 상품이다. **교육보험**은 한국에서 개발된 생존보험으로 피보험자가 사망하면 보험수익자인 자녀에게 학자금과 생활보조금을 지급하고 자녀가 사망하면 계약은 소멸되고 납입보험료는 반납된다. **양로보험**은 보험만기 전에 사망하면 사망보험금이 지급되고 만기에는 만기보험금이 지급되는 상품으로 사망보험의 정기보험과 생존보험이 결합한 **생사혼합보험**이다.

상해보험은 우연한 사고로 신체부상을 입는 경우에 대비한 상품이다. 질병보험은 특정 질병을 앓는 경우 그 경제적 부담을 덜기 위한 상품으로 암보험이 여기에 해당한다. 나아가 국가에서 운영하는 건강보험(의료보험) 등이 있다.

변액보험은 보험료의 상당부분을 주식, 채권 등 유가증권에 투자함으로써 인플레이션에 취약한 종신보험의 단점을 극복하고 보험금의 실질가치를 보전하려는 상품이다. 투자성과에 대한 책임은 보험회사가 아닌 보험계약자가 지지만 미리 정해진 사망보험금만은 투자실적에 관계없이 지급된다. 유니버설보험은 보험계약자가 일정조건하에서 보험료의 크기 및 납입시기를 변경하거나 일정기간 보험료 납부를 생략하는 등의 유연성을 가진 상품이다. 변액유니버설보험은 보험의 보장기능에 은행의 입출금기능과 투자신탁의 투자기능을 혼합한 종합금융형 상품이다.

손해보험에는 재산보험, 배상책임보험 등이 있다. 재산보험은 우연적 사고로 인해 입게 되는 재산상의 손실을 보상하는 상품으로 화재보험, 해상(항공 · 운송)보험 등이 있다. 배상책임보험은 피보험자가 타인에게 재산상의 손실이나 신체적 부상을 입혀 배상책임이 발생하였을 경우 이를 보상하는 상품이다. 우연적 사고에 의한 신체적 피해를 보상하는 상해보험은 생명보험회사와 손해보험회사 모두 취급하는 상품이다. 보증보험은 돈을 빌리거나 취직할 때 흔히 요구되는 보험으로 보험계약자가 돈을 갚지 않거나 금전상의 피해를 끼칠 경우 보증보험회사가 그 피해를 보상하는 상품이다.

자동차보험은 손해보험에서 가장 비중이 높은 보험으로 자동차 운행 중 발생한 자동차 사고에 대해 보상하는 상품이다. 자동차보험에는 타인의 신체 및 재물에 준 피해를 보상하는 배상책임보험, 자기차량의 손해를 보상하는 재산보험, 자신의 신체손상을 보상하는 상해보험 등 여러 형태의 보험이 결합되어 있다.

여행자보험은 여행비품의 도난 및 파손, 식중독이나 부상 등 여행 중 사고나 위험에 대비한 보험으로 재산보험과 상해보험이 합쳐진 경우가 대부분이다. 그 외에도 레저인구가 증가하면서 낚시보험, 골프보험, 스키보험 등 다양한 레저보험이 판매되고 있다.

국가에서 운영하는 손해보험으로는 산업재해에 대해 보상하는 산재보험과 직장을 잃을 경우 보상하는 **고용보험**이 있다. 산재보험과 고용보험은 의료보험과 국민연금과 더불어 우리나라의 4대 사회보험으로 일컬어진다.

Section 06 연금

의술이 발달하고 생활환경이 개선되면서 사람들의 평균수명이 증가하고 있다. 통상 장수는 축복으로 여겨지지만 경제적 여유 없이 노후생활을 영위하는 것은 당사자에게나 사회적으로나 큰 부담이 된다. 특히 한국은 머잖아 고령화국가가 될 것으로 예상되지만 은퇴 후의 준비는 아직 취약하다.

연금은 **안정된 노후생활**을 영위하기 위한 효과적이고 보편적인 금융수단이다. 많은 국가들이 국민의 노후를 위하여 **국민연금 등 공적연금, 기업의 퇴직연금, 그리고 개인연금**이라는 **3층보장연금제도**(three pillar pension system)를 운영하고 있다.

3층보장

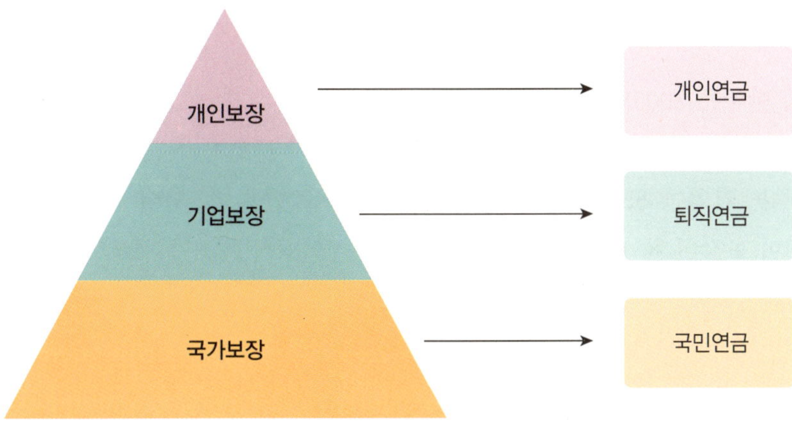

1988년에 도입된 국민연금은 일정한 연령에 도달하여 소득활동에 종사하게 되면 가입하게 되는 사회보험이다. **노령연금**은 국민연금의 기초가 되는 급여로 가입자가 나이가 들어 소득활동에 종사하지 못할 경우 지급되는 급여이다. **장애연금**은 가입기간 중 질병 또는 부상으로 인하여 장애를 입은 경우 장애 정도에 따라 급여를 지급한다. **유족연금**은 가입자 또는 연금 수급권자가 사망하면 유족에게 지급되는 급여이다.

1997년 금융위기 이후 퇴직과 이직이 많아졌다. 그런데 기존의 **퇴직금제도**는 기업들이 장부상으로만 퇴직금을 쌓아두는 바람에 폐업을 하거나 부도가 날 때 근로자들이 퇴직금을 수령하지 못하는 문제점이 있었다. 또한 평균수명이 길어지면서 퇴직 후 일시금보다는 연금형태로 지급할 필요성이 더욱 부각되었다.

연금제도별 비교

구분	국민연금	퇴직연금	개인연금
목적	국가가 국민의 기본 노후생활 보장	기업이 근로자의 노후생활 지원	개인이 여유로운 노후생활 확보
책임	사회계약적 책임	기업의 사회적 책임	자기 책임
수단	공적 연금	기업연금	개인연금
급부	소득비례	소득 및 근속연수	개인결정

이에 한국은 2005년 12월부터 퇴직연금제도를 실시해 오고 있다. **퇴직연금제도**란 회사가 퇴직금을 외부 금융회사에 적립함으로써 근로자가 퇴직 후 연금을 받는 제도이다. 기업이 도산하더라도 적립된 퇴직금을 받을 수 있어 근로자의 퇴직금 수급권이 보장된다. 또 이직 및 조기 퇴직 시 개인퇴직 계좌를 통해 연금 수급권이 보장된다. 연금으로 받거나 일시불로 받거나 선택할 수 있다.

퇴직연금에는 퇴직금의 금액이 정해져 있는 **확정급여형**(DB : Defined Benefit) 연금, 기업의 기여금이 정해져 있는 **확정기여형**(DC : Defined Contribution)**연금**, **개인퇴직연금**(Individual Retirement Pension)의 세 종류가 있다. 2012년 7월부터 적용되는 IRP에는 사업장 근로자 이외에도 퇴직급여를 일시금으로 받은 사람, DB

또는 DC형 퇴직연금 가입자, 일부 자영업자들도 자율적으로 가입할 수 있다.

퇴직연금은 예금과 보험, 투자의 성격을 모두 지니고 있으므로 금융회사들이 취급하는 퇴직연금상품의 특성을 잘 살펴봐야 한다. 퇴직연금을 맡길 금융회사를 선택할 때는 자금의 장기운용능력이 뛰어나고 수익률이 상대적으로 높게 유지되며 장기적으로 신뢰할 수 있는 금융회사를 고르는 것이 바람직하다.

현재 한국 근로자들의 한 직장 근속연수는 평균 6년 내외로 짧다. 따라서 퇴직금이 노후자금으로 충분하지 않을 경우 그 부족분을 개인연금으로 채울 수 있도록 해야 한다. 퇴직연금의 소득대체율은 40년 가입 시 20% 정도밖에 안 되며 퇴직연금과 국민연금에 가입했다 하더라도 소득대체율은 50% 정도밖에 안 된다고 한다. 노후 부부에게 생애 월평균소득의 70% 정도가 필요하다고 하니 나머지 20% 내외는 개인연금으로 충당해야 한다.

연금저축 유형별 비교

<table>
<tr><th rowspan="2">구분</th><th colspan="2">연금저축신탁(은행)</th><th colspan="2">연금저축보험(보험사)</th><th colspan="3">연금저축펀드(자산운용사)</th></tr>
<tr><th>채권형</th><th>안전형</th><th>생보사</th><th>손보사</th><th>채권형</th><th>혼합형</th><th>주식형</th></tr>
<tr><td>자산운용</td><td>채권</td><td>주식
10% 미만</td><td colspan="2">제한 없음</td><td>채권
60% 이상</td><td>채권,
주식</td><td>주식
60% 이상</td></tr>
<tr><td>적용금리</td><td colspan="2">실적배당</td><td colspan="2">공시이율</td><td colspan="3">실적배당</td></tr>
<tr><td>납부방식</td><td colspan="2">자유납부
(매월 정액납부 가능)</td><td colspan="2">매월 정액납부</td><td colspan="3">자유납부
(매월 정액납부 가능)</td></tr>
<tr><td>연금수령</td><td colspan="2">확정기한형
(기한제한 없음)</td><td>확정기간형,
종신형</td><td>확정기간형,
최장 25년</td><td colspan="3">확정기간형
(기간제한 없음)</td></tr>
<tr><td>예금자
보호법</td><td colspan="2">적용</td><td colspan="2">적용</td><td colspan="3">미적용</td></tr>
<tr><td>세금제도</td><td colspan="7">1. 저축액 납부 시 소득공제 혜택 1인당 연간 최대 400만 원
2. 중도 해지 시 1) 10년 미만의 경우는 기타 소득세 22%
2) 연금수령 개시 후부터 5년 내 해지 시 소득세 22%,
해지 가산세 2.2%
3. 일시금 수령 시 22% 소득세 부과
4. 연금 수령 시 연금소득세 5% 부과(연령대별 차등 적용)</td></tr>
</table>

자료 : 금융감독원

개인연금도 다양한 상품들이 출시되고 있어 여러 상품들을 비교하고 신중히 선택하는 것이 필요하다. 세제적격 연금은 연간 일정금액까지 납입보험료에 대한 소득공제가 있는 대신에 연금 수령 시 과세되며, 세제비적격 연금은 납입보험료의 소득공제혜택이 없는 대신 연금 수령 시 이자수익에 대해 비과세의 혜택이 있다.

Section 07 '메이저' 코리아 고령화가 덫

2012년 6월 23일 오후 6시 36분 우리나라 인구는 5,000만 명을 넘어섰다. 일본, 미국, 프랑스, 이탈리아, 독일, 영국에 이어 세계에서 7번째로 '20-50클럽'(1인당 국민소득 2만 달러 · 인구 5,000만 명)에 가입하는 것이다. 경제규모로 볼 때 마이너리그에서 메이저리그로 편입되는 셈이다.

우리나라 인구추이(단위 : 명)

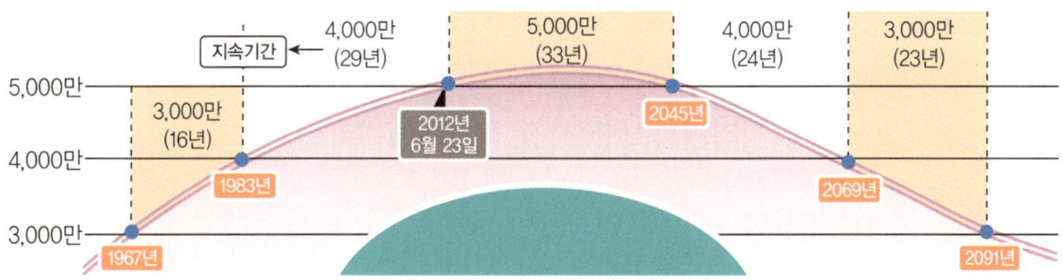

자료 : 서울신문, 2012. 6. 23.

내수를 통해 한 나라의 경제를 활성화하는 최적의 인구는 1억 명이라고 한다. 일본이 1987년에 세계 최초로 20-50클럽에 가입할 수 있었던 것도 1억 2,000만 명을 넘어선 인구 때문이었다. 강호인 조달청장은 "인구규모는 국력이나 경쟁력의 중요한 요소"라고 말했다. 인구는 곧 국력이라는 얘기이다. 그는 "2007년 1인당 국민소득이 6만 4,141달러로 세계 3위 국가였던 아이슬란드가 얼마 지나지 않은 2008년 글로벌 금융위기에 구제금융을 받아 파산한 것은 인구 32만 명으로 소

OECD 평균 대비 우리나라 삶의 질 척도(단위 : %)

자료 : OECD 더 나은 삶을 위한 척도

규모 개방경제의 덫에 걸렸기 때문"이라고 소개했다.

인구 5,000만 명으로 규모를 키운 우리나라는 이제 개개인의 '삶의 질'을 높이는 데 초점을 둔 국가 장기 비전을 내놓아야 할 때라는 게 전문가들의 지적이다. 생산가능인구 감소와 고령인구 증가 등의 숙제를 풀기 위해 '복지의 리모델링'을 고민해야 한다는 것이다. 우기종 통계청장은 "인구 5,000만 명 돌파는 경제 · 사회 · 복지정책의 방향을 바꾸는 시기가 왔음을 의미한다"고 말했다.

이창호 한국재활복지대학 총장은 "치매에 대해 정부가 간병인과 의료비를 지원해 주면 가족구성원은 생산적인 활동을 통해 세금을 조금 더 낼 수 있다"면서 "복지를 국가와 국민이 서로 투자하는 개념으로 재정립해야 한다"고 말했다. 이 총장은 2007년 기획예산처 재정전략실장 시절 국가미래전략인 '비전 2030' 작성의 실무총책을 맡았다.

삶의 질을 높이고 잠재성장률을 키우는 키워드는 역시 '복지'이다. 경제부처의 고위 관계자는 "이번 정부가 경제위기 등 현장의 문제에 대응하는 데 집중했다면 다음 정권에서는 장기적인 비전을 제시할 수 있어야 한다"면서 "우리나라 경제의 잠재성장률을 높이기 위해 더 많이 생산하는 것도 중요하지만 반대로 덜 쓰고 성장의 열매를 좀 더 많은 사람이 나누어야 할 때"라고 말했다. 인구구조를 볼 때 출산율을 높여 생산가능인구 감소세를 줄이는 한편 개개인의 행복에 대한 해법을 찾아야 한다는 것이다.

인구 5,000만 명 시대는 앞으로 33년간 지속된다. 고령화와 생산가능인구 감소는 우리나라의 잠재성장률을 낮추는 요인이다. 2045년이면 우리나라 인구는

4,000만 명대로 줄어든다. 우리나라 생산가능인구는 2010년 3,598만 3,000명에서 2040년에는 2,887만 3,000명으로 80.2% 규모로 줄어든다. 독일(78.4%)과 일본(75.5%)을 제외하면 주요국 중에 상당히 큰 폭으로 감소하는 것이다.

노인부양비(생산가능인구 가운데 고령자 비율)도 2040년 57.2%로 2010년(15.2%)의 3배를 넘게 된다. 북한도 2037년 인구가 2,654만 명으로 정점에 이른 뒤 감소한다. 통일시대를 맞더라도 규모의 경제를 형성하기는 쉽지 않을 것으로 보인다.

자료 : 서울신문, 2012. 6. 23.

Section 08 개인포트폴리오 구성방법

투자관련 속담에 "계란을 한 바구니에 담지 말라"는 말이 있다. 이는 투자는 여러 곳에 나누어서 해야 한다는 것을 의미한다. 한곳에 집중투자를 했을 경우 대박이 날 수도 있지만 자칫하면 한 방에 투자금액을 모두 날리고 쪽박을 찰 수 있기 때문이다. 그래서 등장한 것이 분산투자를 의미하는 포트폴리오이다. **포트폴리오란 예 · 적금, 펀드, 채권, 보험 등 다양한 금융상품에 나누어 투자**하는 것을 말한다.

그렇다면 개인에게 꼭맞는 포트폴리오를 구성하려면 어떻게 해야 할까? 우선 **자신의 나이와 라이프사이클을 고려해 필요한 자금규모와 시점을 예측**해야 한다. 목표 없이 투자한다는 것은 지도 없이 항해하는 것과 같다. 만기자금의 사용처가 불

금융상품 선택 시 고려사항

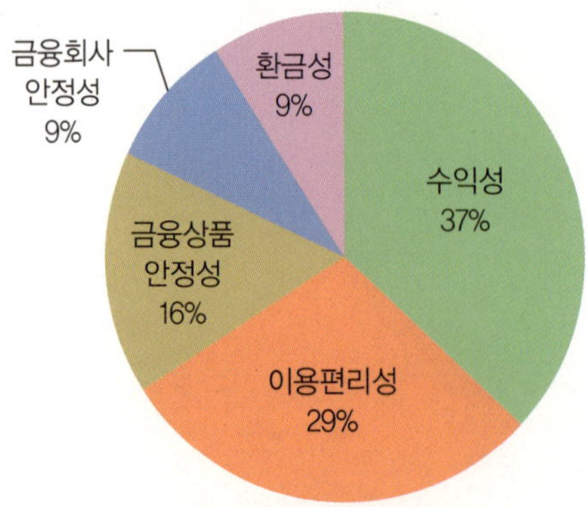

자료 : 금융감독원, 2008.

분명하면 불필요한 부분에 돈을 써버려 정작 필요한 시점에 자금이 부족한 상태가 발생할 수 있다. 필요한 시점에 필요한 금액을 마련할 수 있도록 금융목표를 설정하는 것이 최적의 포트폴리오를 구성하기 위한 첫 번째 단계이다.

금융목표를 설정한 다음에는 목표 달성을 위해 필요한 자금과 현재 준비된 자금을 계산해 **부족한 돈의 규모를 산정**해야 한다. 예를 들어 자녀의 나이와 상관없이 월 10만 원씩 저축하는 방법으로 자녀교육비를 마련할 계획을 세웠다면 자녀가 대학에 입학할 때 돈이 부족할 수 있다. 하지만 자녀를 교육시키기 위해 언제까지 얼마의 자금이 필요한지 예측하고, 그 자금을 마련하기 위해 남은 기간 매월 얼마의 금액을 어느 정도의 수익률을 볼 수 있는 상품에 투자해야 하는지 파악한다면 자녀교육비 마련에 가장 적합한 상품을 선택할 수 있다.

만일 자녀가 현재 초등학교 1학년이라면 앞으로 12년 후에 대학에 입학할 것이다. 현재 4년제 대학의 등록금이 총 4,000만 원이고 등록금인상률이 물가상승률과 같은 4%라고 가정하면, 12년 후에는 총 6,400만 원을 마련해야 한다는 계산이

개인투자 실패와 성공

개인투자 실패와 성공

개인투자 이렇게 하면 실패…

1. 인기 높은 테마주에 집중투자한다.
2. 액면가를 밑도는 저가주에 투자한다.
3. 한두 종목에 집중투자해 단기간에 높은 수익을 노린다.
4. 과거 실적만 보고 투자한다.
5. 많이 떨어진 종목만 골라 투자한다.

개인투자 이렇게 하면 성공…

1. 업종을 대표하는 우량주를 산다.
2. 상관관계가 작은 업종 · 종목에 고루 투자한다.
3. 성장성이 높고 지배구조가 투명한 기업에 투자한다.
4. 하락종목 싸다고 탐내지 않는다.
5. 종목 선택 자신 없다면 펀드에 투자한다.

우량주 장기투자가 최선

걸핏하면 사고파는 개인투자자의 높은 매매회전율(단위 : %)

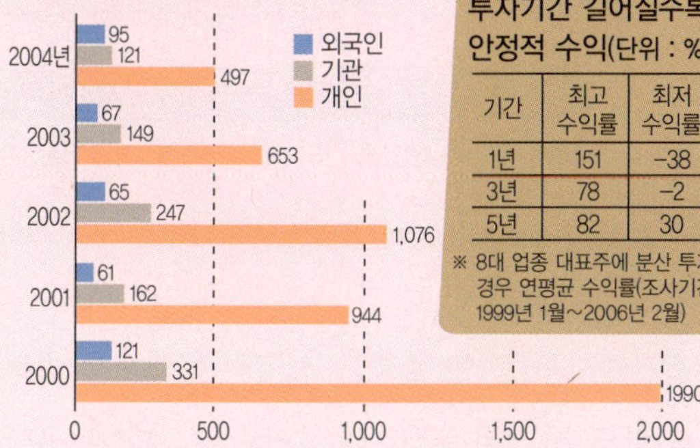

※ 매매회전율 : 주식을 얼마나 자주 매매했는지 보여주는 지표
100%이면 1년에 주식을 한 번 사고판 것임

투자기간 길어질수록 안정적 수익(단위 : %)

기간	최고 수익률	최저 수익률
1년	151	−38
3년	78	−2
5년	82	30

※ 8대 업종 대표주에 분산 투자할 경우 연평균 수익률(조사기간 : 1999년 1월~2006년 2월)

자료 : 삼성증권

자료 : 중앙일보, 2006. 3. 9.

나온다. 12년 동안 이 돈을 모으려면 수익률이 5%인 상품에 매월 32만 원씩 투자해야 한다.

그러면 목표를 이루는 데 가장 **효율적인 금융상품**은 어떻게 **선택**하는 것이 좋을까? 금융상품은 수시입출금식 상품, 1년 미만의 단기상품, 1년 이상 3년 미만의 중기상품, 3년 이상의 장기상품 등 **투자기간과 투자목적에 맞게** 골라야 한다. 이어 목표수익률에 따라 원금과 최소한의 이자를 받을 수 있는 저위험 상품, 원금을 보존할 수 있는 중위험 상품, 원금손실이 발생하더라도 높은 수익률을 추구할 수 있는 고위험 상품 등으로 구분해 포트폴리오를 구성하는 것이 바람직하다. 이때 세금혜택을 받을 수 있는 **절세상품**과 노후준비에 적합한 상품 등 특화된 기능까지 고려한다면 보다 더 많은 수익을 얻을 수 있다.

투자포인트

큰 사이클을 보라!
부동산, 채권, 주식 10년 사이클

경제, 산업, 기업을 보라!
기본이 좋아야 역시 결과도 좋아

확인, 점검하라!
배우자 고르듯이, 집이나 냉장고 사듯이

남하고 앞서든지 달라야!
반대의견의 이론, 신문타이틀이론, 무릎어깨이론

보통 금융설계를 할 때 투자자의 나이에 따라 투자자산 비중을 배분한다. **100에서 투자자의 나이를 뺀 숫자가 적당한 투자자산 비중**으로 평가된다. 예를 들어 나이가 50이라면 자산의 50%, 60살이라면 자산의 40%를 투자자산에 투자해야 한다는 것을 의미한다. 나이가 젊을수록 위험 투자자산 비중을 높게 하고 나이가 들수록 안전자산 비중을 높이는 것이 일반적이다.

한꺼번에 많은 돈을 투자하기보다 **정액분할 투자**가 개인투자자들이 손쉽게 할 수 있는 투자방법이다. 매월 또는 정기적으로 적금처럼 일정금액을 투자하는 적립식 펀드가 좋은 예이다. 목돈을 한꺼번에 투자하는 방법에 비해 위험을 분산시키면서 주가가 하락할 때 더 많은 펀드좌수를 매입할 수 있어 평균매입단가를 낮출 수 있는 장점이 있다. 단 평균매입단가보다 주가가 높아야 수익을 실현할 수 있으므로 환매 시 주의하여야 한다. 환매를 고려할 때는 최고의 수익률보다는 평균수익률 개념으로 접근해야 환매시기를 놓치지 않는다.

마지막으로 위험자산에 투자할 때 반드시 유념해야 할 사항은 '하이 리스크 하이 리턴'이다. 수익의 크기에 비례하여 위험도 증가하므로 투자수익률이 높다는 이유만으로 무턱대고 투자를 하는 것은 금물이다. 투자의 대가 워런 버핏은 투자성공의 원칙을 두 가지로 표현했다. 그는 "첫 번째는 돈을 잃지 말라. 두 번째는 첫 번째의 원칙을 지켜라"고 말했다. 투자에서 리스크관리의 중요성을 강조한 말이다. 우리 속담에 "바쁠수록 돌아가라"는 말이 있다. 불확실성이 커져가는 세계금융시장에서 자신의 투자자산을 다시 한 번 점검해 보고 투자의 기본을 생각하는 시간을 가져 보자.

자료 : 매일신문, 생활속 재테크, 2012. 5. 10, 6. 14. 재구성

Section 09 서민들의 재테크전략

재테크는 더 이상 부자들만의 전유물이 아니다. 은행의 정기예금의 이자가 물가상승률보다 높으면 매년 물가상승률 이상의 이자소득이라도 얻을 수 있었지만 그러나 지금은 시대가 그렇지 않다. 오히려 자산이 많지 않은 서민들이 재테크에 대해 고민해야 한다. 왜냐하면 무작정 저축만 한다고 해서 자산이 늘어나지 않기 때문이다.

그럼 어떻게 자산을 늘릴 수 있을까? 경기전망과 맞추어 재테크전략을 짤 필요가 있다. 세계경제 불안정으로 인한 저금리기조가 지속될 것으로 보고 있다. 더 이상 '안전'만을 추구하기에는 너무 낮은 금리이다. '수익'도 중시해야 한다. 음식도 편식을 하면 성장에 저해가 되듯 자산도 한곳에만 집중하다 보면 실기(失機)할 수

미 경제지 포춘 제안

1. 투자시작은 빠를수록 좋다.
2. 연금저축펀드를 활용하라.
3. 시장을 이기려고 하지 말라.
4. 트렌드를 쫓아가지 말라.
5. 매달 자동이체로 저축하라.
6. 주식투자비중을 높여라.
7. 수수료 비싼 펀드를 피해라.
8. 신용카드 빚을 지지 말라.
9. 주식매매횟수를 줄여라.
10. 투자는 단순하게 하라.

조급증이 '개미필패' 부른다

조급증이 '개미필패' 부른다… 삼성증권 '실패하는 개인의 투자습관'	투자 '버릇' 확 바꿔야
• 외국인 한 번 매매 때 5번 거래… • 소문 듣고 테마주 덥썩 물어… • 과거 실적주에만 매달리기도… • 판 종목은 오르고 산 종목은 내리고… 개인투자자들의 변치 않는 고민이다. 박스권 장세가 이어지는 올해에도 개인들의 주식투자 성적표는 'F학점'이다.	• 막연히 '테마주'에 편승 • 한두 종목에 집중 투자하는 '몰빵투자' • 과거 실적이 좋았던 주식에 대한 미련 • 액면가를 밑도는 저가주에 대한 집착

자료 : 중앙일보, 2006. 3. 9.

있다. 그럼 현재의 내가 가진 포트폴리오를 어떻게 재구성해야 할까?

비과세통장이 있는가? **저금리시대에 절세는 최고의 재테크** 방법이다. 금리가 1% 높은 고수익 상품을 찾아 가입하는 것보다 우선적으로 절세상품에 최대한 가입하는 것이 재테크 요령이다. **비과세상품**은 비과세생계형저축, 장기주택마련저축, 비과세펀드가 있다. 비과세혜택을 주는 상품이니만큼 가입대상 제한이 있다. **세금우대상품**은 저축을 해서 얻은 이자나 배당소득에 대한 이자소득세를 일반세율(15.4%)보다 5.9% 우대하여 적게(9.5%) 징수하는 상품이다. 세금우대는 전 금융기관을 통틀어 1인당 1천만 원까지 한도이다. 그러나 만 60세 이상과 장애인은 3천만 원까지 세금우대가 가능하다. 단, 세금우대는 1년 이상 예치한 상품에 대하여만 가능하다. 이때 농특세 1.4%만 징수되는 새마을금고, 농협, 신협의 조합원

사기 당할까? 이런 것들로 판단하세요

- 투자종목에 대해 생각하거나 조사해 볼 여유도 주지 않고 투자를 권유한다.
- "내부정보", "비밀정보"라고 건넨다.
- "평생 단 한 차례 기회", "미루다간 기회를 놓친다"고 주장한다.
- 아주 높은 수익이 가능하다거나 보장된 수익을 약속한다.
- "위험이 전혀 없다", "예금증서만큼 안전하다" 등의 말로 확산시킨다.
- 투자와 관련된 정보를 서면으로 보내주는 것을 거절하거나 꺼린다.

상품이나 이자를 조금 더 주는 신용금고나 조합 등의 제2금융권으로 눈을 돌리면 세금우대효과가 더욱 두드러진다.

확정금리에 더 이상 만족할 수 없다. 올해의 또 다른 재테크 포인트는 주식시장에 대한 관심이다. 여유자금이 있다면 30% 정도를 주식형 수익증권(안정형, 안정성장형, 성장형 중 본인의 투자성향에 맞게 선택) 등 주식관련 상품에 투자하는 것도 좋다. 장기주택마련수익증권(펀드)에 가입한다면 절세와 주식투자수익의 효과를 동시에 노릴 수 있어 실질적인 수익률을 높일 수 있다. 투자는 연령과도 관계가 있는데 20~30대의 투자자라면 고수익에 초점을 맞춘 투자가 가능하지만 40대라면 안정적인 포트폴리오를 염두에 두고 투자비율을 조절해야 한다.

잊지 말아야 할 것

- 배우자를 선택할 때나 냉장고를 살 때의 마음가짐으로 투자한다면 실패하지 않을 것이다(워런 버핏).
- 투자자들은 조금이라도 이해되는 것보다는 뭔지 모르는 것에 투자하기를 좋아하는 것 같다(피터 린치).
- 증권시장에서는 공짜 점심이 없다.

대출이 있다면 대출금부터 갚아야 한다. 매달 일정금액을 적금으로 붓고 있으면서 또 한편으로는 대출의 원리금을 꼬박꼬박 지불하는 경우도 종종 볼 수 있다. 사실 대부분의 대출이자율은 예금이자율보다 높다. 투자수익보다 더 높은 대출을 쓰고 있다면 빠른 시일 내에 상환하도록 해야 한다. 대출을 받아 주식투자 또는 여타의 방법으로 엄청나게 수익을 낸다면 이야기가 달라지지만 말이다. 위에 제시한 내용들은 기본적인 재테크전략들이다. 각자의 상황에 맞는 재테크전략을 수립하여야 한다. 그러나 아직까지 방향을 잡고 있지 않다면 지금이라도 속히 나의 포트폴리오를 점검해 볼 일이다.

자료 : 머니오케이, 재테크전략 코너, 2011. 9. 6.

Chapter

11

대가들의 투자기법

Section 01 워런 버핏 : 기업을 매입하듯 주식을 매수한다

버크셔해서웨이(Berkshire Hathaway)의 워런 버핏(Warren Buffett, 1930~)은 1956년 단돈 100달러로 주식투자를 시작하여 400억 달러가 넘는 재산을 형성하였다. 워런 버핏은 전설이자 신화이다. 여기서 놀라운 것은 그가 이러한 성과를 남들이 모르는 어떤 비법을 이용하여 거둔 것이 아니라 단순한 계산과 상식, 인내, 그리고 모든 투자자들이 쉽게 할 수 있는 기초적 분석을 통해서 이루어냈다는 것이다. 그의 투자법칙을 알아보자.

워런 버핏의 투자 8법칙

- 유망회사의 주가가 오른다고 해서 무턱대고 그 주식을 사는 것은 어리석은 짓이다
- 자신이 시장을 능가한다고 생각하지 말라
- 추격매수는 단기간에 하라
- 시장예측은 불가능하다
- 정확한 산술에 기초하여 예측하라
- 새로 나온 종목은 가급적 사지 말라
- 꾸준히 오르는 주식에 투자하라
- 끈기 있게 투자하라

■ 복잡함보다는 단순함을 선택하라

투자에서 난이도는 중요하지 않다는 사실을 명심하고, 역사가 길고 비즈니스 모델을 예측할 수 있는 기업을 찾아라.

■ 스스로 결정하라

투자 자문이나 다른 재정 전문가가 접근하면 이렇게 물어보라. “그게 당신하고 무슨 상관인가요?” 그들의 대답이 만족스럽지 않다면 그냥 자리를 떠라. 가치투자를 실행하라. 이는 장기간 동안 보상을 얻을 수 있는 증명된 방식이다.

워런 버핏의 가치투자

기업요소
1. 기업의 활동이 단순하고 이해하기 쉬운가? 2. 기업이 일관되고 오랜 역사를 가지고 있는가? 3. 기업의 장기적인 전망이 밝은가?

경영요소
4. 경영진이 합리적인가? 5. 경영진이 주주들에게 정직한가? 6. 경영진이 제도적 관행에 도전할 용기가 있는가?

재무요소
7. 자기자본순이익률은 어떠한가? 8. 회사의 주주수익은 어떠한가? 9. 매출액순이익률은 어떠한가? 10. 유보금은 효율적으로 사용되고 있는가?

가치요소
11. 회사의 내재가치는 얼마나 되는가? 12. 주식을 내재가치보다 훨씬 싸게 매입할 수 있는가?

■ 중용을 유지하라

주가가 하락했다고 공포에 질려 주식을 헐값에 팔아넘길 생각이라면 처음부터 주식에 투자하지 말라.

■ 끈기를 가져라

'끈기' 원칙을 실천하라. 주가보다는 기업과 수입잠재력, 전망 등을 살펴보라.

■ 주식이 아니라 사업을 매입하라

투자할 주식을 선정할 때 사업의 성과를 가장 중요하게 생각해야 한다. 불확실한 시장에서 확실성을 찾아라. 장기적으로 경쟁자들을 물리칠 수 있는 기업을 찾아라.

■ 프랜차이즈 회사를 찾아라

요새 같은 회사나 경쟁자보다 앞서는 회사를 찾아라. 시장을 성급히 들락날락하지 말라.

■ 하이테크가 아니라 로우테크 주식을 사라

비교적 복잡한 회사(하이테크 회사)가 벼락부자가 될 것이라며 제시하는 유혹에 빠지지 말라. 이런 기업은 장기적으로 예측하기가 가장 어렵다.

■ 집중적으로 주식투자하라

주식투자를 지나치게 다양화하기보다 앞으로 확실히 성공할 훌륭한 기업에 집중하라.

■ 지나치게 거래하지 말고 가급적 적게 거래하라

지나치게 빈번하게 거래하는 투자자는 얻는 것보다 더 많이 잃는다.

■ 증권시세를 보지 말라

증권시세를 멀리 하고 매일 주가를 확인하지 않도록 자제하라.

■ 약세장을 구매기회로 생각하라

훌륭한 기업이 기업의 기본요소나 경영진의 자질이 아닌 다른 이유 때문에 주식을 바겐세일하는 기회를 찾아라.

■ 공을 던질 때마다 방망이를 휘두르지 말라

투자에도 스트라이크존과 스위트 스폿이 존재한다.

■ 매크로는 무시하고 마이크로에 집중하라

기업 외부의 큰 흐름은 중요하지 않다. 중요한 것은 기업에 대해 구체적으로 알려주는 작은 일이다.

■ 경영진을 자세히 살펴보라

반드시 경영진을 평가한 후에 기업에 투자하라. 주주친화적인 기업을 찾아라. 재정이나 회계분야에서 속임수를 썼던 경력이 있는 회사에는 투자하지 말라.

■ 기억하라, 월스트리트의 제왕은 빈털터리이다

■ 독자적으로 생각하라

미친 듯이 날뛰는 무리로부터 멀어져라. 그렇지 않으면 여러분과 여러분의 투자가 함께 날뛸지도 모른다.

■ 능력의 범위를 벗어나지 말라

능력의 범위를 바탕으로 투자할 기업을 선정하라. 능력의 범위는 편안하게 투자할 수 있다고 느끼는 기업과 주식이다.

■ 주식시장 예측을 무시하라

단기적인 예측은 쓸모없다. 추세에 신경쓰기보다 기업의 성과에 집중하라.

■ 시장과 안전 마진을 이해하라

■ 남들이 욕심 부릴 때 두려워하고 남들이 두려워할 때 욕심 부려라

사람들이 팔 때 사고 사람들이 살 때 팔아라.

■ 읽고, 읽고, 좀 더 읽은 다음 생각하라

연례보고서를 꾸준히 읽어라. 어떤 기업에 관심이 있으면 경쟁업체의 주식을 약간 매입하여 그들의 연례보고서를 손에 넣고 목적의식을 가지고 폭넓게 읽어라. 이런 과정을 통해 독자적인 사고와 추론을 위한 사실과 아이디어를 얻어라.

■ 자신의 모든 힘을 써라

무턱대고 다른 사람을 모방하지 않고 자신의 힘을 십분 활용하라.

■ 다른 사람의 값비싼 실수를 피하라

다양한 종류의 투자에 부과되는 숨겨진 비용과 가격을 주시하고 많이 질문하면서 현명하게 투자하라.

■ 건전한 투자자가 되라

탄탄한 투자습관을 갖추고 소음을 멀리하고 진실한 이야기에 귀를 기울여라.

자료 : James Pardoe, *How Buffett Does it*, McGraw-Hill, 2005.

중국판 워런 버핏 등장… 100만 원 투자 16년 만에 486억 원 벌어

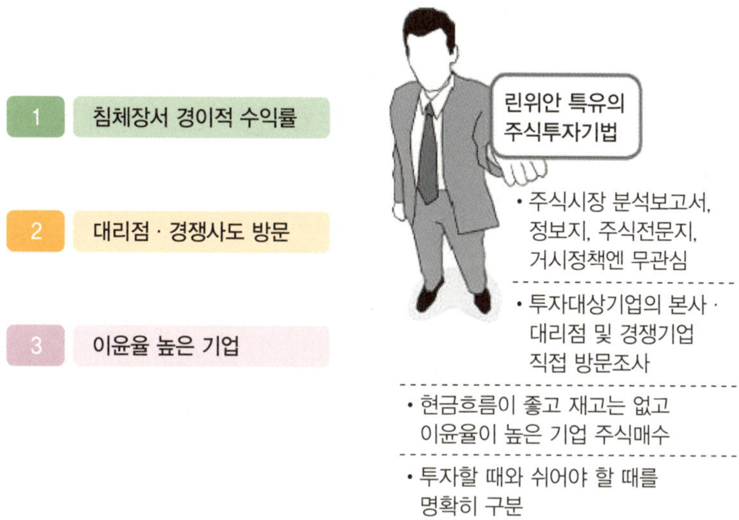

자료 : 한국경제, 2006. 3. 28.

그렇다면 워런 버핏이 말하는 투자 3단계는 무엇일까?

■ 1단계 : 정보수집

■ 2단계 : 정보분석

- 무슨 사업을 하는지 이해할 수 있는가?
- 최고경영자와 임원들이 핵심사업에 전념하고 있으며, 과거 매출과 수익으로 볼 때 능력이 있는가? 그리고 회사는 어떻게 운영되는가?
- 경영진은 주주들에게 경영내용을 솔직히 알려주고 있는가?
- 반복적으로 사용할 수 있고 높은 수준의 고객충성심을 불러일으키는 최고수준의 브랜드 제품을 취급하고 있는가?
- 회사는 상당한 경쟁적 우위를 점하고 있으며, 잠재적 경쟁자들에게 장벽을 치고 있는가?
- 회사의 소유자 수익과 현금흐름은 양호한가?

- 매출과 수익 면에서 오랫동안 순조롭게 증가세를 보이고 있는가?
- 회사가 자기자본에 대해 15% 이상의 수익을 올려주고 있으며 다른 곳에 투자할 때와 비교할 때 더 괜찮은 수익을 가져다주는가?
- 경쟁사의 수익 마진과 비교해서 상대적으로 더욱 양호한 수익 마진을 유지하는가?
- 회사의 목표는 무엇이고 그것을 달성하기 위한 계획은 무엇인가?
- 회사의 위험요소로는 어떤 것이 있는가?
- 회사의 부채비율은 재정적 건전성을 유지하는 데 문제가 없는가?
- 미래의 수익성과 가격잠재력을 비교해 볼 때 주식은 적당한 가격에 매매되고 있는가?

■ 3단계 : 투자결정

- 매출과 수익의 성장기록을 찾는다.

  버핏은 주당감가상각비에 주당순이익을 더하고 계획과 설비를 유지하고 개선하는 데 들어가는 비용인 주당자본소비분을 제한다. 그는 이 계산을 '소유자수익'이라고 부른다.

  소유자수익 = 순이익 + 감가상각비 − 자본소비
- 이익을 올리는 기업을 찾는다.

  영업이익률은 이자와 감가상각, 세금을 제하기 전의 영업이익을 계산해 백분율로 표시한 것이다. 올해의 이익률은 회사의 지난해 이익률과 비교해 봐야 하며, 경쟁사의 이익률과 비교해 보는 것도 중요하다.
- 장부가치의 흐름을 따른다.

  버핏은 장부가치를 다른 관점에서 보고 있다. 그는 장부가치가 증가하는지 감소하는지를 평가하는 데 있어서 오랜 기간의 것을 검토하는데, 이것은 개인의 순자산을 추적하는 것과 같은 일이다.
- 자기자본이익률(ROE)에 주목한다.

  ROE는 회사평가의 가장 중요한 수단으로 생각한다. 버핏은 비용부담은 높고 ROE는 낮은 기업에는 투자하지 않는다.

- 부채비율이 적당한 기업에 투자한다.
- 주가수익배율(P/E)이 높은 우량한 회사에 투자하는 투자자는 단기적으로는 손해이지만 장기적으로는 이익을 볼 것이다.

자료 : 니키 로스, 월가 거장들의 투자 전략, 한상천 역, 은행나무, 2001.

Section 02 벤자민 그레이엄 : 숨어있는 자산을 찾아라

벤자민 그레이엄(Benjamin Graham, 1894~1976) 이전의 월스트리트가 투기의 장이었다면 그의 등장 이후에는 과학적 투자의 장이었다고 할 정도로 그레이엄은 주식시장의 틀을 바꾸었다. 지금도 주식투자분석에 기본적인 지표로 사용되고 있는 주가수익배수(PER), 순이익성장률 등은 그레이엄이 처음으로 일반화한 개념이다. 워런 버핏은 물론 존 보글, 존 네프, 마이클 프라이스 등 월스트리트의 대표적인 가치투자자들에게 큰 영향을 미쳤다.

■ 주식투자는 기업을 사는 것

주식을 거래한다는 것은 그 기업을 거래하는 것과 같다. 따라서 기업의 가치와 수익성을 무시하고 주식시장의 과거 움직임에만 의존해 투자하는 것은 근본적으로 한계를 가질 수밖에 없다. 더구나 기술적 분석이 전성기를 구가했던 1920년대의 '질풍노도 같은 대강세장'이 1929년 10월 주가 대폭락과 함께 종언을 고하자 뭔가 새로운 투자방법론이 절실해졌다.

그레이엄 자신도 주가 대폭락 사태로 큰 시련을 겪었지만, 그는 시장에 반영되는 매일매일의 주가는 왜곡되는 경우가 많다고 생각했다. **투자자들의 두려움이나 욕심으로 인해 주가의 왜곡이 나타난다**고 믿었다. 다시 말해, 투자자들이 욕심을 너무 부려 주식시장에 낙관적인 전망이 넘쳐날 때는 주가가 본래의 기업가치보다 과대평가되고, 반대로 투자자들이 두려움에 휩싸여 비관적인 전망이 주식시장을 지배할 때는 주가가 과도할 정도로 떨어진다는 것이다. 그레이엄은 **주가란 장기적으**

로 보면 결국 정상적인 기업가치를 반영할 것이기 때문에 주식시장의 이 같은 비효율성을 이용해 투자하면 돈을 벌 수 있다고 확신했다.

■ 현명한 투자자

"투자란 철저한 분석에 바탕을 두고 투자 원금의 안정성과 적절한 수익성을 보장하는 행위를 말하며, 이 같은 안정성과 수익성을 충족시키지 못하는 행위는 투기라고 말할 수 있다." 그는 특히 시장예측에 기초해 타이밍을 노리는 행위는 투기라고 했다.

투기자는 단기적인 이익을 얻고자 한다는 점에서 주가가 상승하기를 기다리며 1년씩 버틴다는 건 무척 힘든 일이라고 말한다. 그러나 투자자에게는 기다리는 시간이 그다지 중요하지 않을 수 있으며, '현명한 투자자'는 모두가 팔고 있는 약세장에서 매수해 모두가 사고 있는 강세장에서 매도하는 사람으로 정의할 수 있다고 설명한다. 즉, 투기자의 가장 큰 관심사는 시장의 변동을 예측하고 그로부터 이익을 얻는 데 있다. 반면에 투자자의 가장 큰 관심사는 합리적인 주가로 거래되는 기업의 주식을 매수해 어떤 가치기준으로도 정당화시킬 수 없을 만큼 주가가 높은 수준일 때까지 주식을 계속 보유하는 데 있다.

그레이엄이 『증권분석』에서 제시한 투자방법은 합리적인 가격수준, 즉 기업의 내재가치 이하로 거래되는 주식을 신중하게 선정해서 분산투자를 한다면 높은 투자수익을 올릴 수 있다는 것이다. 그가 말하는 기업의 내재가치란 사실(facts)에 의해 평가되는 확실한 가치이다. 사실이란 기업의 유동자산, 순이익, 배당금, 미래의 수익전망 등을 말한다. 반면에 경영진의 능력이나 사업의 특성, 성장전망 등과 같은 질적인 요소를 너무 강조하게 되면 투자의 안전성을 해칠 우려가 있다고 지적한다.

■ 그레이엄의 주식투자원칙

그레이엄이 구체적으로 지적한 주식투자의 네 가지 원칙을 살펴보자. 첫째, 10~30개 정도의 종목에 분산투자를 해야 한다. 둘째, 현금흐름이 우수하고 전망이 밝은 대형주로 투자대상 종목을 한정해야 한다. 셋째, 적어도 20년 정도의 오랜 기간 동안 계속해서 배당금을 지급한 기업이라야 한다. 넷째, 주가는 최근 1년간 주당순이익의 20배, 7년간 평균 주당순이익의 25배를 넘지 않아야 한다.

자료 : 미래에셋미디어(http://media.miraeasset.com)

Section 03 존 템플턴 : 영혼이 있는 투자

존 템플턴(John Templeton, 1912~2008)은 글로벌펀드라는 새로운 분야를 개척한 창조적인 펀드매니저로 그가 운용한 펀드는 16년간 2,700%라는 경이적인 수익률을 기록했다. 템플턴은 시장이 최고로 비관적일 때 과감히 베팅했고, 남들이 (미국) 국내에 몰두할 때 중국, 일본, 한국 등 해외시장에 눈을 돌렸다. 그의 가치투자전략과 투자철학을 알아보자.

- **강세장은 비관 속에서 태어나 회의 속에서 자라며 낙관 속에서 성숙해 행복 속에서 죽는다. 최고로 비관적일 때가 가장 좋은 매수시점이고 최고로 낙관적일 때가 가장 좋은 매도시점**이다. 전망이 가장 좋지 않은 주식이 무엇인지 물어라. 비가 올 때 사고 해가 뜰 때 팔아라.
- **증시의 역사는 반복된다. 역사의 흐름을 읽어라.** 이자를 내는 사람이 아니라 이자를 받는 사람이 되어라. 해외여행을 통해 시야를 넓히고 폭넓은 견문을 쌓아라. **주식투자는 확률게임이다. 분산투자의 원칙을 지켜라.** 금융위기의 상황에서 자신의 포트폴리오를 다시 평가하고 그것을 지켜라.
- 기업의 가치와 주가는 다르다. 주가가 기업가치보다 현저하게 낮은 주식을 사는 **바겐 헌터가 되어라. 가장 매력 없는 주식이 가장 매력적인 사냥감**이다. 투자자들의 감정적인 오판을 최대한 이용하라. 주식을 매입하기 전에 **그 기업에 대해 철저히 연구하라.** 특정 기업에 대한 가장 좋은 정보는 그 기업의 경쟁업체에게서 얻을 수 있다. 소문에 흔들리지 말라. 주식에 대한 자신의 판단을 믿어라.
- 시장의 흐름이나 경제전망이 아닌 **개별종목의 가치에 주목하라.** 정보 부족으로

방치된 주식을 찾아라. 상식에 어긋나는 '역발상 투자전략'은 가장 높은 수익률을 가져다준다. 게임에서 앞서기 위해서는 항상 미래의 기회에 초점을 맞춰라. 50% 이상 저렴한 주식을 발견할 때만 갈아타라.

- 주식시장에 떠돌고 있는 예측에 의존하지 말라. 대부분 잘못된 것으로 판명되거나 잦은 매매를 부추긴다. 소문보다는 주가수익률을 확인하라. 수익성장률을 예상할 때 자신의 예상이 객관적이고 합리적인지 확인하라. 중요한 결정을 내릴 때는 자신의 직관에 따라라.
- 저가주식 보유량을 늘리기 위해 전 세계 시장을 돌아다녀라. 해외 주식투자를 통해 분산투자의 이점을 극대화하라. 투자 국가를 선별할 때 먼저 개별기업에 대해 철저히 조사하라. 과도한 부채가 있는 나라에 투자하는 것을 피하라. 수출위주의 국가에서 조직의 25% 이상이 그 나라에서 사업하고 있는 기업에 집중하라.
- 주식투자란 기업의 일부를 매수하여 그 기업의 재산을 공유하는 것이다. 향후 10년간의 주당순이익을 예측하라. 미래에 직면하게 될 기업의 경쟁적 위치를 예측하라. 기업이 창출할 먼 미래의 수익에 관심을 기울여라. 독점적 위치에 있는 기업을 찾아라. 기업의 건실한 성장률과 높은 수익창출능력은 투자의 중요한 체크 포인트이다. 수익증가속도가 빠른 주식에 투자하되 장기적인 안목을 지켜라.
- 경기가 장기침체로 돌아설 때는 채권에 투자하라. 하락장 속에서 저가 주식을 발견하는 시점까지만 채권을 보유하라. 나스닥지수가 50% 하락할 때 채권을 팔고 저가주식으로 갈아타라. 현명한 투자자는 항상 변화의 조짐을 찾으려고 애쓰고, 자신의 투자자산을 안전하게 보호하기 위해 주의를 게을리하지 않는다.

자료 : 로렌 템플턴 · 스콧 필립스, 존 템플턴의 가치투자 전략, 김기준 역, 비즈니스북스, 2009.

■ 최종수익률로 평가하라

정확한 투자수익률은 세금과 인플레이션을 감안한 최종수익률이다. 무엇을 하든 최선의 선택을 하기 위해선 모든 사항을 제대로 평가해야 한다.

■ 투기적 매매가 아닌 투자를 하라

종목교체가 잦은 전문브로커보다 장기적으로 주식을 여유 있게 가져가는 투자자들이 자신의 포트폴리오를 훨씬 더 잘 운용한다. 이들은 새로운 정보에 더 밝고, 내재가치에 대한 이해의 폭도 더 넓다. 작은 변화에 매매하고, 공매도하거나 옵션만 거래하는 건 위험하다. 이익을 올려도 수수료 부담이 크다. 일관성을 유지하는 게 고수익을 가져다준다.

■ 개방적이며 유연한 자세로 다양한 투자상품을 생각하라

하나의 투자대상이 늘 최고수익률을 올릴 수는 없다. 여러 종류의 상품에 대해 개방적인 자세를 가져야 한다. 특정 산업이 인기를 끌고, 특정 투자대상이 선풍을 일으켜도 이는 일시적인 것으로 끝나고 만다. 대중적인 인기에 편승해선 결코 최고의 투자기회를 잡을 수 없다. 보다 다양한 시각과 열린 마음이 필요하다.

■ 비관적 분위기가 최고조에 달했을 때, 즉 쌀 때 사라

저가 매수는 상식이다. 그런데 늘 천장일 때 사람이 몰리고, 바닥일 때 주식수요가 적다. 거의 모든 사람들이 비싸게 사서 싸게 판다. 장밋빛 전망일 때의 매수는 어리석기 짝이 없는 일이지만, 이게 인간의 본성이다. 물론 최악일 때 주식을 사기란 어렵다. 하지만 군중을 따라선 남는 게 없다.

■ 매수하기 전에 좋은 주식인지를 살펴보라

무조건 싸다고 매수하면 안 된다. 좋은 주식을 사야 한다. 성장산업이면서 시장점유율이 확고한 일등이 그렇다. 기술혁신이 경쟁력의 관건인 분야에서는 기술력이 좋아야 한다. 뛰어난 경영진과 원가경쟁력도 필수다. 재무구조가 좋고 소비자에게 신뢰를 줘야 한다. 이 모든 걸 공통적으로 보유해야 좋은 주식이다.

■ 시장의 흐름이나 경제전망이 아닌 개별종목의 가치에 주목하라

증시란 주식이 거래되는 시장이다. 궁극적으론 개별종목의 움직임이 증시흐름을 결정짓는다. 개별종목의 내재가치는 고유한 것이며, 다양한 형태의 투자기회를 제공한다.

■ 위험을 분산하라

보유종목의 숫자가 많을수록 안심된다. 우린 결코 앞날을 예견할 수 없기에 분산투자는 필수다. 여러 산업과 위험도가 다른 투자상품에 나눠 투자해야 한다. 그물을 넓게 만들어 던지면 노력한 대가를 얻을 수 있다.

■ 스스로 공부하라, 아니면 전문가의 도움을 받아라

최고의 투자결정을 내리자면 확실한 정보가 필수다. 스스로 조사하든 전문가의 도움을 받든 기본적인 지적 역량을 강화해야 현명한 선택이 가능해진다. 연구하고 계획하고 분석하라.

■ 자신의 투자에 주의를 게을리하지 말라

항상 긴장된 자세로 투자하라. 어떤 것도 확실한 건 없다. 그저 사놓고 잊어버릴 수 있는 주식이란 없다. 언제든 조치를 취할 수 있게 한순간도 주의를 게을리 해선 안 된다.

■ 패닉에 빠지지 말라

경제위기가 최고조일 때 투자자가 저지르는 최악의 행동은 패닉상태에 빠지는 것이다. 시장추락 전에 당신의 포트폴리오가 괜찮았다면 이들 주식을 샀을 때의 믿음을 견지하라.

■ 실수로부터 배워라

실수를 저지르지 않는 유일한 방법은 아예 투자하지 않는 것이다. 실수했다고 낙담해선 안 된다. 손실을 만회하기 위해 더 큰 위험을 무릅써서도 안 된다. 오히려 이로부터 뭔가를 배우려는 자세가 필요하다. 실수와 실패를 혼동하지 말라. 실수를 하기에 인간이다. 최악의 실수는 아무런 일도 하지 않으면서 자신의 삶에 책임을 지지 않는 것이다.

■ 기도를 통해 마음을 가라앉히고 통찰력을 얻어라

마음속 혼란스러움은 투자자에게 가장 큰 적이다. 온갖 정보가 난무하여 마음이 혼란스러울 땐 중심을 다시 잡는 게 급선무이다.

■ 시장평균수익률을 넘어서기가 얼마나 어려운지 알라

시장평균수익률을 이긴다는 명제는 전문가보다 더 뛰어난 투자결정이 있어야 가능하다. 반드시 신중한 자세로 추구해야 하는 목표다.

■ 자만을 버리고 겸손하라

투자세계의 모든 상황은 늘 변한다. 상승장 때 투자성공에 도취돼 자만하면 안 된다. 투자원칙이란 가이드라인에 불과하다. 겸손한 마음가짐이야말로 지혜를 얻는 첫걸음이다.

■ 세상에 공짜는 없다

감정에 이끌려 투자하지 말라. 괜찮은 회사와 투자할 만한 회사는 다르다. 눈에 보이지 않는 비용이 클 수 있음을 인지하라. 절대 내부자정보에 솔깃해서 투자하지 말라.

■ 시장을 너무 무서워하거나 부정적인 시각으로 바라보지 말라

긴 시간을 놓고 볼 때 증시는 상승을 반복한다. 증시의 작은 출렁거림과 일시적인 하락으로 의기소침해선 안 된다.

■ 선을 행하면 그에 따른 보답을 받는다.

주는 게 받는 것보다 훨씬 더 중요하다. 가치 있는 일에 시간과 에너지를 쏟는 윤리적인 투자전략은 금전적 성공뿐만 아니라 박애정신의 고양이란 측면에서도 성공을 가져다준다.

자료 : 게리 무어, 존 템플턴의 영혼이 있는 투자, 박정태 역, 굿모닝북스, 2002.

Section 04 피터 린치 : 이기는 투자

피터 린치(Peter Lynch, 1944~)는 피델리티 인베스트먼트사의 펀드매니저로서, 90억 달러에 이르는 마젤란펀드의 운용책임자였다. 그는 10년간 100만 명에 이르는 고객에게 25배의 투자수익을 올려줌으로써 월가의 전설적인 영웅이 되었다. 그는 1977년부터 1990년까지 피델리티 인베스트먼트의 마젤란펀드를 운용하면서 숱한 기록을 남겼다. 무엇보다 그가 펀드매니저를 맡은 13년간 마젤란펀드의 연평균 투자수익률은 29.2%에 달했다.

그는 주식에 손대기 전에 다음 세 가지 문제를 짚고 넘어가야 한다고 조언하고 있다.

- 나는 내 소유의 집이 있는가?
  왜냐하면 주택은 장기적으로 폭락하거나 투자에 실패하는 경우가 거의 없기 때문이다.
- 나는 여유자금을 갖고 있는가?
  자녀 학비로 써야 하거나 고정된 수입으로 살아가야 하는 노년층이거나 유산으로 사는 청년은 주식투자를 피해야 한다. 여유자금의 판단기준은 투자손실을 입었더라도 일상생활에 영향을 주지 않을 정도만 투자하는 것이다.
- 나는 주식에서 성공할 수 있는 자질이 있는가?
  참을성, 자신에 대한 신뢰, 분별력, 고통을 감내하는 아량, 냉정함, 상황에 따른 유연성, 실수를 기꺼이 시인하는 자세 등을 가지고 있어야 성공을 거둘 수 있다.

피터 린치의 이기는 투자에 대해 알아보자.

■ 수익종목과 손실종목을 리스트하라

피터 린치는 13년간의 펀드 운용 내역을 정리하면서 피델리티의 컴퓨터 전문가들이 가장 많은 수익을 올린 종목과 가장 많은 손실을 입은 종목들을 뽑아내 주었는데 이 목록은 기대 이상으로 유익했다고 한다.

■ 주식투자 시 유연성을 가져라

린치는 단 한 번도 전체적인 전략을 세워본 적이 없으며 종목 선택은 전적으로 경험에 따랐다. 펀드 내에서 특정 산업이 차지하는 비중에 관심을 갖기보다는 전개되고 있는 특수한 상황에 대한 세부적인 내용에 더 신경을 썼다. 예를 들어, 펀드 내 방송산업 비중이 전체 산업에서 방송산업이 차지하는 비중과 비교할 때 높은지 낮은지는 별로 신경 쓰지 않았으며 이보다는 TV방송국을 소유한 기업이 왜 지난해보다 올해 더 많은 돈을 벌고 있는지에 관심을 두었다. 마젤란펀드는 상대적으로 매력적인 주식에 투자해 자본이득을 얻는 것을 목표로 하고 있으며 이는 중소형 성장주, 전망이 개선되고 있는 주식, 불황을 겪고 있는 경기민감주, 고배당 성장주, 자산의 본질가치가 저평가되거나 시장에서 무시되고 있는 주식 등이다. 즉, 유연성이 핵심이다.

■ 지금 갖고 있는 주식을 선택한 이유를 찾기보다는 더 좋은 주식을 찾겠다는 공격적인 태도를 유지하라

또한 린치는 어떤 주식을 선택한 이유를 끊임없이 찾으며 나 자신을 방어하기보다는 지금 갖고 있는 주식보다 더 좋은 주식을 찾아다니는 공격적인 태도를 유지했다. 산 주식이 예상과 달리 수익률이 좋지 않을 때 그 주식을 계속 갖고 있어야 하는 새로운 이유를 찾아내려 고심하지 않았으며 반대로 지금 갖고 있는 주식보다 더 저평가된 주식을 발굴해 더 좋은 투자기회를 찾으려 노력했다.

■ 기업을 직접 조사해 분석하라

한때 마젤란펀드가 신규고객에게 판매가 중단되고 기존고객들은 대규모 환매를 계속했던 4년간 새로운 주식을 사기 위해 기존에 갖고 있던 주식을 계속 팔아야 했는데 당시 얻은 가장 가치 있는 교훈은 기업을 직접 조사해 분석하는 일이 매우 중요하다는 것이다.

■ 꽃은 뽑아버리고 잡초에 물을 주지 말라

지난 연차보고서를 조사해 보니 몇 달간 갖고 있다 팔아버린 주식들 중 상당수는 좀 더 오래 보유했어야 했다는 생각을 갖고 있으며 이는 투자한 주식에 대한 무조건적인 충성심이 아니라 점점 더 매력적으로 변해 가는 기업들을 계속 보유했어야 했다는 것이다. 작은 기회에 눈이 어두워 위대한 기업들을 버린 것은 주위에서 흔히 발견할 수 있는 꽃은 뽑아버리고 잡초에 물을 주는 어리석음을 범한 것이다.

자료 : 피터 린치 · 존 로스차일드, 피터 린치의 이기는 투자, 권성희 역, 흐름출판, 2008.

"자신이 매수한 주식과 쉽게 헤어지는 이유는 믿음의 기반이 약하기 때문이다. 주식투자도 남녀의 사랑이나 마찬가지다. 처음부터 현명하게 선택했다면 헤어질 이유가 없다." 월스트리트 역사상 가장 성공한 펀드매니저이자 마젤란펀드를 세계 최대의 뮤추얼펀드로 키워낸 피터 린치의 말치고는 너무나 쉽고 당연하며 또 상식적인 말이다. 하지만 많은 투자자들이 이를 실제 행동으로 옮기지 못한다.

■ 월스트리트 최고의 펀드매니저

린치는 1977년부터 1990년까지 피델리티 인베스트먼트의 마젤란펀드를 운용하면서 숱한 기록을 남겼다. 무엇보다 그가 펀드매니저를 맡은 13년간 마젤란펀드의 연평균 투자수익률은 29.2%에 달했다. 린치가 펀드매니저를 맡은 1977년 5월 마젤란펀드에 1만 달러를 투자했다면 그가 마젤란펀드를 떠난 1990년 5월에는 27만 달러로 늘었다는 계산이다. 월스트리트의 숱한 펀드매니저들 가운데 10년이 넘는 기간 동안 이렇게 꾸준히 시장수익률을 훨씬 상회하는 투자수익률을 올린 경우는 린치와 워런 버핏을 제외하면 없다고 해도 과언이 아니다.

사실 피터 린치는 마젤란펀드를 맡은 게 펀드매니저로서의 첫 출발이었다. 그는 1969년 피델리티에 금속업종 리서치 애널리스트로 입사해 투자업계에서 8년간 경험을 쌓았지만 펀드를 직접 운용한 것은 마젤란펀드가 처음이었다. 하지만 그는 운용 첫해부터 놀라운 투자수익률을 올렸다. 그가 펀드 운용을 맡은 뒤 첫 결산기였던 1978년 3월 말 마젤란펀드의 투자수익률은 20%를 기록했다. 같은 기간 다우존스 평균 주가는 17.6%나 떨어졌고 S&P 500지수도 9.4% 하락한 것과 비교하면 그가 펀드매니저로 첫발을 내디딘 해의 투자수익률은 정말로 놀라운 것이었다.

마젤란펀드의 이 같은 높은 수익률 행진은 계속 이어졌고, 덕분에 마젤란펀드도 존폐의 기로에서 벗어나 일약 세계 최대의 뮤추얼펀드로 성장할 수 있었다. 그가 펀드매니저를 맡은 1977년 5월 마젤란펀드의 운용자산은 1,800만 달러에 불과했다. 1981년까지 4년간은 일반인에게 판매되지도 않았다. 마젤란펀드는 피델리티의 다른 군소 펀드와 합병하면서 1981년 자산규모를 1억 달러로 키웠지만, 이 정도 운용자산은 당시 미국 내 주식형 뮤추얼펀드 가운데 최하위 20%를 벗어나지 못하는 수준이었다.

이런 마젤란펀드였지만 린치가 은퇴할 무렵에는 120억 달러로 그 규모가 불어났다. 단일 뮤추얼펀드로는 처음으로 운용자산 100억 달러를 돌파했고, 마젤란펀드에 투자한 주주도 100만 명을 넘어섰다. 린치는 또 마젤란펀드를 운용하면서 무려 1만 5,000개에 이르는 종목의 주식을 매수했고, 운용기간 중 마젤란펀드의 평균 편입종목 수는 1,400개에 달했다. 물론 이 가운데는 포드자동차, 크라이슬러, 보잉, 코카콜라, 펩시콜라, 필립모리스 같은 대기업 주식도 있었지만 토이저러스, 던킨도너츠, 팹보이스, 타코벨, 샵앤샵 같이 당시에는 잘 알려지지 않은 주식이 훨씬 더 많았다. 이들 주식은 사실 그가 발굴해 높은 수익을 올림으로써 일반투자자들에게 널리 알려지게 됐다고 해도 과언이 아닐 정도다. 더구나 그는 멕시코전화회사(TELMEX) 같은 외국 기업도 발굴해 과감하게 투자했다. 마치 거대한 고래가 엄청난 양의 작은 물고기를 빨아들이며 생활하듯이, 마젤란펀드도 주식시장이라는 거대한 바다에서 다양한 주식들을 섭렵한 셈이다. 좋은 주식을 고르기 위해서는 많은 기업을 연구 · 조사해야 한다는 그의 투자철학을 반영한 것이기도 하다.

그는 최고의 투자수익률을 올려줄 **'성공주'를 발굴해 내는 것은 마치 바위 아래 숨**

어 있는 벌레를 찾는 것과 비슷하다고 말한다. 10개의 바위를 들추어내면 벌레 한 마리를 찾아낼 수 있지만 20개의 바위를 들추면 두 마리의 벌레를 발견할 수 있다는 말이다. 린치는 1944년 보스턴에서 태어났다. 아일랜드계였던 그의 아버지는 보스턴대학교 수학과 교수였지만 그가 일곱 살 되던 해에 암 판정을 받고 3년 뒤 세상을 떠났다. 그는 학비를 벌기 위해 고등학생 시절부터 골프장의 캐디로 일했는데 이곳에서 주식시장을 처음으로 알게 됐다.

그의 첫 주식투자도 실은 캐디로 번 돈 1,250달러로 항공운송회사인 플라잉 타이거 라인의 주식을 매수한 것이었다. 그가 주식을 매수했던 1960년대 초는 일본을 비롯한 태평양 연안 국가의 경제발전이 비로소 본격화되던 무렵이었고, 플라잉 타이거의 전망은 매우 밝았지만 주가는 10달러에 불과했다. 그의 첫 투자는 성공했다. 그는 이 주식을 판 돈으로 대학원 학비를 댈 수 있었다. 그는 플라잉 타이거가 페더럴 익스프레스에 인수된 1989년에야 처음 매수했던 주식을 전부 처분했다.

보스턴대학교 재학 중에도 캐디로 일하며 장학금을 받았던 린치는 당시 피델리티의 사장이었던 조지 설리반의 캐디를 한 게 인연이 돼 피델리티에서 여름방학 중 인턴 직원으로 일했다. 린치는 1968년 펜실베이니아대학교 와튼스쿨에서 MBA를 받은 뒤 1969년 피델리티에 리서치 애널리스트로 입사했다. 1977년 마젤란펀드를 맡기 이전까지 그는 금속, 화학, 섬유 등 다양한 분야의 산업을 담당했는데, 이런 경험은 그가 펀드매니저로 활동하는 데 좋은 토양이 됐다.

■ 폭락장에서 피어난 피터 린치의 신화

하지만 피터 린치가 펀드매니저로 출발하던 무렵의 주식시장은 1972~1974년의 주가폭락 여파로 인해 황폐해진 상태였다. 특히 뮤추얼펀드업계는 신규고객은 커녕 기존가입자도 펀드를 해약하는 상황이어서 고사 직전이었다. 1963년 처음으로 조성된 마젤란펀드 역시 1966년 2,000만 달러에 달했던 운용자산이 1976년에는 600만 달러까지 줄었다. 이 정도 규모로는 펀드매니저의 인건비도 감당하기 힘들었다. 피델리티는 결국 마젤란펀드를 에섹스펀드(이 펀드는 운용과정에서 큰 투자손실을 입어 세금혜택을 볼 수 있었다)와 합병해 운용자산규모를 1,800만 달러로 키우고 린치에게 운용을 맡겼다.

마젤란펀드와 린치의 신화는 이렇게 시작된 것이다. 린치는 기본기를 가장 중시한다. 그의 투자방식은 매우 쉽고 상식적이다. 또 그의 말은 무척 간결하다. 하지만 잘 음미해 보면 어느 정도 경지에 오른 사람만이 할 수 있는 말이다. "**사람들은 주가가 어떻게 움직이는가에만 몰두할 뿐 막상 그 기업이 어떻게 운영되고 있는지에는 관심을 기울이지 않는다.** 시시각각 변하는 주가 움직임을 안다고 해서 주식투자에 성공하는 것은 아니다." 린치는 1990년 5월 31일 마젤란펀드를 떠났다. 그가 펀드매니저를 맡은 지 정확히 13년 만이었다.

■ 전설이 된 린치의 은퇴

린치에 대해 잘 알려지지 않은 사실 가운데 하나는 그가 마젤란펀드를 운용한 기간 동안 마젤란펀드는 단 한 번도 투자수익률 상위 15위 안에 들지 못했다는 점이다. 한 해 한 해의 성적만으로는 그의 운용실적이 두드러질 정도로 화려하지는 않았다는 말이 된다. 더구나 린치가 순수하게 펀드매니저로 일한 것은 마젤란펀드를 운용한 13년이 전부다. 결코 길지 않은 시간이었지만 그는 펀드매니저로서 신화를 남겼고, 은퇴한 이후에도 월스트리트에서 여전히 최고의 펀드매니저로 기억되고 있는 것이다.

린치는 마젤란펀드를 떠난 지 3년 만인 1993년에 쓴 『피터 린치 주식투자』 서문에서 자신이 왜 마젤란펀드를 떠나게 됐는지 솔직하게 설명하고 있다. 그때까지도 그는 마음속에 '주식에 대한 강한 욕망'을 품고 있었다. 그러나 46세의 나이로 월스트리트 최고의 펀드매니저가 되었으면서도 린치는 스스로 그 자리에서 물러났다. 바로 '가족들과의 소중한 시간을 위해서'이다.

린치는 2,000개 종목의 티커(미국의 주식종목 코드)를 외우고 있으면서도 세 딸의 생일 날짜는 잊어버리고, 18개월간 단 한 권의 책도 읽지 못했으며, 2년 동안 미식축구 경기를 한 차례도 구경하지 못했다고 고백한다. 더구나 그때 그는 아버지가 세상을 떠났을 때와 같은 나이였다. 삶이 유한하다는 사실이 더욱 와 닿았고 자신의 삶을 되돌아보게 됐다는 것이다.

린치가 마젤란펀드를 떠나기로 하자 피델리티의 네드 존슨 회장은 그에게 1억 달러 규모의 작은 펀드를 운용할 것을 대안으로 제시한다. 하지만 그는 거절했다.

또 폐쇄형 뮤추얼펀드인 린치펀드를 만들어 주식시장에 상장하자는 제안도 있었다. 린치펀드를 주식시장에 상장하게 되면 펀드의 존속은 보장되는 셈이고, 그의 이름을 붙였으니 20억 달러 정도는 들어올 것이며, 한 해 최소한 0.75%의 운용보수만 받아도 1,500만 달러의 수입을 얻을 수 있었다. 더구나 그는 펀드 운용의 큰 흐름만 관리하고 실제 운용은 다른 펀드매니저에게 맡기면 가족들과 시간을 함께 보내면서 거액의 돈도 벌 수 있었다. 하지만 린치는 일언지하에 거절했다. 펀드매니저는 펀드규모와 관계없이 운용에 전념해야 하고 자신의 주식은 자신이 직접 골라야 한다는 게 그의 투자철학이었기 때문이다.

수백 명의 애널리스트와 다른 직원의 도움이 있다 해도 결국 투자와 관련된 최종결정은 펀드매니저 자신이 내려야 하며, 이런 결정을 위해서는 모든 시간을 기업 연구에 쏟아야 한다는 게 그의 지론이다. 월스트리트가 그를 최고의 펀드매니저로 손꼽는 것은 바로 이 같은 소신 때문일 것이다.

■ 최악의 업종에 속한 최고기업에 투자하라

린치는 영업실적이 극적으로 변화하는 소위 '**턴어라운드 기업**'을 찾아내는 데 기업분석의 궁극적인 목표를 두었다. 그의 투자전략은 이런 기업을 찾아내 영업실적이 호전되고 있다는 사실이 알려지기에 앞서 1차로 주식을 사들이고, 실제로 실적이 호전되면 추가적으로 주식을 더 매수한 다음, 이런 실적이 주가에 충분히 반영된 다음 매각하는 것이라고 요약할 수 있다. 마젤란펀드는 세계 최대의 뮤추얼펀드였지만 그의 매매규모는 한 번에 1만 주를 넘는 경우가 드물었고, 펀드의 회전율도 비교적 높았다.

그래야만 특정 종목의 주가에 영향을 미치지 않고 주식을 매매할 수 있기 때문이다. 그는 기업 조사와 방문을 통해 수많은 투자 후보 기업을 찾아냈다. 충분히 많은 기업을 대상으로 충분히 조사하면 비록 현재 드러난 영업실적은 좋지 않더라도 실적이 극적으로 변화하고 있는 턴어라운드 기업을 찾아낼 수 있다는 게 그의 주장이다. **"어떤 업종에 대해 투자자들 대부분의 의견이 더 나빠지고 있다고 할 때까지 기다려라. 그리고 그때 그런 업종에서 가장 뛰어난 기업의 주식을 사라."**

자료 : 미래에셋미디어(http://media.miraeasset.com)

Section 05 조지 소로스 : 실패를 두려워하지 않는 자신감

조지 소로스(George Soros, 1930~)는 약 19년 동안 복리로 연 34%의 수익률을 올림으로써 공모펀드의 자산관리자로서는 최고, 최장의 수익률을 기록한 바 있다. 규라소섬에 본거지를 둔 그의 퀀텀펀드는 규모가 20억 달러에 달한다. 펀드 자산의 약 25%를 소유하고 있는 그는 개인적으로도 상당한 부를 축적하고 있는데, 대부분의 유명한 투자자들이 그렇듯이 그도 가난하게 시작하였다.

그의 투자내용을 살펴보면 대규모로 신용거래를 하였으며 일반 상품, 외환, 주식 그리고 채권 등에 다각적인 국제적 투자를 했다. 특히 펀드 자본은 원칙적으로 주식에 투자하고 현물이나 외환에 대한 투기는 선물이나 차입금을 이용했다. 그의 투자방식은 투기적인 방법을 즐겼으며 고도의 세련된 기술과 매일매일의 끊임없는 집중력이 철저히 요구되는 것이었다.

그의 저서인 『금융의 연금술』에서 1985년 8월부터 1986년 11월까지의 매매일지는 예측에 대한 강한 확신, 그리고 엄청난 도박을 보여주고 있다. 약 1년이 넘게 기록된 이 일지는 6억 4,700만 달러가 약 1년 후에 14억 6,100만 달러로 증가하는 과정을 보여준다. 그는 먼저 경기에 민감한 주식을 사지 않고 오히려 기업매수대상 종목과 손해보험 주식을 매입하여 최고의 성과를 거두었다.

외환에 있어서는 달러 약세를 전제로 마르크와 엔화를 매입한다. 또한 OPEC이 결렬되고 유가가 떨어질 것으로 생각하여 원유를 공매하는 절묘한 포트폴리오를 구성하였다. 그의 주식에 대한 관념은 확고했다. 기본적으로 자산가치 이하로 매매되는 주식을 찾고 있으며 효율적 시장 가설에 대해서는 냉소적인 태도를 취했다. 기술적 분석이나 기본적 분석에 대해서도 자기 나름대로의 소신을 가지고 주식에 접근했다.

특히 강세시장에서 약세시장으로의 전환점(시장이 강세를 보이기 시작한 후 거의 모든 사람들이 강세가 앞으로 계속되리라는 확고한 신념을 갖게 되는 때)을 지적하며 몇 번의 실수가 있었지만 대체로 투자에 잘 적용해 갔다.

그의 투자원칙은 다음과 같다.

첫째, **시작은 작게 해라. 일이 되어 가면서 규모를 늘려라.**

둘째, **시장은 우둔하다. 모든 것을 다 알려고 하지 말라.**

셋째, **투기자들은 처음부터 자신이 부담하려는 위험수준을 결정해야 한다.**

때로는 저돌적으로 또한 때로는 규칙을 변경해 가면서까지 자신의 투자게임을 성공적으로 이끈 그는 소로스재단을 설립하여 세계의 평화와 경제발전에 일조하는 노력을 아끼지 않았다.

자료 : 장경천, 증권투자의 이해, 2003, p. 112.

조지 소로스 하면 가장 먼저 '전 세계를 무대로 투기를 일삼는' 헤지펀드가 떠오를 것이다. 소로스라는 이름과 함께 늘 따라다니는 대표적인 '투기극'으로는 1992년 파운드화를 대규모로 매도해 마침내 영국 중앙은행인 영란은행(Bank of England)마저 굴복시킨 사례가 손꼽힌다. 당시 소로스는 파운드화 투기로 무려 15억 달러의 투자수익을 올렸다.

소로스는 또 1997년 7월 태국 바트화의 붕괴로부터 비롯된 아시아 경제위기 때 배후인물로 지목됐을 정도로 '약세 통화에 대한 집요한 공격'으로 유명하다. 외환시장이 요동치고 한 나라의 통화가치가 폭락세를 보일 때면 어김없이 '소로스의 망령'이 어두운 그림자처럼 스쳐 지나간다. 하지만 소로스의 첫 헤지펀드라고 할 수 있는 퀀텀펀드가 1969년 처음으로 설립돼 초기에 엄청난 수익률을 올릴 수 있었던 밑거름은 다름 아닌 주식시장이었고, 그것도 기술주를 근간으로 한 것이었다.

출범 당시 퀀텀펀드는 운용자산이 400만 달러에 불과했으며, 상장주식투자 외에도 외환시장과 상품시장에서의 투기적 거래도 실행했다. 헤지펀드답게 선물이나 옵션을 비롯한 파생상품에도 투자했고, 자기자본 외에도 거액의 차입금을 함께 투자해 레버리지효과를 높이기도 했다. 소로스는 그러나 퀀텀펀드의 주력 투자대상을 주식으로 삼았다. 특히 당시 한창 인기가 높았던 폴라로이드와 디즈니, 트로피카나, 에이본 등을 공매도(주식을 갖고 있지 않은 상태에서 매도주문을 내는 것)했다.

이들 주식은 1970년대 초까지 '니프티 피프티(Nifty-Fifty, 매력적인 50개 종목)'로 불리며 기관투자자들이 가장 선호한 주식이었다. 소로스는 이런 흐름에 맞서 과감히 그 반대편에 섰고, 1973~1974년 주가폭락기에 엄청난 투자수익률을 올릴 수 있었다. 소로스가 1994년과 1995년 잇달아 엔화 투기에 나서 실패했을 때 퀀텀펀드를 구해 준 것도 실은 주식시장이었다. 소로스는 1994년 미국과 일본의 무역협상이 타결되면 엔화가 결국 하락할 것으로 내다보고 엔화를 집중적으로 매도했지만 엔화는 1995년 초 달러당 79엔이라는 사상 최고치까지 치솟았고, 6억 달러의 손실을 입었다. 그러나 1995년 한 해 퀀텀펀드는 39%라는 높은 투자수익률을 기록했다. 제지회사인 스캇페이퍼처럼 일시적으로 실적 전망이 불투명해 주가가 급락했지만 곧 실적을 회복할 것이 확실시되는 턴어라운드 기업에 집중적으로 투자해 올린 수익 덕분이었다.

■ 소로스의 재귀성이론

소로스의 주식시장에 대한 애착은 그의 첫 저서로 1987년에 출간된 『금융의 연금술』에서 잘 드러난다. 소로스는 경제학자 존 메이나드 케인즈가 『고용, 이자 및 화폐에 관한 일반이론』에서 1930년대의 대공황을 일반균형이론에 따라 설명하고 그 처방을 제시했던 것처럼 현대 금융시장의 구조와 운동법칙을 밝혀내고자 했다. 『금융의 연금술』에서 그가 제시한 재귀성이론(Theory of Reflexivity)이 바로 그것이다.

'시장의 본성 읽기'라는 부제가 붙은 이 책에서 그는 1985년 8월부터 1986년 11월에 이르는 기간 동안 전 세계 외환시장과 주식시장, 채권시장, 상품시장을 대상으로 직접 투자한 경험을 소개했다. 그가 실행했던 투자의 핵심은 외환시장이었지만 그 출발점은 주식시장이었다. 그는 이 책에서 "주식시장은 재귀적 현상을 연구하는 최선의 출발점"이라고 강조했다. 특히 그는 '시장은 언제나 옳다'는 통설을 강하게 반박하면서 주가가 내재가치의 반영이라거나, 주가가 결국 내재가치에 수렴해 갈 것이라는 명제를 모두 인정하지 않았다.

소로스는 재귀성이론이 현상화돼 나타나는 '시장'이 반드시 늘 옳은 것만은 아니며, **"시장은 언제나 어느 한 방향으로 치우쳐 있고, 시장이 예측한 사건에 시장 자체가 영향을 미칠 수 있다"**고 정의를 내린다. 이를 주식시장의 움직임으로 표현하면 "상승하는 주가는 긍정적인 편견에 의해 강화되고, 하락하는 주가는 부정적인 편견에 의해 강화된다"고 말할 수 있다. 물론 그 역도 존재해 편견이 자기 수정을 통해 주가를 수렴시키기도 한다.

한마디로 **시장에는 편견이 존재하며, 이 편견은 자기 강화의 과정을 거쳐 주가와 내재가치의 괴리를 넓히기도 하고, 자기 수정의 과정을 거쳐 그 괴리를 좁히기도 하는데, 두 과정은 서로 끊임없이 새로운 영향을 미친다.** 재귀성이론에서는 이처럼 주가가 수동적 요소가 아니라 능동적 요소인 것이다.

■ 외환시장을 매개로 한 글로벌 투자

소로스가 월스트리트에 미친 영향은 매우 크다. 그의 영향력은 월스트리트는 물론 전 세계 금융시장에 미칠 정도이다. 심지어 '소로스 이전과 소로스 이후'를 구분해야 한다고 주장하는 분석가들도 있다. 이 같은 평가와 영향력은 어디서 나오는 것일까? 무엇보다 소로스는 글로벌 시장을 대상으로 정교한 투기를 하기 시작한 첫 전문투자자이다. 외환시장과 주식시장, 채권시장, 상품시장을 모두 넘나들며 활동한 첫 번째 펀드매니저인 셈이다. 특히 1970년대 초 고정환율제가 붕괴된 뒤 외환시장을 매개로 한 글로벌 투자의 단초를 이끌어냈다.

소로스가 글로벌 투자라는 새로운 영역을 개척할 수 있었던 바탕은 그의 극적인 삶에서 찾을 수 있다. 소로스는 1930년 헝가리 수도 부다페스트에서 부유한 유대인 변호사의 아들로 태어났다. 그의 아버지는 제1차 세계대전 당시 전범으로 체포돼 러시아에서 유배생활을 하다 볼셰비키혁명의 와중에 탈출했다. 또 제2차 세계대전으로 독일이 헝가리를 점령하고 유대인에 대한 탄압이 시작되자 자신의 아들을 헝가리 관리의 양자로 입적시켜 수용소행을 피할 수 있게 했다.

헝가리가 공산화되자 1947년 소로스는 영국으로 떠났고, 그 후 런던정경대학(LSE)에 입학했다. 소로스는 LSE에서 『열린 사회와 그 적들』로 유명한 철학자 칼 포퍼 교수를 만났다. 재귀성이론으로 발전하게 되는 그의 투자철학도 이때 정립됐다. 포퍼 교수는 "개방적인 사회를 거부하는 전제적인 이데올로기는 궁극적인 진리를 가질 수 있다고 주장한다는 점에서 논리적인 오류를 가질 수밖에 없다. 인류 **사회는 인간이 오류를 범할 수 있다는 점을 인식할 때만 진보하며, 궁극적인 진리를 독점할 수는 없다**"고 가르쳤다.

LSE를 졸업한 소로스는 런던의 싱거 앤드 프라이드 랜더에 들어가 차익거래를 담당했다. 이는 신주인수권부사채와 같이 권리가 붙은 증권의 가격과 실제 주가의 차이를 이용해 신주인수권만 거래함으로써 차익을 챙기는 것으로 일종의 파생금융상품 거래였다. 1956년 미국으로 건너온 소로스는 F. M. 마이어 앤드 컴퍼니 등에서도 차익거래를 담당했다. 런던과 뉴욕에서 거래되는 유럽계 증권의 가격차이를 이용해 그 차익을 챙기는 것이었지만, 금리균등세가 도입되면서 이 거래는 중단됐다.

■ 헤지펀드의 역사를 새로 열다

그 후 3년간 철학 공부를 하기도 한 소로스는 1963년 다시 투자사인 안홀드 앤드 S. 블레이크뢰더(Arnhold and S. Bleichroeder)에 들어갔다. 이 회사는 더블이글(Double Eagle)이라는 역외펀드를 시작했는데, 1969년 이 펀드의 운용을 맡으면서 그는 역외펀드의 가능성에 눈을 뜨게 됐다. 1969년 소로스는 짐 로저스와 함께 퀀텀펀드를 설립했다.

400만 달러의 최초 운용자산 중 25%는 소로스가, 20%는 로저스가 낸 것이었다. 서인도제도의 네덜란드령인 큐라소에 근거를 둔 역외펀드인 퀀텀펀드는 헤지펀드의 역사에 새로운 장을 열었지만, 설립 초기 직원이라고는 소로스와 로저스, 여비서 한 명이 전부였다. 퀀텀펀드는 1971년부터 일본 주식에 투자했을 정도로 글로벌 투자에 일찌감치 눈을 떴고, 외환시장과 파생금융상품 등에 가리지 않고 투자했다. 특히 기회라고 생각되면 과감히 차입금까지 쏟아붓는 투자방식으로 레버리지효과를 극대화했다.

퀀텀펀드의 투자수익률은 일반 뮤추얼펀드는 상상하기 힘든 수준이었다. 소로스가 사실상 펀드 운용의 일선에서 물러난 1989년까지 20년간 퀀텀펀드의 연평균 수익률은 34%에 달했고, 한 해 100%가 넘는 투자수익률을 두 차례나 기록하기도 했다. 퀀텀펀드는 이 같은 놀라운 투자수익률을 바탕으로 세계 최대 규모의 헤지펀드로 성장해 나갔지만, 소로스에게 펀드의 급성장은 새로운 부담이 됐다. 우선 펀드의 대형화에 반대하는 로저스가 1981년 퀀텀펀드를 떠났고, 소로스는 첫 번째 부인과 이혼해야 했다.

소로스가 정신과 치료를 받은 것도 1980년대 초이다. 특히 1981년에는 23%의 투자손실을 기록함으로써 펀드 출범 후 최악의 투자수익률과 함께 많은 투자자들이 떠나가는 것을 지켜봐야 했다. 퀀텀펀드는 그러나 다음 해 57%의 투자수익률을 올리며 부활했고, 펀드규모는 1983년부터 다시 커지기 시작했다. 1987년 10월의 뉴욕 주식시장 대폭락 직전에 소로스는 일본 주식시장의 붕괴를 예측하고 일본 주식을 대규모로 공매도했다.

그러나 뉴욕 증시가 먼저 폭락했고, 그는 10월 16일(금요일) 급락 후 10억 달러를 추가로 투자해 S&P 500지수 선물을 대규모로 매수했다. 하지만 10월 19일(월요일) 뉴욕 시장이 또다시 폭락했고, 소로스는 결국 보유 주식과 선물을 대규모로 처분했다. 공교롭게도 그가 주식과 선물을 처분하자 시장은 다시 반등했다. 1987년 10월의 대폭락장에서 소로스는 8억 4,000만 달러의 손실을 입었다. 이는 당시 펀드 전체 자산의 28%에 달하는 금액이었다. 그럼에도 불구하고 그의 1987년 투자수익률은 14%를 기록했다.

1992년 영국 파운드화의 하락에 베팅해 15억 달러의 이익을 올린 소로스는 1994~1995년 초 엔화에 투자했다가 6억 달러의 손실을 입었다. 또 1997년 초에는 태국 바트화와 말레이시아 링기트화의 매도포지션을 취했다가 아시아 경제위기의 주범으로 몰리기도 했다. 바트화와 링기트화가 폭락한 1997년 하반기에는 오히려 이들 통화를 매수하는 입장이었다는 해명에도 불구하고 소로스는 아직도 이들 나라에서 '경제파탄의 원흉'으로 꼽히고 있다.

■ 스스로의 확신과 판단에 힘을 실어라

퀀텀펀드와 쿼터펀드, 퀘이사펀드 등 세계 최대의 헤지펀드를 일군 소로스는 1989년 동구권의 개방 지원과 미국 등 31개국에서의 자선사업을 목적으로 설립한 개방사회기금(The Open Society Fund)의 관리를 위해 일선 펀드 운용에서 물러나 퀀텀펀드 등의 지주회사격인 소로스 펀드매니지먼트의 회장을 맡고 있다. 드레이퓨스 펀드 출신으로 소로스의 공식 은퇴 이후 퀀텀펀드를 맡아 10년간 펀드매니저로 일했던 스탠리 드러켄밀러는 소로스가 가르쳐준 교훈을 이렇게 말했다.

"내가 맞느냐 틀리느냐가 중요한 것이 아니라 옳았을 때 얼마나 많은 돈을 벌 수 있느냐 하는 것과 내가 틀렸을 때 얼마나 많은 돈을 잃느냐에 대한 것이 정말로 중요한 것이다." 소로스는 특히 어느 하나의 거래에 확신이 서면 최대한 할 수 있을 만큼 하라고 가르쳤고, 또 어떤 거래에서 자신의 판단이 옳다고 생각되면 그때가 바로 레버리지를 써야 할 때라고 강조했다. 한마디로 "투자에 성공하기 위해서는 강해져야 하고 용기가 필요하다"는 말이다.

소로스는 손실을 두려워하지 않았고, 거액의 손실에도 전혀 괴로워하지 않았다. 그의 이 같은 자신감은 한 거래에서 성공하거나 실패하거나 개의치 않을 수 있었던 태도 덕분이다. 한 거래에서 실패하면 다른 거래에서 성공해 만회할 수 있다는 자신감을 갖고 있었기 때문에 쉽게 그 거래를 포기할 수 있었다는 것이다.

자료 : 미래에셋미디어(http://media.miraeasset.com)

Section 06 존 보글 : 인덱스펀드의 창시자

존 보글(John C. Bogle, 1929~2019)은 자신이 운영하는 펀드회사의 비용을 아끼기 위해 출장을 떠날 때 절대로 항공기 1등석을 타지 않고 이코노미 좌석만 이용하며, 시내에서 이동할 때도 택시 대신 지하철을 타는 것으로 유명하다.

■ 저렴한 비용으로 수익극대화

사실 보글이 1976년 처음으로 인덱스펀드(index fund)를 출범시켰을 당시 뱅가드 500 인덱스펀드에는 1,100만 달러가 투자됐을 뿐이었다. 뮤추얼펀드업계에서는 유지비용을 벌기도 어려울 것이라며 대부분 조기 좌초를 예상했다. 그 무렵 뮤추얼펀드업계에서 주식형 펀드는 사실상 전부 액티브펀드(active fund)였다. 액티브펀드는 펀드매니저가 자신의 판단으로 그때그때 종목을 교체하면서 적극적으로 포트폴리오를 운용한다고 해서 붙여진 이름이다.

그런데 보글이 수동적으로 시장을 추종하는, 즉 **주식시장 전체를 벤치마킹하는 인덱스펀드**를 들고 나왔다. 시장에 맞서 이기려 하지 않고 시장을 따라가는 펀드를 내놓은 것이다. 그가 내세운 인덱스펀드의 장점은 단순히 액티브펀드를 역행하는 게 아니라, **수수료를 낮추고 운용비용을 절약해 펀드 투자자들의 실질수익률을 최대한 끌어올린다**는 것이다. 그래서 초창기 뱅가드가 내놓은 펀드들은 '콘도르펀드(초원에서 동물들의 썩은 시체나 뜯어먹는 콘도르에 비유한 말)'로 폄하되기도 했다.

그러나 보글은 인내심을 갖고 꾸준히 인덱스펀드를 운용했고, "고객에게 최대한의 이익을 돌려준다"는 신념을 실행에 옮겨 투자자들을 끌어모았다. 현재 뱅가드

500 인덱스펀드의 운용자산규모는 1,000억 달러를 넘어서 피델리티 마젤란펀드를 제치고 세계 최대의 펀드로 자리매김했다. 자산규모뿐만 아니라 수익률에서도 마젤란펀드를 멀찌감치 앞서 나갔다. 1995년 이후 10년간 누적수익률을 보면 마젤란펀드는 163.23%에 그친 반면, 뱅가드 500 인덱스펀드는 210.49%의 수익률을 올려 무려 47.26% 포인트나 차이가 났다.

또 뱅가드그룹의 전체 자산규모도 5,000억 달러가 넘어 피델리티에 이어 세계 두 번째의 펀드회사로 부상했다. 인덱스펀드가 갖는 이점은 두 가지이다. 첫째는 장기적으로 우수한 투자수익률을 올려준다. 채권이나 현금을 보유하는 것보다 주식에 투자하는 게 장기적으로 투자수익률이 더 높기 때문이다. 둘째는 장기적으로 시장평균에 근접한 우수한 수익률을 '안심하고' 기대할 수 있다.

■ 허황된 욕심? 현실적인 수익!

그럼에도 불구하고 초창기 시절 인덱스펀드가 액티브펀드에 비해 인기를 끌지 못했던 이유는 시장흐름만 좇다 보면 시장평균을 초과하는 뛰어난 투자수익률을 거둘 수 없을 것이라는 개인투자자들의 과도한 욕심 때문이었다. 그러나 1980년대와 1990년대 미국의 주요 액티브펀드들 가운데 S&P 500지수를 벤치마킹하는 인덱스펀드보다 높은 투자수익률을 올린 경우는 10%에도 미치지 못했다. 결국 액티브펀드 열 개 중 아홉 개는 인덱스펀드에 뒤졌다는 말이다.

보글은 **"인덱스펀드는 파는 게 아니라 사는 것"**이라고 말한다. 그래서 뱅가드는 그 흔한 방송광고도 하지 않는다. 투자자가 제 발로 찾아와야 한다는 것이다. 인덱스펀드는 또한 펀드 운용수수료가 저렴하다 보니 운용사에게 돌아가는 이윤이 적다. 보글이 그렇게 비용을 줄이는 데 악착같은 또 하나의 이유이다. 보글은 많은 사람들이 **인덱스펀드를 기피하는 가장 큰 이유가 희망이 너무 크기 때문**이라고 지적한다.

그러나 모든 것이 좋아 보일 때조차도, 돈을 벌 확률이 90%라고 해도 이런 확률에 기대서는 안 된다고 그는 말한다. 확률은 살아 있는 사람이 아니고, 수학적인 통계가 생명을 보장해 주지 않기 때문이다. 단지 **10%의 확률에 불과하다 하더라도 돈을 모두 잃고 나면 그것으로 끝**이라는 것이다. 보글이 그가 1951년 프린스턴대학교 졸업논문으로 쓴 "투자회사의 경제적 역할"은 당시 일반에게는 잘 알려지지 않았던 뮤추얼펀드의 발전가능성을 예견한 탁월한 논문으로 손꼽힌다.

대학 졸업 후 야간과 주말을 이용해 펜실베이니아대학교 와튼스쿨을 마친 그는 당시 펀드업계의 거물이었던 월터 모건이 이끄는 웰링턴 매니지먼트 컴퍼니에 입사했다. 보글은 웰링턴 매니지먼트에서 뛰어난 실적을 기록하며 회장 자리까지 오르지만 인수합병 문제로 인한 갈등으로 사표를 내고 1974년 뱅가드를 설립했다. 보글이 붙인 '뱅가드'라는 회사 이름은 나폴레옹 함대를 궤멸시킨 넬슨 제독의 영국 함대에서 따온 것이다.

뱅가드 함대가 한 척의 배도 잃지 않고 역사적인 해전에서 대승리를 거둔 것처럼 투자 역사에 새로운 이정표를 남기겠다는 그의 의지를 읽을 수 있다. 1996년 존 브레넌에게 뱅가드그룹 회장을 물려주고 명예회장으로 물러난 보글은 2000년 그 자리에서도 물러났다.

자료 : 미래에셋미디어(http://media.miraeasset.com)

Section 07 존 네프 : 분위기보다 원칙이 더 중요하다

월스트리트에서 발행되는 가장 권위 있는 투자 전문 주간지 〈밸런스〉는 매년 초 투자 전문가들을 초청해 '라운드테이블'이라는 이름으로 그 해의 금융시장 전망과 유망주를 발굴하는 좌담회를 개최한다.

라운드테이블 내용은 주식투자자들이 한 해의 주식시장 전망을 위해 꼭 읽어야 할 기사 중 하나이다. 물론 이 라운드테이블에 초청된 전문가들은 월스트리트에서도 손꼽히는 인물들이다. 특히 존 네프(John Neff, 1931~)는 라운드테이블에 가장 많이 참가한 전문가이다. 네프는 그러나 한국의 주식투자자들에게는 그리 잘 알려지지 않은 인물이다. 그는 이미 1995년 말 펀드매니저에서 공식적으로 은퇴했다.

피터 린치의 마젤란펀드가 세계 최대의 펀드로 부상하기 이전에 오랫동안 펀드 규모에서 1위를 차지한 것은 다름 아닌 네프가 운용했던 윈저펀드였다. 그는 하나의 펀드를 30년 이상 운용하면서도 꾸준히 높은 투자수익률을 기록했다. 네프가 윈저펀드를 운용했던 1964년 6월부터 1995년 12월 말까지 31년간의 연평균수익률은 13.7%에 달한다. 이 기간 동안 S&P 500지수의 연평균상승률은 10.6%였다. 이 차이를 금액으로 환산하면 놀라지 않을 수 없다. 만약 1964년 6월에 1만 달러를 S&P 500지수에 투자했다면 그가 은퇴한 1995년 12월에 22만 3,000달러가 됐겠지만, 윈저펀드에 투자했다면 55만 4,640달러가 됐을 것이다.

네프가 이처럼 높은 투자수익률을 장기간 지속할 수 있었던 것은 자신의 투자원칙을 끝까지 지켜낸 용기 때문이다. 그의 투자원칙은 사실 시장에 역행하는 것이었고, 일반인은 물론 다른 펀드매니저들로부터도 철저히 외면받는 주식에 투자하는 것이었다.

■ 절대가치 투자자

네프의 투자방식을 한마디로 표현하면 가치투자라고 할 수 있다. 저평가된 주식을 매입해 주가가 회복하기를 기다리는 템플턴이나 내재가치에 비해 형편없이 평가되고 있는 주식에 집중적으로 투자하는 버핏과 비슷하다. 하지만 그들과 다른 점은 그가 '절대가치 투자자(absolute value investor)'라는 사실이다. 절대가치 투자자는 시장 분위기에 상관없이 자신의 목표가격을 유지한다. 이를 위해서는 모두가 팔 때 주식을 살 수 있는 용기가 필요하다.

그래서 네프는 '완벽한 시장역행 투자자(consummate contrarian)'로 불리기도 한다. 절대가치 투자의 첫 번째 원칙은 '싼 주식'을 고르는 것이다. 이를 위해서는 시장이 제대로 대접하지 않고 있는 저평가주를 선별해 내는 능력이 필요하다. 그렇다면 수많은 종목 가운데 어떻게 그런 주식을 구분해 낼 수 있을까? 네프는 매우 간단한 공식으로 출발한다. 소위 '네프의 공식(Neff formula)'으로 불리는 이 방식은 아마추어 투자자들도 충분히 따라 할 수 있을 정도로 쉽다.

우선 해당 기업의 배당수익률과 이익성장률을 더한 다음 현재의 주가수익배수(PER)로 나눈다. 네프는 이렇게 계산한 수치를 '**총회수율**(total return ratio)'이라고 부르는데, 총회수율이 **2를 넘지 못하면 투자 후보종목에서 제외**한다. 언뜻 보면 네프의 공식에 주가가 배제돼 있는 것 같지만 PER에 현재 주가가 반영돼 있다. 그런 점에서 그가 말하는 싼 주식이란 PER을 감안한 상대적인 가격을 기준으로 한 것이라고 할 수 있다. 네프의 공식을 적용하는 예를 들어보자.

이익성장률이 한 해 30%에 달하는 A라는 기업은 시장에서 성장주로 각광받으면서 현재주가가 5만 원에 이르고, PER은 30, 배당수익률은 3%(한 해 배당금이 1,500원)에 달한다. A기업의 총회수율은 이익성장률과 배당수익률을 합친 33을 30(PER)으로 나눈 1.1이다. 반면에 한 해 이익성장률이 10%에 불과한 B라는 기업은 시장에서 소외되고 저평가돼 1만 원에 거래되고 있다. B기업의 PER은 5, 배당수익률은 5%(한 해 배당금이 500원)라고 하면 B기업의 총회수율은 10과 5를 더

한 15를 5(PER)로 나눈 3이다.

네프는 A기업의 성장잠재력이 아무리 뛰어나다 해도 주가가 떨어져서 PER이 낮아지지 않는 한 A기업의 주식을 매입하지 않는다. PER이 떨어져야 총회수율이 높아질 수 있기 때문이다. 물론 이익성장률이나 배당수익률이 더 높아져 오히려 총회수율을 떨어뜨릴 수도 있지만 네프는 30~40%의 이익성장률은 장기적으로 지속되기 어렵다는 점에서 경계한다. 그렇다고 '총회수율 조건'을 충족한 B주식을 무조건 매입하는 것도 아니다.

스스로를 '**저PER 공략가**(low PER shooter)'라고 표현할 정도로 낮은 PER을 강조하는 네프지만 그의 매입대상이 되려면 최소한 **연평균 7% 정도의 이익성장률을 유지**해야 하고 **건전한 재무상태표와 충분한 현금흐름**을 갖고 있어야 한다. 또 **해당 업종의 평균 자기자본이익률을 상회**해야 하고, **유능한 경영자**가 있어야 하며, 낮지만 **꾸준한 성장이 지속**될 것으로 예상되어야 한다. **좋은 제품과 서비스**라는 강점도 가지고 있어야 하며, **시장 전망도 밝아야** 한다.

네프가 매수대상을 선정하는 과정은 이처럼 무척 까다롭고 많은 노력을 요구한다. 네프 스스로도 '**최선을 다해 악착같이 일하는 것**(nose-to-the-grindstone work)'만이 확신을 가져다준다고 말한다.

■ 소외된 종목에서 가치 재발견

그는 시티뱅크에서 근무한 8년 동안 투자종목 선정을 둘러싸고 은행의 신탁위원회와 자주 마찰을 빚었다. 최선의 투자는 잘 알려져 있지 않은 종목을 찾아내는 것이며, 이는 철저한 기본분석에 기초해야 한다는 게 네프의 지론이었다. 당연히 그는 시장에서 소외된 종목의 매수를 주장한 반면, **신탁위원회는 고객들이 안심할 수 있는 소위 블루칩에 집중적으로 투자**할 것을 요구했다.

더구나 네프가 강조하는 훌륭한 펀드매니저의 조건 중 하나가 "투자기업에 관한 나쁜 뉴스가 나왔을 때는 **신속하게 팔아야** 한다"는 것인데, 은행에서는 **신탁위원회의 매각 승인**을 기다려야 했다. 그리고 나쁜 뉴스에 대한 책임마저 그에게로 돌아왔다.

네프는 자신의 펀드를 운용하며 누구보다 깊이 있는 분석을 했고, 일단 결심하면 인내심을 갖고 자신의 능력을 시험했다. 31년간 윈저펀드를 운용하며 거둔 놀라운 투자수익률은 그의 원칙이 옳았음을 입증하는 것이기도 하다(웰링턴 매니지먼트는 낮은 펀드수수료를 무기로 크게 성장하기도 했으나, 나중에 뱅가드그룹으로 인수돼 그의 펀드 이름도 뱅가드 윈저펀드로 바뀌었다).

네프는 인터넷 주식을 비롯한 소위 첨단기술주가 천정부지로 치솟던 1999년 "주가가 어리석을 정도로 과대평가됐다"고 지적하며 S&P 500지수 선물과 나스닥 100지수 선물을 매도하고 첨단기술주의 공매도에 주력했다. 네프의 공식에 따라 계산한 S&P 500종목의 평균 총회수율은 당시 0.3에 불과했다. 네프의 기준으로 보면 도저히 더 이상 지속될 수 없는 거품이 잔뜩 낀 상태였다.

주식시장은 그가 예측한 대로 2000년 초부터 급락세로 돌아섰지만 사실 선물매도와 주요 종목의 공매도는 매우 위험한 투자였다. 그가 이처럼 위험한 투자를 할 수 있었던 것은 자신의 전체 투자자산 가운데 절반 이상을 세금이 면제되는 지방채에 투자하고 있었기 때문이다. 단기적으로 자신의 예상이 어긋나더라도 충분히 견딜 수 있었던 셈이다.

네프는 자신이 걸어온 길을 회고하면서 이렇게 말한다. "어머니는 내가 변호사가 되기를 바라셨다. 어린 시절 내가 곧잘 도로 표지판이 잘못됐다며 따지고 드는 것을 보고는 누구와도 잘 다툴 수 있을 것이라고 생각했다는 것이다. 어머니의 말씀은 사실 맞는 것이다. 나는 지금 더 나은 것과 싸우고 있다. 주식시장이 그것이다."

그의 말처럼 그가 지금까지 지켜온 투자방식은 **시장과 대결**하는 것이었다. 주변에서는 매우 위험하다고 말하지만 그는 **다수를 따라가서는 결코 투자에 성공할 수 없다**고 반박한다. 물론 이런 투자방식을 실행하기란 말처럼 쉬운 일이 아니다. 그러므로 네프의 조언에 유념할 필요가 있다. **"스스로 판단할 수 있는 자유로운 영혼과 어느 정도의 정신력을 갖고 있다면 굳이 다수를 따라갈 필요가 없다."**

자료 : 미래에셋미디어(http://media.miraeasset.com)

Section 08 랄프 웬저 : 작지만 강한 기업에 투자하라

랄프 웬저(Ralph Wanger, 1933~)는 월스트리트에서 소형주 투자의 개척자로 손꼽힌다. 그의 이름은 투자자들의 이목이 '니프티 피프티(Nifty-Fifty)'로 불리는 대형 우량주에 쏠려 있던 1970년 소형주에만 투자하는 에이콘펀드(Acorn Fund)를 출범시키면서 널리 알려졌다. 에이콘펀드는 뮤추얼펀드 평가회사인 모닝스타로부터 최고의 평가(별 5개)를 받았다. 1970년 출범시점에 1만 달러를 에이콘펀드에 투자했다면 웬저가 은퇴한 2003년에는 130만 달러로 불어난 반면, 이 기간 중 S&P 500지수에 투자했다면 40만 달러로 늘어나는 데 그쳤을 정도로 그의 펀드 운용성과는 탁월했다.

■ 사자나라의 얼룩말

웬저 하면 떠오르는 멋진 비유가 있다. 그가 지어낸 '사자나라의 얼룩말(A zebra in lion country)'이라는 이야기이다. 여기에는 웬저의 날카로운 통찰력과 투자철학이 숨어 있다. 주식투자자라면 누구나 한 번쯤 고민해 봤을 리스크와 수익성이라는 문제를 웬저는 우화를 통해 쉽게 설명한다.

펀드매니저와 얼룩말은 똑같은 문제를 안고 있다. 우선 둘 다 아주 특별한, 하지만 **성취하기 어려운 목표**를 갖고 있다. 펀드매니저는 시장평균보다 높은 수익률을 올리려 하고, 얼룩말은 신선한 풀을 먹으려 한다. 다음으로 둘 다 **리스크를 싫어한다.** 펀드매니저는 잘못하면 잘릴 위험이 있기 때문이고, 얼룩말은 사자에게 잡아먹히기 때문이다.

마지막으로 둘 다 **무리를 지어 움직인다.** 이들은 생긴 것도 비슷하고, **생각하는 것도 비슷**하며, 서로 긴밀한 관계를 맺으며 살아간다. 만약 당신이 무리를 지어 움직이는 얼룩말 가운데 하나라면, 당신은 무리 속에서 어디에 자리를 잡을지 결정해야 한다. 주변 환경이 안전하다면 최상의 자리는 맨 바깥쪽이다. 신선한 풀을 먹을 수 있기 때문이다. 반면 무리의 중간쯤에 자리를 잡으면 남들이 반쯤 먹다 만 풀이나 말발굽에 짓이겨진 풀을 뜯어먹어야 한다. 따라서 적극적이고 공격적인 얼룩말이라면 과감히 무리 바깥쪽으로 나가 신선한 풀을 배불리 먹을 것이다.

그러나 사자가 달려들 때도 생각해야 한다. 무리의 맨 바깥쪽에서 신선한 풀을 배불리 먹던 얼룩말은 이럴 때 사자의 밥이 될 수 있다. 반면 무리의 중간쯤에서 제대로 풀도 뜯어먹지 못했던 얼룩말은 안전하게 도망칠 수 있다.

투자기관에서 일하는 **대부분의 펀드매니저는** 맨 바깥쪽에서 신선한 풀을 배불리 먹는 얼룩말이 될 수 없다. 이들에게 최적의 전략은 아주 간단하다. **무리의 중간쯤에** 머무르는 것이다. **대중들에게 인기가 높은 주식**만 사들이면 결코 질책받을 이유가 없다. 오히려 높은 수익률을 올리기 위해 **잘 알려지지 않은 주식을 매수했다가 수익률이 저조할 경우 숱한 비난을 감수**해야 한다.

■ 좋은 기업도 싸지 않으면 안 산다

웬저가 투자하는 기업의 성격을 보다 간략하게 정리하자면 세 개의 탄탄한 지지대를 갖춘 기업이라고 말할 수 있다. 우선 **성장잠재력**이 뛰어나야 하고, 두 번째로는 **재무건전성**이 우수해야 하며, 세 번째로는 내재가치가 빼어나야 한다는 점이다. 웬저는 누구에게든 **최고의 투자전략이란 바로 자신에게 적합한 투자전략이므로 이것을 습관처럼 지녀야** 한다고 강조한다. 어느 가수든 자기 노래를 가장 잘 부른다는 말이다. 또 스스로 마음속에 항상 새겨둘 투자원칙을 찾아냈다면, 수천 개의 종목이 눈앞에서 아른거린다 해도 **자신이 소화할 수 있는 투자대상에만 집중**할 수 있다.

웬저는 그래서 **투자결정에 앞서 자신의 투자지침들을 종이 위에 써보라**고 충고한다. 그러면 아무리 어려운 상황이 닥쳐도 믿음을 잃지 않을 것이고, 무엇보다 가장 어려운 결정을 내릴 때 도움이 된다고 말한다. 다름 아닌 매도시점을 결정할 때 말이다. 이런 기술을 반복적으로 지켜나가다 보면 주식투자자에게 점점 더 좋은 습관이 된다. 더구나 이런 습관이 몸에 배면 유행에 따라 이리저리 종목을 교체하고, 그것도 대개는 유행이 끝나갈 때 올라타는 아마추어의 오류에서 벗어날 수 있다고 강조한다.

■ 약세장은 주식을 사야 할 때

주식시장의 성공법칙은 간단하다. 쌀 때 사서 비싸게 팔면 된다. 언뜻 보면 당연한 상식과도 같은 말이지만 실제로 그렇게 하기란 무척 어렵다. 웬저는 이 말을 매우 과학적으로 풀이한다. 우선 '쌀 때 산다'는 말은 **리스크 프리미엄이 높을 때 사라**는 의미이다. 또 '비싸게 팔라'는 말은 **리스크 프리미엄이 낮을 때 팔라**는 얘기이다. 여기서 리스크 프리미엄은 투자자가 주식을 보유하는 데 따르는 위험을 감수하면서까지 바라는 추가적인 수익률이다.

시카고 출신의 웬저는 MIT에서 산업경영학 학사 및 석사 학위를 받은 뒤 처음에는 인디애나폴리스에 있는 우편주문판매회사인 레인 브라이언트에 입사했다가 1961년 투자업계에 뛰어들었다. 그가 시카고에 본거지를 둔 해리스 어소시에이츠에 들어간 것은 이전 직장처럼 '고단하게 힘쓸 일이 없다'는 점 때문이었다.

■ 주식투자의 황금률 제3법칙 : 옵션은 매우 중요하다

웬저는 그의 저서『작지만 강한 기업에 투자하라』에서 주식투자의 다섯 가지 황금률을 제시하고 있는데, 그 중 핵심은 '제3법칙 : 옵션은 매우 중요하다'는 대목이다. 여기서 말하는 옵션은 주가지수옵션 같은 금융파생상품이 아니라 기업에 내재돼 있는 옵션으로, 이것을 세밀히 살펴보라는 것이다.

가령 석유기업의 경우 주식의 가치를 결정하는 요소는 두 가지이다. 하나는 현재 보유하고 있는 자산이다. 석유기업의 현금흐름은 여기서 창출되는데, 현금흐름의 현재가치는 어렵지 않게 계산할 수 있다. 지금 석유를 생산하고 있는 유전의 매장량이 고갈됨에 따라 현금흐름의 현재가치도 줄어들 것이다.

석유기업 주식의 가치를 결정하는 두 번째 요소는 이 기업이 **새로운 대형 유전을 발견했을 경우 투자자가 얻을 수 있는 일종의 콜옵션**이다. 행운이라고도 할 수 있는 이 콜옵션은 주식 보유자에게 새로운 가치를 선사해 준다. 이론적으로 **기업의 가치**

는 현금흐름의 가치와 콜옵션의 가치를 합친 것이다. 따라서 현금흐름의 가치만 지불하고 석유기업의 주식을 매수할 수 있다면 좋은 일이다.

더구나 미래의 현금흐름 가치보다도 더 낮은 가격으로 매수할 수 있다면, 그건 앞으로 얻을 수 있는 새로운 자산이나 잠재적인 성장가능성을 감안할 때 공짜 복권을 손에 쥐는 것이나 다름없다. 이런 식으로 내재된 어떤 옵션은 기본적으로 공짜 복권이나 마찬가지이다. 아무런 대가도 지불하지 않는데 굳이 공짜 복권을 거절할 이유는 없다. 그런데 때로는 이런 옵션에 비싼 가격이 붙어 있는 경우가 있다.

첨단 바이오기술주가 대표적인 예이다. 주식시장이 투기 붐으로 한창 달아오르게 되면 미래의 성공이 담보돼 있다는 이유만으로 투자자들은 기꺼이 엄청난 프리미엄을 지불한다. 더구나 콜옵션이 아니라 풋옵션에 가까운 경우도 있다. 즉 내재된 옵션의 가치가 플러스가 아니라 마이너스인 것이다. 담배회사 주식이 그렇다. 담배회사의 현금흐름은 우수할 뿐만 아니라 꽤 안정적이다. 그러나 정부의 규제나 시민단체의 소송으로 인해 담배사업 자체가 큰 타격을 입을 수 있다.

따라서 담배회사 주식은 현금흐름의 가치에서 풋옵션 가치를 뺀 금액으로 주가를 계산하는 게 합리적이다. 콜옵션과 풋옵션이 함께 내재하는 경우도 있다. 제약회사의 경우 획기적인 신약개발에 성공할 가능성이 있는 반면, 기존 약품의 부작용에 따른 대규모 소송이 제기될 가능성도 부수적으로 따라다닌다. 누구나 특정 기업의 주식을 보유하는 이유가 있을 것이고, 사고팔 때 늘 주식의 가치를 한 번쯤 생각해 볼 것이다. 웬저가 제시하는 방식대로 주가가 현금흐름의 가치와 내재돼 있는 옵션가치의 조합이라는 점을 늘 염두에 둔다면 틀림없이 큰 도움을 받을 수 있을 것이다.

자료 : 미래에셋미디어(http://media.miraeasset.com)

Section 09 윌리엄 오닐 : 성공하는 주식의 7가지 특징

윌리엄 오닐(William O'Neil, 1933~)은 의사가 X-레이를 찍고 CT 촬영을 하는 것처럼 투자자들도 주가의 흐름과 거래량을 차트를 통해 파악하면 시장 혹은 특정 종목이 강세인지 약세인지, 이상 징후는 없는지 판단하는 데 도움이 된다고 강조한다. 그렇다고 오닐이 차트를 맹신하는 기술적 분석가인 것은 아니다.

■ 성공하는 주식의 7가지 특징

오닐은 1950년대부터 주식시장을 연구해 조사한 결과를 토대로 스스로 창안해 낸 'CAN SLIM' 방식에 따라 종목을 골라내는 게 필요하다고 말한다. CAN SLIM 방식을 한마디로 요약하자면 '성공하는 주식의 7가지 특징'이라고 할 수 있다. 여기서 CAN SLIM은 7가지 특징을 나타내는 대표적인 단어의 머리글자이다.

우선 **C는 현재의 주당순이익**(current earnings per share)이다. 오닐은 최고의 투자수익률을 올리는 주식들은 한결같이 가장 최근 분기의 주당순이익이 지난해 같은 분기에 비해 70% 이상 상승했다고 말한다. 그래서 그가 매수 여부를 결정짓는 첫 번째 원칙은 분기별 **주당순이익 증가율이 최소한 20~50%**는 돼야 한다는 것이다.

A는 연간 주당순이익(annual earnings per share)이다. 오닐은 투자수익률이 높은 종목의 경우 시세를 올리기 시작하는 초기 단계에서 연간 주당순이익의 과거 5년간 평균성장률이 24%에 달했다고 말한다. 주당순이익이 매년 늘어난다면 더욱 이상적이다. 이들 두 가지 특징은 오닐이 다른 어떤 요인보다 중요시하는 계량적

인 요소이다.

반면에 단순히 '현재의 주가수준이 낮다'거나 '주가수익배수(PER)가 낮다'는 이유만으로 주식을 매입하는 것은 철저히 배제한다. 현재의 수익이 좋지 않다면 그 주식은 현재의 주가수준과 관계없이 오를 가능성이 거의 없다. 많은 투자자들에게 금과옥조처럼 여겨지는 PER의 경우 그 자체보다는 PER의 기저에 있는 추세의 변화, 즉 **주당순이익의 변화에 주목**해야 한다는 게 그의 지론이다.

N은 새로운 것(something new)을 말한다. 새로운 제품이나 새로운 서비스가 될 수도 있고, 해당 산업의 새로운 물결이나 새로운 경영진이 될 수도 있다. 또 주가가 신고가를 경신했다든지 거래량 기록을 깼다는 것도 새로운 요소가 될 수 있다. 오닐은 스스로 조사해 본 결과 **큰 시세를 내는 종목의 95%가 새로운 요소**를 가지고 있었다고 지적한다. 특히 개인투자자의 98%가 신고가를 경신한 종목의 매수를 주저하지만, 역설적이게도 **"가격이 너무 높아 보이는 주식은 대개 더 오르는 경향이 있고 거꾸로 가격이 너무 낮아 보이는 주식은 오히려 더 떨어지는 경우가 많다"**고 강조한다.

S는 발행주식수(shares outstanding)를 말한다. 한마디로 주식시장에도 수요와 공급의 원칙이 적용된다는 말인데, **유통주식수가 적은 종목**이 큰 시세를 낼 가능성이 높다는 것이다.

L은 해당 종목이 주도주(leader)**인가 아니면 실기주**(laggard)인가 하는 점이다. 주도주인지의 여부는 상대적인 주가 강도를 통해 판단하는데, 오닐은 최근 1년간의 주가상승률이 상장주식 전체 가운데 상위 20% 이내에 들어야 주도주로 분류한다. 당연히 여기에 들지 못하는 실기주는 피해야 한다.

I는 기관투자자의 지원(institutional sponsorship)이다. 기관투자자는 주식시장의 가장 큰손이고, 주도주는 대개 그들이 선호하는 주식이다. 그러나 기관투자자가 너무 많이 보유하고 있는 종목은 한꺼번에 매도물량이 쏟아질 우려가 있으니 조심해야 한다고 오닐은 덧붙인다.

M은 시장(market)의 방향성이다. 강세장일 때는 대부분의 주식이 같이 상승하고, 약세장일 때는 무차별적으로 떨어진다. 오닐은 그래서 주식시장이 약세인지 강세인지만 제대로 파악해도 주식투자의 절반은 성공한 셈이라고 말한다.

그렇다면 CAN SLIM 조건을 충족시키는 주식은 어느 정도나 될까? 오닐에 따르면 이 조건을 만족시키는 주식은 **상장된 전체 종목 중 2% 미만에 불과**하다. 즉, 100개의 주식을 조사하면 CAN SLIM 조건을 모두 충족시키는 종목이 두 개도 안 되는 셈이다. 하지만 어쨌든 노력하면 이런 주식을 고를 수 있고, 최고의 주식을 고르기 위해서는 이 정도의 노력은 기울여야 한다고 그는 말한다. 오닐은 어떻게 이런 특징들을 알아냈을까?

그는 대공황으로 신음하던 1933년 오클라호마시티에서 태어나 텍사스의 중하층 가정에서 자랐다. 어린 시절 아버지를 여의고 가난하게 자란 오닐은 남부 감리교 대학을 졸업한 뒤 1958년 당시 전통 있는 증권회사 중 하나였던 하이든 스톤 앤드 컴퍼니에서 증권브로커로 처음 직장생활을 시작했다. 사실 그가 주식과 인연을 맺게 된 것은 공군에 복무하던 1953년으로 거슬러 올라간다. 첫 주식투자로 프록터 앤드 갬블(P&G)에 300달러를 투자했는데, 그때 그는 "특정 주식들이 계속해서 높은 투자수익률을 올리는가?"라는 의문을 갖기 시작했다.

오닐은 그때부터 소위 성공하는 주식들의 주가가 올라가는 요인이 무엇인지 연구했다. 하이든 스톤에 입사하면서 오닐의 연구는 본격화되었다. 그는 1959년까지만 해도 소규모 펀드에 불과했던 드레이퓨스펀드가 다른 경쟁 펀드들에 비해 2배 이상의 투자수익률을 올리는 것을 발견하고 펀드매니저였던 잭 드레이퓨스의 분기별 펀드 운용 보고서를 분석했다. 드레이퓨스펀드는 매년 100개 이상의 종목을 매매했는데, 오닐은 이들 종목이 모두 신고가를 경신한 시점에 매수됐다는 공통점을 찾아냈다.

그는 여기서 "높은 투자수익률을 올리는 주식은 저가의 주식이 아니라 박스권을 탈출해 신고가를 기록한 주식이라는 점을 배웠다"고 한다. 오닐은 과거의 통계자료를 바탕으로 '가장 성공한 주식들의 모델 연구'를 계속함으로써 높은 투자수익률을 올린 주식들의 공통점을 찾아냈는데, 그것이 바로 CAN SLIM 모델이다.

그는 이 투자방식을 실제로 주식투자에 적용해 1962년부터 26개월간 2,000%의 투자수익률을 올리기도 했다. 오닐은 1963년 증권회사를 그만두고 리서치 겸 투자자문회사인 '윌리엄 오닐 앤드 컴퍼니'를 설립했고, 그 후 '데일리 그래프스'와 '인베스터스 비즈니스 데일리', '오닐 데이터 그래프스'를 잇달아 설립했다. 특히

1984년에 설립한 〈인베스터스 비즈니스 데일리〉는 창간 4년 만에 10만 부를 돌파하고 2000년대 들어서는 100만 부에 육박할 정도로 급성장했다.

현재 오닐은 스스로 〈월스트리트저널〉의 유일한 경쟁사라고 자부하는 이 신문사의 회장으로 있다. 오닐은 또 증권업계 최초로 데이터베이스를 '개인적으로' 구축해 현재 뉴욕증권거래소(NYSE)와 나스닥시장 등에 상장된 1만 개 이상의 상장기업 정보를 축적했다. 그리고 그 자료를 토대로 만든 투자수익률이 가장 좋은 주식투자 모델을 피델리티를 비롯한 700여 곳의 기관투자자와 개인투자자들에게 제공하고 있다. 재미있는 사실은 오닐도 한때 뮤추얼펀드를 설립해 운용했지만 3년 만에 접었다는 점이다.

그가 만든 뉴USA펀드는 운용기간 중 주식형 펀드 가운데 상위 15~20% 안에 꾸준히 들었지만 한 번도 최상위에는 들지 못했다.

■ 투자수익은 10개 중 1~2개 종목에서 난다

오닐은 주식투자 경험이 많은 노련한 투자자들조차 엄청난 투자손실을 입고 다시 회복하지 못하는 가장 큰 이유는 파는 시점을 늦추기 때문이라고 말한다. 대부분 여간해서는 손절매를 하지 못한다. 오닐은 많은 투자자들이 100%의 승률에 너무 집착한다고 말한다. 하지만 투자성공의 비밀은 자신의 투자가 항상 적중하는 데 있는 게 아니라고 그는 강조한다. 오닐 자신도 **10개 종목에 투자하면 6~7개 정도에서만 차익을 올린다**는 것이다. 게다가 **대부분의 투자수익은 그 중 1~2개 종목에서** 거둔다.

결국 문제는 "손실을 봤을 때 얼마나 빨리 빠져나올 수 있느냐"인데, 이는 허용 가능한 최대 투자손실이기도 하다. 오닐은 **매수가격에서 최대 7%가 떨어지기 이전에 주식을 파는 것을 원칙**으로 한다. 어떤 주식이든 7%가 떨어지면 무조건 팔아치운다. 한 번 더 생각할 필요도 없고, 일순간도 주저하지 않는다. 오닐은 특히 "너무 떨어져서 도저히 팔 수 없다"고 하는 투자자들에게 이렇게 말한다. "당신이 매수한 가격 아래로 떨어진 주식을 지금 판다고 해서 손해를 보는 게 아니다. 당신은 이미 손실을 봤다. 손실이 더 커지도록 그대로 놓아두는 것은 대부분의 투자자들이 저지르는 가장 치명적인 실수다. 주식을 빨리 처분해서 손실을 최소화하지 못한다면 나중에 주식을 매수할 자금도 남지 않게 된다. 그것은 마치 브레이크 없는 차를 몰고 가는 것과 같다."

끝으로 오닐이 그의 저서 『최고의 주식 최적의 타이밍』에서 밝힌, 주식투자뿐만 아니라 인생에서 성공할 수 있는 비결을 소개한다. **"성공할 수 있는 기회는 매년 찾아온다. 스스로 준비하여 그 기회를 잡아라.** 그러면 작은 도토리가 거대한 참나무로 성장하는 것을 볼 수 있을 것이다. **꾸준히 그리고 열심히 노력하면 무슨 일이든 가능하다. 성공하기 위해서는 무엇보다 성공하고자 하는 의지가 가장 중요하다."**

자료 : 미래에셋미디어(http://media.miraeasset.com)

Section 10 렉스 싱크필드 : 주식시장은 효율적이다

상아탑에서 최고의 이론으로 손꼽히는 이론을 실제 주식투자에 그대로 적용하는 펀드매니저가 있다면 그는 과연 어느 정도나 성공적인 투자실적을 올릴 수 있을까? 더구나 그 이론이 주식시장의 불가해성(不可解性)을 강조하는 '효율적 시장 이론'이라면 어떨까?

미국 캘리포니아주 산타모니카에 본사를 둔 자산운용회사 DFA(Dimensional Fund Advisors)는 학문적 이론을 현실 투자세계에 적용해 성공한 펀드회사로 손꼽힌다. 우선 이 회사 이사회의 면면을 보면 놀랍기 그지없다. 효율적 시장 이론의 태두라고 할 수 있는 시카고대학교의 유진 파마 교수를 비롯해 1997년도 노벨 경제학상 수상자인 마이런 숄즈(스탠포드대학 교수)가 참여하고 있고, 2000년에 타계한 1990년도 노벨 경제학상 수상자 머튼 밀러도 오랫동안 DFA의 이사회 멤버로 활동했다. 이 밖에 케네스 프렌치 MIT 교수, 로저 이버슨 예일대학 교수, 존 굴드 시카고대학 교수 등 자본시장이론의 내로라하는 세계적인 학자들이 DFA의 이사로서 펀드 운용을 자문해 주고 있다. 그 중에서도 DFA의 상징적인 학자는 파마 교수이다. 사실 DFA를 출범시킨 두 명의 설립자 렉스 싱크필드(Rex A. Sinquefield, 1944~)와 데이비드 부스가 모두 그의 제자이다.

파마 교수는 월스트리트 최대의 투자은행인 골드만삭스에서 자문역 제의를 받았지만 제자 곁을 떠나지 않았다. "파마 교수는 수업시간에 (자신이 가르치는) 효율적 시장 이론이 가장 실제적인 이론이라고 강조했다. 그런 점에서 렉스와 나는 그의 가장 충실한 신봉자라고 할 수 있다." 부스의 말처럼 파마는 자신의 이론을 실제세계에 적용하고 있는 DFA의 정신적 지주다. 효율적 시장 이론의 핵심은 "시장은 누구도 예측할 수 없다"는 것이다. 따라서 특정 주식을 선택해 시장평균수익률을 초과하는 높은 수익률을 계속해서 올린다는 것은 불가능하다.

결국 일부 주식에 집중적으로 투자하는 적극적인 투자방식보다는 전체 주식을 사는 수동적인 투자방식이 더 낫다는 것이다. 지금은 인덱스펀드처럼 수동적 투자방식에 기초한 펀드를 쉽게 만날 수 있지만, 파마 교수의 논문이 월스트리트에 처음 알려지기 시작한 1960년대 말에는 가히 혁명적인 것이었다. 이는 당시 시카고대학 경영대학원에서 각각 MBA 과정과 박사 과정을 밟고 있던 싱크필드와 부스에게도 마찬가지였다. 싱크필드는 파마의 이론을 처음 접한 느낌이 마치 구세주가 나타난 것과 같았다고 회고한다.

"파마 교수의 이론은 아리스토텔레스나 토마스 아퀴나스의 말을 듣는 것처럼 논리적이었다." 싱크필드는 사실 파마 교수의 문하에 들어가기 전에 이미 적극적으로 주식투자를 한 경험이 있었다. 일곱 살 때 고아가 돼 수도원에서 운영하는 고아원에서 성장한 싱크필드는 성직자가 되기 위해 세인트루이스에 있는 신학교에 들어갔는데, 이때 수중에 있는 200달러로 처음 주식투자를 시작했다. 그는 당시 한 종목의 주식을 매수하여 매일 신문을 보며 주가의 등락을 체크했고, 3년 후 신학교를 떠날 무렵에는 두 종목을 보유하고 있었다.

그러나 지나고 보니 주식투자는 흥미로운 것이었지만 너무 시간을 낭비한다는 생각이 들었다. 한마디로 어떤 주식을 살까 고민해야 하는 적극적 투자방식은 시간과 정력, 돈을 낭비하는 것으로 보였다. 반면에 수동적으로 인덱스펀드에 투자하면 모든 것을 절약할 수 있을 것 같았다. 1972년 시카고대학에서 MBA 과정을 마친 싱크필드는 시카고에 있는 아메리칸 내셔널 뱅크에 들어갔다. 싱크필드는 이곳에서 신탁 책임자로 일하면서 은행에서 일하는 포트폴리오 매니저들의 실적을 평가했다.

당시 포트폴리오 매니저들의 자산운용방식은 적극적 투자방식이었다. 그가 아메리칸 내셔널 뱅크에 입사한 다음 해인 1973년 웰스파고은행이 처음으로 인덱스펀드를 시장에 내놓았지만 싱크필드는 그 사실을 몰랐다. 그는 은행을 설득해 "수수료가 매우 싸고 장기적으로는 유명한 펀드매니저가 운용하는 액티브펀드보다 투자수익률이 더 높은" 수동적 투자방식의 인덱스펀드를 팔 것을 제안했다. 싱크필드는 결국(자신의 생각으로는) 미국 최초의 인덱스펀드를 1973년에 만들었는데, 이 펀드는 S&P 500지수를 벤치마킹한 것이었다.

싱크필드와 비슷한 시기에 파마 교수 밑에서 박사 과정을 밟았던 부스는 그 무렵 더욱 심각한 고민에 빠져 있었다. 캔자스대학에서 컴퓨터공학을 전공한 부스는 대학 졸업 후 IBM에서 근무하다 파마 교수의 효율적 시장 이론을 처음 접하고 시카고대학에 다시 들어가 1971년 박사학위를 받았다. 그는 박사학위를 받은 뒤 웰스파고은행의 애널리스트로 일했고, 뉴욕의 증권회사인 A. G. 베커로 옮겨 연기금펀드를 운용하는 펀드매니저들에게 투자자문을 해주는 부사장을 맡았다.

당시 그가 자문해 준 거의 모든 펀드매니저는 대형주에 투자하고 있었다. 효율적 시장 이론에 의하면 대기업은 소기업에 비해 안전한 만큼 투자수익률이 떨어지고, 따라서 시장평균수익률을 상회하는 높은 수익률은 기대할 수 없다. 부스는 자신이 자문하는 연기금펀드의 매니저들이 대형주에 투자하면서도 시장수익률을 초과하려고 애쓰는 것을 이해할 수 없었다. 그는 회사에 소형주 인덱스펀드를 시작하자고 제안할 생각이었다. 그러나 부스의 생각을 들은 동료들은 괜한 짓 하지 말라며 그를 말렸고, 그는 다음날 스스로 회사를 그만두었다.

그리고 브루클린에 있는 자신의 아파트에서 DFA를 시작했다. 그 무렵 역시 파마 교수 밑에서 박사 과정을 밟고 있던 롤프 반즈가 소형주와 대형주의 투자수익률을 실증적으로 연구해 발표했다. 반즈의 연구는 소형주가 대형주보다 장기적으로 투자수익률이 높다는 것을 증명한 첫 번째 실증적인 연구논문이었다. 반즈는 뉴욕증권거래소에 상장된 소형주의 54년간 투자수익률을 조사한 결과 대형주보다 연평균 수익률이 3% 포인트나 높다는 사실을 발견했다.

그는 소형주가 대형주보다 위험한 것으로 인식되고, 따라서 자본조달비용이 높아 그에 비례하는 높은 수익률을 기대하지 않는다면 아무도 투자하지 않을 것이기 때문이라고 그 이유를 밝혔다. 반즈의 연구 결과는 후에 '소형주 효과'로 알려지게 된다. 인덱스펀드 시장의 개척자 부스와 마찬가지로 반즈의 연구 결과에 충격을 받은 싱크필드는 즉시 회사에 소형주 인덱스펀드를 만들 것을 제안했지만 일언지하에 거절당했다. 싱크필드 역시 회사를 그만두고, 학창 시절 함께 공부했던 부스가 이제 막 시작한 DFA에 합류했다.

1981년에 설립된 DFA가 처음으로 운용하기 시작한 펀드는 9-10펀드였다. 뉴욕증권거래소에 상장된 전체 종목을 시가총액 순서대로 10%씩 10단계로 순위를 매긴 다음 가장 작은 부류인 9단계와 10단계에 드는 소형주에 투자하는 인덱스펀드다. 한마디로 9-10펀드는 소형주 효과를 거두기 위해 시가총액이 가장 작은 종목들로 최적의 포트폴리오를 구성한 셈이었다. 사실 효율적 시장 이론의 신봉자였던 싱크필드와 부스는 어떤 종목이 더 높은 투자수익률을 올릴 것인지에 대해서는 전혀 개의치 않았다.

그저 **9단계와 10단계로 분류되는 소형주를 시가총액 비율대로 편입**할 뿐이었다. 따라서 DFA에는 리서치팀도 없었고, 펀드매니저도 없었다. 당연히 펀드 운용수수료도 매우 낮았다. 당시 소형주 펀드의 평균수수료에 비해 3분의 1 정도인 0.5%에 불과했다. 9-10펀드는 처음 운용되기 시작한 1982년 7월부터 1년간 100%에 가까운 놀라운 수익률을 기록했다. 소형주 효과에 놀란 연기금들이 DFA에 잇달아 투자했다.

그러나 1984년부터 1990년까지 소형주는 최악의 수익률을 기록해 연평균 투자수익률이 2.6%로 곤두박질쳤다. 같은 기간 S&P 500지수의 연평균 상승률은 14.7%였다. 그로 인해 9-10펀드처럼 소형주에 수동적으로 투자하는 인덱스펀드는 더 이상 나오지 않았다. 그러나 DFA는 그런 상황에서도 다른 소형주 펀드에 비해 상대적으로 높은 수익률을 올렸다. 9-10펀드는 통상 2,500개 정도의 소형주를 포트폴리오에 편입하고 있지만 상장된 지 1년이 되지 않은 종목은 편입하지 않는다. 따라서 1990년대 말 닷컴 붐이 불면서 엄청난 프리미엄과 함께 주식시장에 새로 상장된 주식들은 투자대상에서 제외됐고, 덕분에 닷컴주 거품 붕괴를 피해갈 수 있었다.

하지만 수동적 투자라는 특징에서 알 수 있듯이 첨단기술주의 주가폭락 사태에 능동적으로 대처할 수 없었다. 그래서 다른 소형주 펀드들이 발 빠르게 유행이 지난 소형 기술주를 처분할 때 대응이 늦었다는 비판을 받기도 했다. 어쨌든 9-10펀드 하나로 시작한 DFA는 6-10펀드(시가총액 순위로 6~10단계에 드는 종목을 대상으로 투자하는 인덱스펀드)와 인터내셔널 소형주 펀드, 6-10 가치주 펀드(6

~10단계에 드는 종목 중 가치주에만 투자하는 펀드) 등을 계속해서 내놓았다. 이들 펀드는 모두 출범 이후 벤치마킹 대상 지수의 상승률을 초과하는 누적수익률을 기록하고 있다. 가령 9-10펀드는 소형주지수로 가장 대표적인 러셀 2000지수에 비해 연평균 1.48% 포인트 높은 투자수익률을 달성했고, 6-10펀드는 1.71% 포인트 높은 실적을 올렸다.

사실 싱크필드가 믿는 것은 '효율적 시장'이라기보다는 '시장의 효율성'이라고 할 수 있다. 누군가가 특정 종목에 투자해 장기적으로 시장수익률보다 더 높은 투자수익률을 올릴 수 있다면 그것은 시장의 가격 형성 기능이 잘못된 것이기 때문이다. 시장가격은 자본주의 시스템의 핵심 기능인데도 말이다. **"투자자들이 수동적 투자방식을 받아들이고 그에 따른 포트폴리오를 구성한다면 삶 자체가 매우 간단해질 것이다. 어떤 주식을 사고팔 것인가를 놓고 밤새 고민할 필요도 없고, 애널리스트들의 리포트를 일일이 읽을 필요도 없다. 기업 내용을 알려주는 재무제표를 챙기느라 골치 아프지 않아도 된다."** 싱크필드의 말을 한 번쯤 음미해 볼 만하다.

자료 : 미래에셋미디어(http://media.miraeasset.com)

저자소개

김석진(金石鎭)

[학력]
서울대학교 경영대학 경영학과 졸업
펜실베이니아주립대학교 경영학박사과정
조지아주립대학교 경영학박사학위 취득

[주요 경력]
미국 노스다코타 주립대학교 경영대학 조교수
일리노이대학교(어바나-샴페인) 객원교수
제일경제연구소 경제연구실장, 증권금융실장
한국산업증권 기업분석부장, 주가지수선물팀장 등
한국금융학회, 한국재무학회, 한국재무관리학회 회장
한국경영학회, 한국증권학회, 한국금융공학회 부회장
한국공인회계사 시험 출제위원
기획재정부 투자풀운영위원회 위원
금융위원회 금융발전심의회 자본시장분과 위원
재정경제부 금융허브추진위원회 IB/파생상품팀 팀장
전국투자자교육협의회 대구 · 경북지역협의회 의장
현) 경북대학교 경영학부 교수

[주요 저서]
『사람들을 위한 자본주의』, 『한국자본시장론』, 『기업구조조정』, 『에센스 경영』, 『경영의 이해』, 『선물 · 옵션의 기초와 거래전략』, 『이사회 대변혁』, 『한국의 은행 100년사』, 『산업경제학』, 『기업경제학』

[주요 논문]
"Tax-Induced Bias in Forward Rates, Term Premiums, and the Term Structure of Interest Rates," *Economics Letters 34*
"The Coupon-Induced Tax Clientele Effect in Bond Prices," *Managerial and Decision Economics 12*
"Open Technology Innovation Activity and Firm Value: Evidence from Korean Firms," *Applied Economics 44*
"Divergent Effects of External Financing on Technology Innovation Activity: Korean Evidence," *Technological Forecasting & Social Change 106*

현대생활과 금융(제2판)

2013년 11월 15일 1판 1쇄 발행
2023년 3월 2일 2판 2쇄 발행

저　　자 | 김석진
발 행 인 | 이수영
발 행 처 | 도서출판 청람
서울시 마포구 독막로 288(대흥동, 세양상가 109호)
전　　화 | 02)3272-2601~2
팩　　스 | 02)3272-2603
이 메 일 | crbooks@daum.net
홈페이지 | www.crbooks.co.kr
등　　록 | 2000년 8월 26일 제6-0509호

ISBN 978-89-5972-699-8 93320 [정가 20,000원]